欧 美 大洋洲卷

世界岩画

II

陈兆复　邢琏　著

文物出版社

北京·2011年

图书在版编目（CIP）数据

世界岩画 II · 欧、美、大洋洲卷/陈兆复，邢琏著. —

北京：文物出版社，2011.1

ISBN 978-7-5010-2113-0

I.①世… II.①陈… ②邢… III.①崖画—美术考古—世界

②崖画—美术考古—欧洲 ③崖画—美术考古—美洲 ④崖画—美术考古—大洋洲

IV.①K869.42

中国版本图书馆CIP数据核字（2010）第253260号

世界岩画 II · 欧、美、大洋洲卷

著　　者	陈兆复　邢　琏
出版发行	文物出版社
地　　址	北京市东直门内北小街 2 号楼
	邮政编码：100007
	http://www.wenwu.com
	E-mail:web @ wenwu.com

_____

封面设计	张希广
版式设计	金　马
责任印制	陆　联
责任编辑	王　戈
制　　版	北京嘉年正稿图文设计有限责任公司
印　　刷	北京盛天行健印刷有限责任公司
经　　销	新华书店
开　　本	889×1194　1/16
印　　张	26
版　　次	2011 年 1 月第 1 版第 1 次印刷
书　　号	ISBN 978-7-5010-2113-0
定　　价	220 元

一　《野山羊》　法国科斯凯洞窟岩刻

二　《窟顶的野牛》　西班牙阿尔塔米拉洞窟崖壁画

三　《中国马》法国拉斯科洞窟崖壁画

四　《圈养》挪威阿尔塔岩刻

五　《陆地和水中猎鹿》　挪威阿尔塔岩刻

六　《以动物群体为主的纪念碑》　意大利梵尔卡莫尼卡岩刻

七　《有太阳圆盘的纪念碑》　意大利梵尔卡莫尼卡岩刻

八 《大岩刻》 加拿大安大略省皮托波洛岩刻

九 《繁复而重叠的图形》 美国亚利桑那州东部岩刻

一〇　《保护神》　美国加利福尼亚大岩刻峡谷岩刻

一一　《武士》 智利阿塔卡玛地画

一二 《精灵群体》 澳大利亚卡卡图国家公园岩画

一三　《从地下冒出来的众神》 澳大利亚北部维多利亚河地区岩画

一四　《大袋鼠》 澳大利亚维多利亚河地区岩画

一五　《羽人》澳大利亚昆士兰州悉尔山脉德通山口岩刻

一六 《图案》 澳大利亚维多利亚河地区岩刻

目　录

前　言

全世界的岩画是先民们留在崖壁画上的遗迹，是最重要的人类文字发明之前的记录。它所提供的信息，是重建人类历史的非常重要的资料。

（一）　主题与图形

在对这些岩石上的信息进行系统地分析之后，实际上，全世界大多数岩画艺术可以归纳为几个有限的内容，或许说可以界定为三个主题。

几乎所有的史前艺术可以由三个基本的主题所囊括：性、食物与土地。岩画艺术的基本主题也大致如此。尽管时间在流逝，年代在推移，人类主要考虑的问题，几万年来并没有很多改变，岩画艺术恰好为此提供了证据。

在世界的岩画中，又有三种图形无处不在：

① 图画型

这些是可以辨认的现实的形象，如动物或人物。

② 表意型

表现为符号或一组相互关联的符号，如有时以圆圈、箭形、树枝形、棒状、树形、十字形、蘑菇形、星形或蛇形、唇形、之字形，以及男性或女性的生殖器形等等。这些图形的意义存在于它们所要传达的意识观念中。

③ 情感型

这些作品看起来既不是表现实际的事物，也不是去描绘什么符号，它们的出现是把一种狂热的精力尽情地发泄出来。

早期猎人艺术的图画型，表现各种普通的动物类型，诸如在坦桑尼亚的岩画中有大象和长颈鹿，在西欧的岩画中则有野牛和马。与此相似的，表意型在许多情况下是与图画型结合起来，才能表达某种意义的。

种种研究表明，这种图画型与表意型画面的结合，是它们基于共同的逻辑。它们是构成象形文字的基础。从岩画看，的确已经组成了这样的一种系统，而且这种系统合乎逻辑的发展，是必然要导致文字的发明。在全世界范围内看，这在四五万年前已经初露端倪了。

（二）空间与时间

在注意岩画作品自身的、图形的和观念的内容时，需要澄清和了解一些有关岩画艺术及其环境的关系问题。

岩画的环境也就是它所处的空间位置，这是创作时所要选择的，但在岩画研究中作品和环境之间的关联，往往被忽略掉了。

欧洲旧石器时代的岩画是以饶有兴味的洞窟艺术为主，到中石器时代以后，制作于岩石遮蔽处的岩画（岩阴艺术）就多起来了。著名的洞窟艺术，如法国拉斯科洞窟壁画和康巴里勒斯洞窟岩刻都是制作在不见阳光的洞窟深处，作品处于黑暗之中。到了中石器时代以后，岩画则都制作在直接或间接受到阳光照射的岩阴处的崖壁，主要是在崖壁遮蔽处（岩厦），即所谓岩阴艺术，或岩厦艺术。它们与洞窟艺术不仅有深浅的区别，而且周围的环境也是迥然不同了。

旧石器时代之后的岩画，从洞窟深处走向敞亮的崖面，想来是有不同的目的，反映着不同的社会的、心理的需要。岩画描绘于洞窟深处和制作于敞亮的岩阴表面，旧石器时代的写实的动物像和后来时代的所谓"表现主义"的人物像，也就是图案化的、抽象化的人物像，其主题样式都各自具有特殊的意义，各自的暗示和启发作用也是不一样的。

作品的样式和位置，这是岩画所要选择的。它们之间有着明显的关联。事实上，在岩画上所描绘的物象、符号和所在的位置是具体的，是实际存在的，是有着明显的选择性的，尽管这种选择性有时是有意识的，有时是无意识的。对于岩画的比较研究说明，全世界的艺术家为其作品选择位置是依照某种标准，这种标准范围广阔，但却在各地反复出现。

岩画点的选择首先是它的时代和社会的因素，同时，人们作出某种选择往往也有着个人因素：他或她，年老或年青，萨满或普通人。这些个人的因素也影响着艺术的创作。艺术从不去表现所有的事物，也不可能去表现各种各样的包罗万象的事情。艺术作品与个人、个性，甚至与社会地位有关。在某种情况下，在现代部落艺术和史前艺术中，可以辨别出这些作品是部落的正式成员或是非正式成员所创作的，是巫师或是一般人所创作的，是男人或是女人所创作的。

岩绘或岩刻也表现出是在白天或夜晚的特定的时间里所创作的，或是在夏天或冬天制作的，甚至于是艺术家个人生命的某一特定的时期所创作的。这种制作活动的时间性，还表现在创作是在某种体力或智力活动之前、之中或之后进行的。诸如是在狩猎之前或之后创作的，是在吃饭或睡觉之前或之后进行的，以及别的诸如此类的事情等等。时间的因素是重要的，艺术作品是发生在某种特殊的环境下，或特殊的机遇下，所有这些也帮助我们对艺术作品的社会功能进行判断。

（三）岩画的五种主要类型

岩画的主题与图形，与其时空关系，从社会学角度看，西方学者分辨出四种范围广阔的类型。每种类型的特点，在世界各地到处都可以被发现[①]。

（1）早期狩猎者岩画

狩猎者的岩画体现着狩猎文化，而属于狩猎文化风格的，有早期狩猎者岩画与后期狩猎者岩画。

早期狩猎者岩画，作者是捕猎大型动物的狩猎者，还不知道使用弓箭。与动物相伴出现的有符号与图形，但没有构图的场面。它具有合理的相续关系和隐喻的内容，而这些在这里往往是结合在一起的。

与早期狩猎者相联系的，还有早期采集者。这种艺术的实践者，他们主要的经济基础是采集野果。这种岩画的艺术形式是简单的，隐喻一种超现实世界。许多这种类型的艺术似乎是产生于一种幻觉的状态之中。

（2）后期狩猎者岩画

这种艺术的实践者也是猎人，他们懂得使用弓箭。其艺术主要表现狩猎和集体狩猎的场面。后期猎人岩画具有概念化的艺术风格，描绘的是一些精力充沛的人物，他们携带着弓箭。

早期狩猎者岩画主要描绘大型的动物和一些符号。形象往往是单个的，但描绘的手法却比较写实。早期的作品往往被后期的作品所覆盖，因而常常被人们忽略掉了。后期狩猎者岩画描绘狩猎和其他日常生活的场景，样式化的但却充满活力的人物带着弓箭，这些是在西班牙黎凡特崖壁画中经常见到的。舞蹈、战争和交媾等也都有所表现。人面像是常见的题材，反映出极富浪漫主义的想象力。这种人面像的岩画显然是与原始人类的宗教信仰有关。

（3）牧人的岩画

牧人风格的岩画体现着畜牧文化。

田园与牧人是这种艺术实践的特点。当时主要的经济活动是畜牧，并集中表现家畜与家庭生活的场面。主要题材是家养的羊群和牛群，也出现放牧的场面。狗是最早被家养的动物之一，但它在画面上出现往往作为牧人的助手。羊是主要的家养动物，在放牧羊群的时候常常没有表现牧人。

① Anati,E,1993,*World Rock Art:The Primordial Language*(《世界岩画：原始的语言》).Capo di Ponte:Centro Camuno di Studi Preistorici,Italy,1993. pp.35～38.

畜牧风格的动物往往成群地出现，有的又常常被样式化了，组成一幅巧妙的图案，即人们常说的"动物风格"，这在欧亚大草原上是一种非常流行的艺术风格。

（4）复杂经济岩画

这种艺术的实践者，有多种经济，包括狩猎、畜牧，还有农业。除了表现生产活动之外，主要组成他们艺术的有神话和传说的场面，以及由符号和图案组成的构图。

此外，属于农耕文化风格的有农耕时期的岩画和混合经济的岩画。在非洲，主要使用白色，包括按公式设计的图样，这些作品看来是与说班图语的人群有联系。

中国农耕风格的岩画，也往往与混合经济风格的岩画结合在一起。岩画出现许多符号、几何纹样和一些图案的设计，还有一些与农耕有关的日常生活的描绘。在中国北方草原，农耕生活并不发达，但属于这种风格的岩画持续的时间却很长，可能一直延续到文字的发明。在中国的东南沿海地区，1979年在连云港将军崖发现的人面像岩刻，表现了植物神的形象，还有太阳和星空的图案。当农耕成为人们主要的生活来源的时候，太阳和苍天就会成为崇拜的对象。

我们在这里还需提到的是海洋文化类型的岩画，这在世界各地也都有发现[①]。

这五种类型的划分仅仅是粗线条的。它们在过渡性的阶段，表现出多样性的特征。根据目前的研究情况，可考虑的证据对我们是有效的。这种方法是以主题和图形为基础，由于超越地区的界限，是带有普遍性的。

从旧石器时代晚期的狩猎者到现代的部落民族，人们都在岩石上以岩画的形式记录人类长期活动的历史性篇章。它的内容包括早期人类的社会实践、哲学思想、宗教信仰、心理因素和美学观念。岩画必然联系着特定的生活方式，并不仅影响人们的行为，同时也影响人们的思想、人们的协作，随之而来的是艺术的形式。

艺术起源，如我们所知，在四五万年前，人类已有这种精神层面的思维活动。他们的行动依照特定的构思过程，创造出图形、符号，抽象或升华，即便在今天，这种精神活动仍然是人类的一种明显的普遍的特点。

（四）岩画与岩画学的诞生

[①] 陈兆复《古代岩画》，文物出版社，2002年，第147~161页。

"逝去的人们已经沉默，然而岩石还会说话"。人类是先学会刻和画，然后才发明文字并学会写字的。绘画和文字的出现，在时间上相距异常遥远，

1　《回首的野牛》　法国多尔多涅马德莱纳遗址出土（图片拍摄：H. Champollion）

驯鹿鹿角雕刻是法国多尔多涅马德莱纳（La Made Leine）遗址出土的旧石器时代晚期的小型雕刻品，现存依则斯博物馆。这是刻制在驯鹿角上的一头野牛的残片，原系投枪上的装饰部分。技法精巧，形式完美，虽然比例上有些夸张，却非常生动有力。

足足有三四万年的历程，或许要更为久长。

目前的发现表明，在世界的大部分地区，早期人类都选择在岩石的表面，来进行描绘和雕刻。尽管发现工作决非充分，但仅根据现有的报告，岩画点就已有成千上万。科学的方法，如碳十四测定年代，以及史前的气候资料和考古学的分析，使我们知道，最古老的岩画创作年代距今已超过四五万年之久了。

早期动物雕刻的某些作品，今天看来仍是形神兼备、相当精彩的稀世之珍（图1）。例如，从德国西南部和法国多尔多涅地区旧石器时代遗址出土的用鹿角和象牙雕刻的圆雕作品——一只长毛象和一匹马，就是早期的艺术例证。尤其是那匹1931年出土的牙雕《小马》，制作于距今约30000年。作品将颈项夸张成拱形，再由颈项引向刻划精致的头部，挥洒自如，制作技巧非常成熟。在显微镜下，人们吃惊地发现，虽然这匹可爱的小马现在已是被严重地磨损了，但在总长只有4.18厘米的小小的牙雕上，已经将马的眼睛、耳朵、嘴巴和鬃毛都曾精心地雕琢出来。从现状看，磨损可能是由于长期触摸或放在衣袋里携带造成的。在显微镜下观察，还可以发现马的某些部位被砍出一些小点，一直砍到马的肩部，这些砍痕可能是把它当作"被杀"的象征。此外，在马的臀部还发现一个记号，这记号也被认为是施加巫术留下的痕迹。

无独有偶，早期的小型艺术品和岩画所描绘的主要对象，无一例外地也都是食草的大型动物。

岩画，这些或刻或绘在岩石上的画面，是人类在文字发明之前的产物。它始于旧石器时代晚期，而逐渐消失于当人们获得文字作为交流工具的时候。只是在个别地区，岩画的传统一直保存到近代。

19世纪下半叶在欧洲发现的洞窟崖壁画，在岩画研究工作中有着重大的意义。无论是在西班牙、法国、意大利，洞窟艺术的发现史起伏跌宕，一直延续了近一个世纪。

关于洞窟艺术的年代是否属于冰河时期，曾经有过长达一个世纪的争论，由于专家们长期的野外考察和研究，最后终于被肯定下来了。洞窟艺术的发现史，却有曲终奏雅之妙。开始时科学界持怀疑的态度，后来又逐步地被证实是可信的。这个长达一个世纪的过程，构成了对史前艺术发现史的浪漫性篇章。原因之一就是我们对旧石器时代文化知道得很少，所以才出现西班牙的阿尔塔米拉洞窟发现后，又被怀疑以至遗忘的事情。虽然如此，但岩画艺术的发现史仍在继续着。

1988年召开的达尔文会议说明岩画研究现在已作为一个独立的学科出现于学术界。岩画学，人们可以这样称呼它，即使它与史前学有着某种联系，但它不再只是考古学的一个分支了。岩画研究紧密地联系着许多别的领域，诸如艺术史家们已在史前艺术研究方面做了大量的工作，这在达尔文会议上表现得非常明显。此外，其他诸多学科的研究者也对其充满了浓厚的兴趣。

在达尔文会议上表现得特别明显的，还有这门学科比我们过去想象的要复杂许多倍。它是智力的和学术的万花筒。岩画研究必将导致理解人类过去和现在的意识的复杂性，解释人类社会模式的基础，以及最终触及与别的社会模式相连接的问题。这些工作做起来是不容易的，但对于全世界的岩画研究工作者来说，却证明了一个新学科的诞生，并规划出了这门新学科的发展蓝图。

第一章
欧洲岩画

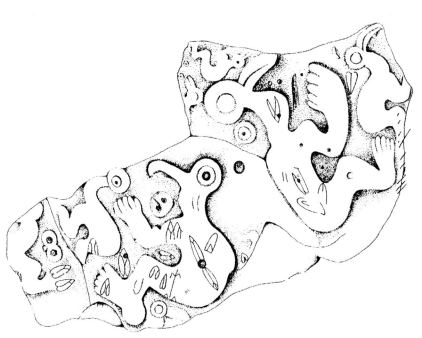

　　欧洲旧石器时代的洞窟艺术已经研究得十分透彻，远比世界其他地区的许多岩画群更为知名，也有更多的著作发表。今天世界上大约有一半的岩画专家，集中主要精力从事欧洲岩画的研究。这些岩画，事实上已成为西方文化的一个组成要素，对认识欧洲文明的起源有着重要的意义。

　　岩画在欧洲有广泛的分布，在二十五个国家有十七个规模宏大的集中点。根据艺术的形象、刻绘的技术、洞窟与岩阴的环境，欧洲岩画的年代可分为两个主要的序列：

　　第一序列开始于旧石器晚期，距今约35000年，延续至距今10000年左右。此时，岩画在欧洲的分布集中在两个主要地区，即西班牙北部的坎塔布亚地区和法国中南部的多尔多涅地区、比利牛斯山地区。其余较为分散的则有罗马尼亚、葡萄牙、意大利等等。马德林文化期（距今约15000~10000年前），在艺术上达到了顶点。这时出现了色彩绚丽、形象复杂的洞窟壁画，是以充分发展的艺术为其特点，并以阿尔塔米拉、拉斯科两个洞窟为代表。

　　第二序列在中石器时代和新石器时代及其以后，开始了一种新的类型、新的风格样式。这种新的艺术演变，从乌拉尔山到北冰洋，几乎开始都是一致的。但到了青铜时代，欧洲各地区的岩画就带有地方色彩了。

　　这种不同也反映了因冰河消退引起的气候条件的变化，特别是北欧（如挪威）的艺术尤为明显。因为在中石器时代，特别是在新石器时代，随着冰河的后退，人们大踏步地向北方迁移，向斯堪的纳维亚（Scandinavian）迁移，创造出极北地区岩画。与此同时，这种地方性的文化在其他地区先后发展起来，如西班牙东部的黎凡特（Levant）、伊比利亚（Iberian）半岛西部的葡萄牙、意大利的梵尔卡莫尼卡（Valcamonica）等等。从岩画中可以看到各个地区人们生活和行为的差异，这反映了各种不同地区的思想方法。

一　旧石器时代的洞窟崖壁画

欧洲旧石器时代洞窟艺术的发现，主要集中在法国西南部和西班牙北部的法兰克—坎塔布利亚地区。这些洞窟里的崖壁画以其宏大的规模、雄伟的气魄和成熟的艺术技巧，成为旧石器时代晚期最有代表性的作品。

（一）洞窟艺术的发现

在19世纪最后的二十五年里，比争论旧石器时代分期更为重要的是旧石器时代晚期洞窟艺术的发现。1875年，索图拉侯爵（Sautuola，Marquis-de）在西班牙桑坦德附近的阿尔塔米拉（Altamira）洞窟着手发掘，并于洞窟的后壁上发现了黑色绘画。他认为，这是与洞窟中的旧石器时代堆积物属于同一时期的作品。

四年之后，他的小女儿在洞窟中闲逛，走到一处洞顶很低的大人们未曾注意到的地方。在那里的窟顶上，她发现了今天极为著名的动物图形的阿尔塔米拉彩色崖壁画。

1880年，索图拉在《桑坦德省史前遗物简介》中发表了阿尔塔米拉洞窟崖壁画，确认其年代属于旧石器时代（图2、3）。

这些发现和见解在史前学家中引起轩然大波。有的学者宣称："这是艺术的童年，但不是儿童的艺术。"而有些人则拒绝承认，扬言说侯爵是一个骗子，从马德里雇了画家来伪造这些壁画。1982年，在柏林的人类学协会上讨论了阿尔塔米拉洞窟壁画，会上对壁画的真实性问题进行了辩论。

阿尔塔米拉洞窟壁画的发现受到普遍的怀疑，或是怕引起麻烦而被搁置一边，只是一些有远见卓识的学者承认壁画的真实性，并坚持认为这是旧石器时代的艺术作品[1]。

这时，旧石器时代居住遗址和小件艺术品又有新的发现，其中较著名的一件是残断的妇女象牙小雕像——最初被叫做"梨"。这是在1892年发现的。两年以后又发现了几件象牙雕像。

1895年，在法国多尔多涅（Dordogne）的旧石器时代遗址莫特洞窟发现了崖壁画和雕刻品。在发掘之前，旧石器时代与新石器时代的堆积物完全封住了这个洞穴的入口，这足以证明洞穴艺术遗址的真实性。

旧石器时代洞窟艺术的真实性逐渐得到承认，特别是1901年，在法国多

[1] Bahn P.C.and Vertutj, 1988, *Images of the Ice Age*（《冰河时代形象》），Windward, Leicester.

[2] 步耶尔（Breuil, Abbe Henri, 1877～1961年），法国考古学家，以研究西班牙、法国和南非的史前岩画而著名。

2　西班牙阿尔塔米洞窟所在地——桑忒拉那尔小镇（图片拍摄：陈兆复）

　　桑忒拉那尔小镇位于西班牙北部大西洋沿岸的桑坦德，阿尔塔米拉洞窟就在这个小镇的附近。小镇洁净安谧，林木蓊郁，景色旖旎。

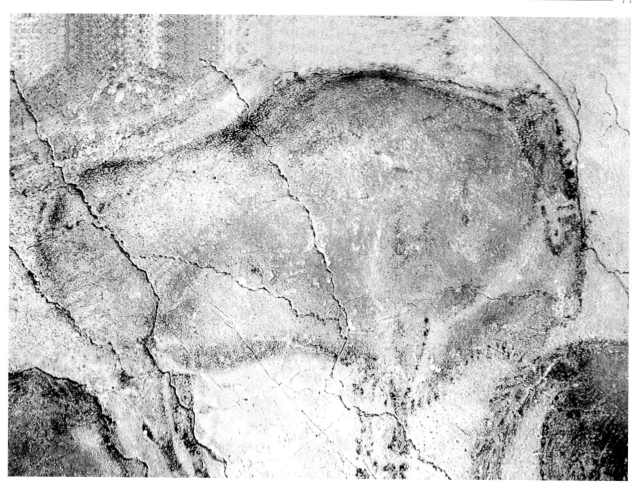

3 **《雄健的野牛》** 西班牙阿尔塔米拉洞窟崖壁画（图片来源：*Altamira*）
   这是阿尔塔米拉洞窟崖壁画的一个局部。这只野牛位于洞窟的窟顶，似蓄势待发。它的力量一旦释放出来，将是难以控制的。

尔多涅省的康巴里勒斯和哥摩洞窟，步日耶（Breuil，H.）[②]等发现了大量的崖壁画和雕刻品之后，这一问题几成定论。

次年，卡尔达伊拉在《人类学》杂志上发表《绘画装饰的洞窟：阿尔塔米拉——一个怀疑者的忏悔》一文。在这篇文章中，他详细地叙述了自己对洞窟艺术真伪问题转变看法的过程。这时，洞窟壁画被人们看做是人类在欧洲第一次显露出来的艺术才华。

或许这些动物画得过于精美了，人们根本不相信会出自原始人之手。洞窟艺术的发现史，是具有浪漫色彩的，开始时，科学界持怀疑的态度，后来又逐步地被证实是可信的。这个几乎长达一个世纪的过程，构成了史前艺术发现史的戏剧性的篇章。

（二）法兰克—坎塔布利亚岩画

在法国西南部和西班牙北部的法兰克—坎塔布利亚地区，洞窟岩画往往位于洞窟的深处，有些离洞口相当远。而洞窟的石质只限于石灰岩，那是因为地下水溶解了岩石才可能形成那样既深邃而又曲折的洞窟。洞窟岩画通常是相当大的，洞窟也是很深的，有的竟长达数公里。人们往往只注意到洞窟的崖壁画，其实岩刻总是和崖壁画共存，个别的也有全部是岩刻的。同时，这种艺术也不仅仅发现在法国的南部和西班牙坎塔布利亚地区，只是因为在这一带发现得最早，也最著名，所以人们习惯称之为法兰克—坎塔布利亚洞窟崖壁画艺术。洞窟崖壁画的艺术风格是写实的。它们是旧石器时代晚期最有代表性的作品。

1. 洞窟里的艺术

洞窟岩画的题材以动物为主，几乎全是大型的食草动物，以野牛、马、猛犸、鹿及驯鹿最为普遍。此外，还有通心粉似的带形曲线及张开的手形（阴型和阳型的都有）。个别的崖壁画中还有戴着兽形面具、跳着神秘舞蹈的巫师，以及值得一提的类似猴子的人像。

法兰克—坎塔布利亚洞窟崖壁画一般的特点是多为单个的动物形象，没有组成场面，动物的形体画得很大，甚至和现实的一样大。此外，则是手印和几何图形，人物出现得很少，即使出现也画得小而丑，与精美的动物图像形成鲜明的对比。

洞窟岩画的画法分彩绘和线刻两种，也有的先在岩壁上刻出轮廓来，然后着色。使用的颜色有黑、红、褐、黄等，多为暖色调。颜料采用赤铁矿、黄铁矿、锰矿、骨灰、亚铅等研成粉末后，调和着脂肪和骨髓制作。制作时直接用手指或羽毛、皮毛等，向岩壁上涂抹。

在马德林文化的遗址中，时常会遇到为原始人所使用的、业经研成粉末并混合起来的颜料，也曾发现过一个装有赭石粉末的骨制小瓶。根据旧石器时代岩画多位于洞窟深处这一事实来判断，绘画工作一定是在有人工照明的条件下进行的。人工照明所用的以脂肪为燃料的石灯，也曾在旧石器时代马德林文化期的遗址中被发掘出来。

法兰克—坎塔布利亚是冰河时代艺术最为突出的地区。正如名称所标定的那样，它仅限于如下的区域内：

①法国西南部多尔多涅地区及相关的旧石器时代遗址；

② 法国南部比利牛斯山地区；

③ 西班牙北部坎塔布利亚地区。

但是它所代表的旧石器时代洞窟岩画，除跨法国西南部和西班牙北部的两国交界地带的法兰克—坎塔布利亚外，还有个别的分布在意大利的西西里岛。之后，虽在德国、捷克斯洛伐克也有过发现，但是却没有获得令人瞩目的成果。在英国的发现至今尚无明确的断代[①]。

在意大利南部，到现在为止，仅只发现了一个有旧石器时代岩画的洞窟，窟内有马的线雕，它与北方地区有无联系我们尚不清楚，或许今后在此地区会有更多的发现。

法国和西班牙发现的旧石器时代的洞窟岩画最多，有百余处（图4、5）。其中最重要的有六处，这就是西班牙的阿尔塔米拉洞窟岩画和法国的三兄弟洞窟岩画、尼奥洞窟崖壁画、康巴里勒斯洞窟岩刻、拉斯科洞窟岩画、哥摩洞窟岩画，其中有五个在法国的西南部，一个在西班牙的北部坎塔布利亚地区，所以统称为法兰克—坎塔布利亚地区洞窟艺术，从而成为旧石器时代洞窟艺术的中心。

欧洲旧石器时代洞窟崖壁画最显著的特点是：

① 写实的大型动物形象；

② 形象之间没有相互的联系；

③ 各种抽象的符号。

这些特征在西班牙阿尔塔米拉洞窟崖壁画中体现得最为鲜明。

2. 史前的背景

随着考古学与岩画学的发展，岩画承载着叙述人类从古至今历史的重任。它驱散了神话和传说所渲染的人类史前的迷雾，填补了历史上无文字时代的空白。那些洪荒时代的记忆如此容易地被人们忘掉，而岩画仍在向人们诉说远古祖先们生活的轮廓。

人类的祖先曾历经千万年的进化过程。早期人类的骨骼现已被发掘出来，证明人类最早的发祥地是非洲。除美洲和大洋洲之外，直立的人散布于其他各大洲，他们都是以狩猎与采集为生，居住在山洞或树上，那时是没有艺术的。

现代智人（Homo sapiens）在距今150000年至120000万年前之间开始出现在非洲，逐渐散布到中东，然后是亚洲。约在60000年至50000年前，他们到达西欧。可能是在30000年至20000万年前，他们经过白令海峡到达美洲。这时，正值更新世末期，也是最后一个冰河时代的末期。与人类早期的祖先一样，他们也是猎人和采集者。他们创造了各种形式的艺术，包

[①] 陈兆复、邢琏《外国岩画发现史》，上海人民出版社，1993年，第35页。

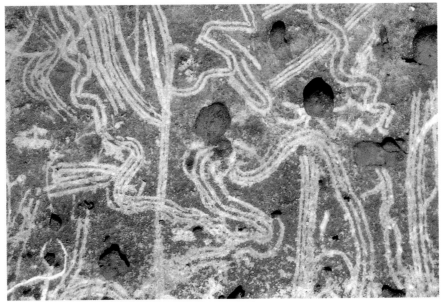

4　《猛犸》　法国乌非那克洞窟岩刻（图片来源：M. Odile & J. Plassard）

　　这幅猛犸岩刻线条准确肯定，身躯上布有多种符号，都是动物将被猎杀的巫术标志。

5　《抽象图形》　法国乌非那克图洞窟岩刻（图片来源：M. Odile & J. Plassard）

　　这是在法国乌非那克洞窟中发现的指槽岩刻。欧洲旧石器时代洞窟崖壁画中常发现通心粉似的带形曲线，可能是用手指在洞壁上画出来的，又称指槽。

括岩画。这时是旧石器时代晚期，在欧洲称作克罗马农（Cro-Magnon）文化。克罗马农文化的序列是奥瑞纳（Aurignacians）距今40000年至28000年前；格拉维特（Gravettians）距今28000年至22000年前；索鲁特（Solutreans）距今22000年至18000年前；马德林（Magadalenians）距今18000年至11000年前。考古学家以发现的遗址的名字来命名。这些特定的物质文化使用着有特色的工具、武器和装饰品。

在距今10000年前，随冰河时期的结束，地球的气候成为现在这个样子，地质学上称为全新世。全世界的人类都在改变他们的生存方式，有的大陆仍然继续保留着猎人和采集者的文化，目前有的边远地区仍然如此。而另一种新的文化正在兴起，这就是新石器时代的文化。过去的猎人和采集者变成了现在的农夫和牧人，或兼而有之，接着是相继出现的铜器时代和铁器时代，但是历经不同时期的人类都创造了岩画，直至现代工业社会的到来[①]。

3.环境的选择

岩画点的环境是经过慎重选择的。环境的选择关系到那里的岩石是否适合制作岩画，以及是否有特定的意义，还要考虑到是否有足够的空间举行祭祀典礼活动。

制作岩画的"画布"是石壁，从而石头的质地影响着制作的技法。全世界都使用类似而有限的技术方法制作岩画。制作岩画自猎人与采集者开创，牧人与农人继续沿用，也用相似的简单工具去制作他们的岩画。

纵观人类的发展历史，人不分种族肤色，地不分南北东西，都要面对相似的挑战，其中包括自然界之间与氏族部落内外，为了自身的生存和子嗣的繁衍，都必须起而抗争，绘制岩画则是他们不可或缺的共同使命。不管出于什么动机与理念，不管生活状态与内心活动如何，他们都无一例外，寻找以某种方式在石头上留下自己的印迹。因此，相似的技术几乎到处使用着。也正因为如此，我们的祖先才为我们这些后世子孙留下具有全球性的岩画遗产。

岩画点的选择需考虑到多方面的条件包括自然环境与岩石的质地，决定着岩画的制作。岩画至今得以部分完好地保存下来，是要感谢先民善于选择画址。在洞窟内，他们选择曲折的深洞；在露天，他们选择岩厦的遮蔽处，致使有的岩画得以留存于世长达上万年，甚至数万年。

环境的选择也多方面影响到艺术的创作，因为这种选择同时也是信仰的体现。岩画题材是宽广的，岩画的内涵是丰富的，它是一个包罗万象的巨大的综合体。岩画点的选择往往联系着水源和台地，这一点可以在许多岩画

---

① Clottes, J. , 2002, *World Rock Art*（《世界岩画》）, Los Angeles: The Getty Conservation Institute.

点看到。同时，岩画点环境的选择从宗教活动的需要到自然风貌及环境条件，从生产方式到气候变化都在考虑之列。例如，上万个岩刻围绕着法国伯格（Bego）山海拔2200~2700米的高度，岩画点的位置与该山气候条件有关，譬如，为了岩画少受外界侵害，岩画点选择在只有夏天才适宜攀登的山峰。在别的地点，如美国犹他州和墨西哥巴雅·加利福尼亚的崖壁画则藏匿于深山的峡谷中。从葡萄牙的高阿（Foz Goa）旧石器时代岩画点，到美国的新墨西哥阿尔伯克（Albuquerque）附近的山脊上镌刻着许多象征武士的岩画，这些岩画的作用是划定疆界，警告他人不得私自闯入。

特殊的地质现象往往融入信仰，宗教常常扮演着重要角色。特别是由于岩画的制作而加强了。最突出的例子是澳大利亚中部的乌鲁鲁（Uluru），那是个神圣的地方，密切地联系着部族的神话传说。这些部族数千年来聚居在这里，并在沙漠中央巨大的悬崖上制作了许多崖壁画。每当日出和日落时，石块会呈现出不同的颜色变化，从而影响到观赏岩画的效果。

20世纪的中叶考古学家卡勒斯（Charles Muntford）曾经访问过乌鲁鲁，记录以下的文字："在举行成年礼的洞窟里，用男人的鲜血混杂进赭石颜色涂抹在岩壁上，所存留的痕迹被视为神圣的遗址，现在成为禁区，禁止观众们进入。"①

由于原始人类对地质学知识的缺乏，某种自然现象对于人类宗教信仰有着重要的意义。某些自然的现象被认为是自然力量的信号。美国加利福尼亚的格索（Coso）地区有超过一万幅岩刻。这里是世界上最干旱的地区之一，19世纪曾经是萨满求雨者聚集的地方。对于干旱这一现象，人们误解为超自然力量与人类有意作对，选择在这样的地方建立岩画点，因为这里对人类来说是块不毛之地，但却适宜祈求超自然力量的帮助，从而得到灌溉生命的雨水。

除了信仰和神话传说之外，岩石的质地影响着技术的选择，例如某种含颗粒状物体的岩石就不适宜岩刻，但却适宜岩绘；有的较适宜雕刻的，但雕刻却耗时很长。所以，即使在很深的洞窟里也很少保留着雕塑作品。至于在户外，岩刻比岩画更容易保存下来，岩石表面的质地对于岩画的保存起着重要的作用。如果把岩刻和岩绘从岩画点分离出来考虑，是没有任何意义的。和被陈列在博物馆里的作品不同，岩画生存于大自然之中，和环境成为一个整体，这包括所处的自然环境、水、悬崖、崖厦、岩石和气候，以至与之相关的神话传说。

4.动物无处不在

在旧石器时代的洞窟艺术中，表现最多的是动物②。

① Flood, *Rock Art of the Dreamtime*（《梦幻时代的岩画》），p.227.

② Morphy, H. ed., 1989, *Animals into Art*（《艺术中的动物》）. London: Unwin-Hyman.

6 《大野牛》 法国拉斯科洞窟崖壁画（图片来源：*Lascaux*）

　　这幅法国拉斯科洞窟崖壁画冠以大野牛的标题，确是名符其实。雄性野牛体形硕大体格强壮，与其他动物叠压在一起。画法上多采用线条勾勒。其与众不同之处，在于极强的攻击性。

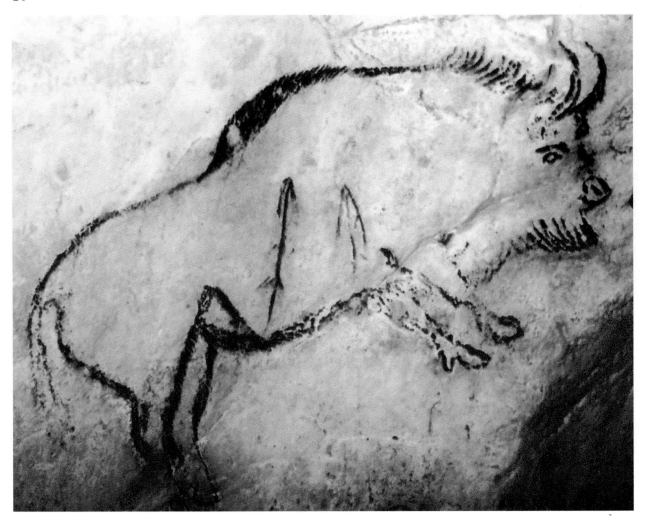

7 《野牛中矢》 法国尼奥洞窟崖壁画（图片来源：*Cavernes de Niaux*）

在尼奥洞窟崖壁画动物中，野牛偏多。拉斯科洞窟岩画中则侧重的是马，这与图腾信仰有关，或是与狩猎对象有关，而这些动物形象又往往与图形符号组合在一起。野牛中矢是法国尼奥洞窟狩猎巫术的岩画。无论在选址上或是巫术符号的使用上碰巧灵验了，氏族成员就会在原地一而再地制作岩画，重叠着画，并把其他多种符号也加进去。经碳十四测定，此岩画的绘制年代为距今12890±160 年。

8 《野山羊》 法国科斯凯洞窟岩刻（图片来源：*La Grotte Cosquer*）

　　头和角是较正面的，身躯是侧面的，即所谓旋转的透视法，这在旧石器时代洞窟崖壁画的动物画中得到普遍运用。这幅岩刻轮廓线很深，尤其是背部的线条。

艺术家没有描绘太阳、月亮、云彩、星星，植物也被忽略了，没有树木，也没有花草。人们找不到更多表现人群跳舞、唱歌、烧煮食物的场面，缺少日常生活内容。我们的祖先在深入黑暗的洞窟时，显然无意描绘熟悉的环境。毫无疑问，这种艺术不属于描写艺术，但他们却再现了当地的动物（图6~8）。

法国海底的科斯凯洞窟描绘海洋动物，在肖威特洞窟中，也表现了许多珍稀的动物和凶猛的动物，如犀牛、猫科动物、猛犸象与熊，但这决不是描写所有动物的全图。比如，我们在考古发掘中发现了狐狸、狼、家兔、野兔等的残骸，但在画中极少见到，而鸟、鱼、蛇、水獭、狼獾等也难得一见。至于昆虫，更是杳无踪影。相反，马、野牛、山羊却触目皆是。这种情况与明确的选择性是相符的。

旧石器时代洞窟岩画中，人类的形象实在太少了，完整的人物不超过二十个，而且全无动物图像所具有的现实主义风格。大多数情况下，甚至分不清是男是女。它们实在太模糊，太简略。这些人物是被故意画得模糊，缺少细节的。画家们似乎不愿意描绘有可能被认出来的人。

一匹腾越的马被一个晚期智人用驯鹿角雕刻得栩栩如生。它刻成于距今15000年至10000年前。作为一根投矛器，这个样品只有28厘米长，没有什么实际的功用，显然是一件仪式用品。

马是洞窟艺术的普遍题材，这些被精确地绘制下来的岩画，显示出作者对描绘对象的熟悉和了解。那匹法国拉斯科洞窟的《中国马》的创造者赋予笔下的动物以运动的感觉和三维的动态。

至于一头公牛冲过拉斯科洞窟通道的崖壁，画出如此大幅的画面，又要时刻保证比例的准确，这一困难更因选择作画的位置过高而加剧了。在离地面2米多高的地方，石壁上凿出的孔槽痕迹表明，那里曾放置过某些脚手架，也许是一些树枝，用以造成一个平台，供画家在上面工作。画家的动物作品翻转前蹄，以显示蹄子的底部，也许是为了教导猎人如何辨认欧洲野牛的蹄印。

发现于派奇摩尔洞窟的猛犸形象，提醒我们上一次冰川期南欧冰天雪地的气候。图画中简约的线条表明这幅作品是草就的素描。动物崇拜似乎延续了很长的时间，尤其是那些令人瞩目的有神秘之感的动物。牛和羊由于其生殖优势而受到特别的关注，狮子、老虎、美洲虎等则在中国、东非、埃及和美洲受到崇拜。作为狩猎者，猫科动物是迅速敏捷的典型，在停歇时则表现出神灵般的沉着镇静。

岩画就像一部打开的大书，书页分散在地球各地，而从这部书中，人们可以重温历史的段落和对祖先的记忆片断。

没有任何一个地方像法国和西班牙的洞窟岩画那样，把狩猎的生活情况作了如此生动的记录。这些岩绘和岩刻创作于公元前35000年至公元前8000年之间，正值上次冰川期。我们只要对那个时期以来的岩画稍作考察，就会产生出大量的问题，这些问题至少像它们所提供的答案那样多。这些崖壁上的形象，特别是那些动物的形象，被认为包含一种神秘的或魔法的力量，或者是一种早期宗教或超自然信仰的象征物，或者只是用作教育的、一种图解的百科全书。

岩画点组成了世界上最神奇的博物馆，无疑是具有普遍意义和价值的人类遗产。但不幸的是，除了少数地方外，大部分岩画点没有得到很好的保护。就在人们承认其重要性的同时，对它的破坏却从来没有停止过，而且如此迅速和广泛。

无论是在一些山洞里，或在露天，岩画经受各种各样的侵害。当然有大自然的侵害，在阳光、冰冻、水流的作用下，岩画损坏严重，但更主要的是人为的侵害，破坏文物的事到处都有发生，有些遗址竟遭灭顶之灾。在某些国家里，有些岩画被切割下来后拿去贩卖。特别是在城市建设和工业化的进程中，岩画也遭到破坏，甚至于人们为了修建畜栏或堤坝，不惜毁坏一些非同寻常的岩画。如今需要有共同的国际意识，以便能在每一个国家清点岩画艺术作品，对它们进行研究，并编目造册。

二　西班牙岩画从洞窟到露天

西班牙旧石器时代岩画，是属于欧洲岩画第一序列的法兰克—坎塔布利亚洞窟崖壁画，它的第一个地区为坎塔布利亚，是从北部比利牛斯山脉延续下来的。如果从地理与气候条件看，与法国南部更为接近。这里有许多用岩画装饰过的洞窟，例如阿尔塔米拉、卡斯特罗、帕斯卡、霍尔诺斯·培纳及北部的平达尔洞窟等。第二个地区在西班牙的南部，为什么北方地区的艺术会跑到相距遥远的南方来，它形成的原因，现在还不够清楚，或许是北方文化逐渐南移的结果。南部有三个点，其中比较突出的是皮浓塔洞窟。这些都属于欧洲岩画第一序列的。

在欧洲岩画第二序列开始时，约当旧石器时代之末和新石器时代之初，作品描绘的是野生动物。此后描写农业发生时期的人物形象，人物就成为岩画中占统治地位的主题。

第二序列是"混合经济"人群生活的时代，看起来在法兰克—坎塔布利亚的后期就已经出现。这时的岩画是以露天的岩画为特征的，广泛地散布在大多数欧洲国家，如葡萄牙、西班牙、法国、爱尔兰、苏格兰、保加利亚、瑞士、意大利、奥地利、南斯拉夫和希腊。最早的阶段被定为旧石器时代之末与中石器时代之初，反映出法兰克—坎塔布利亚区域题材的残留，而后又表现出一种衰落中的旧石器时代风格。其年代当在中石器时代和新石器时代及其以后，发现在西班牙的黎凡特、加利西亚，意大利的梵尔卡莫尼卡和奥地利的托特斯、盖伯克等地区。家畜的起源和初期的农业，在这些地区随后一个时期的岩画中都有所记录。同时，人类成为主要的描写对象。

随着技术的革新，欧洲出现各种不同的岩画，包括许多象征性的形象，例如，同心圆、小圆穴、通心粉式线条、大量的人神同形的图形及地方性的题材，包括斯堪的纳维亚的船、梵尔卡莫尼卡的图腾动物和伊比利亚的网状图形和几何图形。在各个地区又各自有着对神祇信仰的形式，以及带有地方特点的人物和象征性的东西。这种带有明确的地方特点的风格，可能是在地中海欧洲国家和北欧国家平行发展起来的。后来，几乎欧洲的每一处岩画，因罗马帝国的到来而消失了。然而，在某些地区，这种传统到中世纪依然存在或又重新出现了。

（一）阿尔塔米拉洞窟岩画

西班牙的阿尔塔米拉洞窟崖壁画是19世纪中叶最早发现，并被确认为属于旧石器时代晚期的洞窟崖壁画。

阿尔塔米拉位于西班牙的桑坦德附近，这个西班牙遗址的发现具有双重的意义。它既是旧石器时代的洞窟艺术，又是19世纪中叶第一次被发现的。

1879年的夏天，索图拉发现了阿尔塔米拉洞窟崖壁画。他是第一个把这个洞窟岩壁画的年代，确定为遥远的旧石器时代。遗憾的是，这一有历史意义的重大发现，直到二十多年以后，也就是在他去世之后，才被人们接受[1]。

一夜的火车，把笔者从地中海岸的巴塞罗那带到了大西洋海岸。当笔者乘公共汽车来到达桑忒拉纳·达·玛尔已经是上午，从这里去阿尔塔米拉洞窟只有1公里的路程。桑忒拉纳·达·玛尔看来是一个非常古老的小镇，中心有一个广场，广场周围的建筑，连那些高大的拱形廊柱，也都透出西欧古典的风韵。笔者住的旅馆叫"英发蒂斯"，阳台外树木参天，绿荫甚浓，晨起鸟语啁啾，对面马路旁古树参天，繁花满枝，衬以郁郁苍苍的绿叶，令人心旷神怡。

[1] M. A. G. Guinea, *Altamira and Other Cantabrian Caves*（《阿尔塔米拉和别的坎塔布利亚洞窟》），Silex, 1979.

阿尔塔米拉洞窟周围的景色很美。田野苍翠欲滴，波浪般起伏，坡地上长满青草。山坡上的桉树丛，细细的树干，细细的叶子，很像柳树。阿尔塔米拉洞窟博物馆就掩映在树丛之中。博物馆是一座两层的楼房建筑，从木制楼梯上去，有两个展室和一个销售厅。穿过展室，从房后的木制楼梯下去，沿着林荫小道，走不多久就到了洞窟的入口。

阿尔塔米拉洞窟每天参观的人数仅限二十五人，而且必须事先办好预约手续。为了保护洞窟，严格限制参观人数，有时只有得到特殊的允许才能进入。作为一个得到特殊允许的参观者，笔者单独由一位工作人员带领进入洞窟。他小心翼翼地打开三道铁锁，然后很客气地说，我们在洞里只能呆上五分钟。

这是一个深邃而曲折的洞窟。据说，这个洞窟是由一条地下水道冲刷后形成的。著名的大窟顶画是在洞口的左侧，是主洞的分支。刚发现时，那洞顶很低，为了便于参观，往下挖深了一些，现在大约是个不超过3米高的方形的洞窟。窟底有一条隆起的岩石，是挖深时特意留下来的。在那块岩石上铺着一张帆布，是专供参观者仰卧观赏大窟顶崖壁画用的。它的位置正对着窟顶画中那些精彩的野牛形象（图9、10）。

对于西班牙阿尔塔米拉洞窟窟顶崖壁画，观赏者必须躺倒仰视。大窟顶画图像的外轮廓，有的线条刻得很深，有的刻得却浅而细，刻后再用很粗的黑色线条勾勒。红色填彩也很浓，部分地方还略加渲染。画面充分利用了岩石表面的凹凸不平，来表现动物的肌肉和骨骼的起伏变化，那伏卧着的动物的躯干，巧妙地利用岩石凸起来的部位增强形象的立体感，再加上蜷缩的四条腿，著名的《受伤的野牛》的生动形象就是这样制作出来的。

虽然笔者已经在各种图片和介绍文章中，对于西班牙阿尔塔米拉洞窟崖壁画艺术，已经有过或多或少的认识，但是，很难有哪一种复制品，能够充分传达出原作的神韵，以及亲临其境时所体会到的强烈的感染力[①]。

野牛倒在地上无法站立起来，却低着头保护自己，是极为生动的一个画面。最使我们吃惊的不仅是画家敏锐的观察力，还有那生动有力的线条及控制得当的光影，增强了动物的体积感。这样的描写衬托出动物的神态，它的尊严与力量，它为生命的最后一刻在挣扎，作品虽然不是将每一个细节都描绘出来，但却给人留下极其深刻的印象。

另外，还有一头受伤的野牛，这只凶猛的野牛负伤后的身躯蜷缩成一团，外轮廓被处理为稳定的三角形。而一些细节，诸如抽搐的牛腿、甩动的尾部、如剑的双角及直竖的耳朵都极富动感，把野兽处于生命的最后时刻，困兽犹斗的情状惟妙惟肖地表现出来了。这样的作品实在难以令人相

① 陈兆复《阿尔塔米拉洞窟考察记》，《岩画》第1辑，1995年。

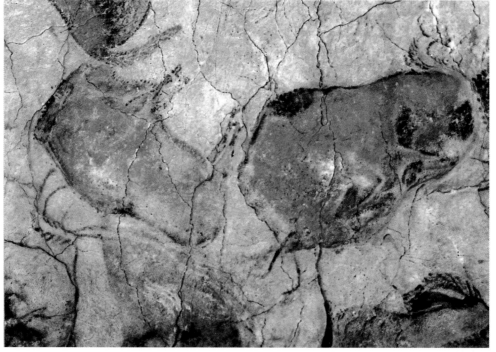

9 《伫立的野牛》 西班牙阿尔塔米拉洞窟崖壁画（图片来源：*Altamira*）

　　这幅野牛崖壁画位于窟顶，需仰视方可窥其全貌。外轮廓刻线深重，边线使用粗壮的黑线勾勒，线内用浓重的红色平涂且略加渲染。利用岩石的凸凹变化，表现野牛的肌肉和骨骼的起伏质感，一幅生动的野牛图，跃然窟顶。

10 《窟顶的野牛》 西班牙阿尔塔米拉洞窟崖壁画（图片来源：*Altamira*）

　　在旧石器时代晚期的崖壁画中，画家尚未形成构图意识，许多大型动物都单摆独放，合在一起却似乎可以视为一个整体。

信竟然出自于万年之前的原始人之手，从中可看出原始艺术家，对于动物形象深入敏锐的观察力和恰当的表现方法。作品给予我们的启示是多方面的。

洞窟中除了这些非常写实的作品之外，还有许多抽象的图形。在大壁画中动物形象的旁边有许多线条和图形符号，有的是用浓重的红色画出来的，图形还相当大[①]。这种抽象的符号和图形同样存在于欧洲所有的旧石器时代的洞窟壁画中，想来都是体现原始人类企图征服野兽的愿望，或与记事，或与狩猎的巫术有关。各个洞窟的岩画中符号是各种各样的，其中以法国哥摩洞窟房屋形的符号最为引人注目，而且往往直接画在动物的身上。这些符号是什么意思，像其他符号图式中所隐喻的深刻内涵一样，令我们思索再三。

（二）黎凡特崖壁画

欧洲自进入中石器时代以来，洞窟壁画已较少见，而露天的岩阴（岩厦）壁画则开始流行。岩画风格与法兰克—坎塔布利亚地区的洞窟崖壁画有着明显的不同，其中最有代表性的是欧洲南部伊比利安半岛地中海沿岸的西班牙东部的黎凡特崖壁画。

1.黎凡特崖壁画的发现

约当旧石器时代之末、新石器时代之初，生活在伊比利安半岛的人类也从事狩猎，但由于森林中的动物形体小，狩猎的方法和猎物的数量都与过去不一样了，所以狩猎所使用的石器也相应地变小了。接着又发明了弓箭，驯养了狗，狗后来一直成为人类最亲密的伙伴和助手。同时，由于气候的变暖，适宜于贝类和鱼类的繁殖，有一部分人类又逐渐迁到邻近水边的地方去居住。中石器时代的阿吉尔文化和塔鲁德诺瓦文化相继出现，并在伊比利安半岛的西班牙东部的黎凡特留存有大量的岩画。

1903年，在西班牙东部地中海沿岸黎凡特地区荒芜的山丘间，原始艺术研究者阿吉洛首先发现了用红色描绘的三只鹿和一头牝牛。在以后的年代里，黎凡特地区又陆陆续续发现了四十余处崖壁画遗址，大概有七十块岩面，包括上千个人物和动物（图11、12）。

西班牙黎凡特崖壁画不是画在洞窟的崖壁上，而是在露天的石灰质山崖的遮蔽处（岩厦），大多为彩绘，岩刻很少。颜色多用赭色，黑色很少，白色几乎不用。颜料的来源是赤铁矿、褐铁矿、锰矿及木炭。西班牙黎凡特崖壁画的尺寸一般不大，动物形象很少超过75厘米，人物则一般不超过

① M. A. G. Guinea, *Altamira and Other Cantabrian Caves* 《阿尔塔米拉和别的坎塔布利亚洞窟》), Silex, 1979.

11　西班牙黎凡特露天岩画点　（图片拍摄：陈兆复）

岩画点位于西班牙东部沿海的山区，距海边不超过75海里。在这山高水长的地方，曾居住过石器时代能画善猎的黎凡特人。他们意气风发，纵横驰骋于山林之间，射杀、追逐，张扬人类的智慧。

30厘米。

　　西班牙黎凡特崖壁画都画在敞亮的地方，或是悬崖下面的岩阴处。由于崖壁画是用赭石色绘制在灰色的岩面上，从远处即可见到。黎凡特崖壁画以人物为主体，男人无论狩猎与争战，动作都是迅速奔跑，剑拔弩张；女人大都从事采集活动，表现出一种人与自然的和谐。

　　西班牙黎凡特崖壁画样式的变迁，初期比较接近自然，但没有立体感。后来表现人物的作品逐渐多起来，并明显地趋于样式化。人物单独活动的少，大都表现在各种生活场面中，诸如狩猎场面、种族争斗、舞蹈场面、采集蜂蜜、处罚罪犯及惩治俘虏等等。这些崖壁画制作于公元前8000年至公元前3000年左右。

　　作为一个普遍的规律，岩画中出现的人物精力充沛，动作极度夸张，人物和动物总是在一起，画面既复杂又充满生命力。只是在一些个别的情况下，岩画中所描绘的动物是处在休息状态，或单独出现。然而即使如此，在这些静止动物旁边的其他动物或人物，仍旧是充满活力运动着，或迅速

12 西班牙岩画学家巴尔塔（A. Beltran）在黎凡特地区岩画点考察 （图片拍摄：陈兆复）

投掷，或向前方奔跑。在风格上，也有相似的多样性，形象也有大小，在阿弼拉（Alpera）的大公牛长达1.1米，而在同一个岩画点有的小人物则只有3厘米高。除了少数个别的岩刻，形象一般是采取彩色涂绘的形式，标准的颜色是红色，其次是黑色，白色只有少数几个例子。红色之中又各有不同，可能与地理环境与年代的前后有关，呈现出浅红、橘红、紫红和茶色等多种不同的颜色。

2. 黎凡特崖壁画的特点

黎凡特艺术和旧石器时代的艺术相同之处在于对待动物自然主义的态度，比如阿弼拉动物形象与某种佩里戈尔文化期作品的相似。至于牛角或鹿角的"旋转透视"（Perspective tordue），这是传统的佩里戈尔文化期的表现样式，诸如侧面牛科动物的身躯，而它们的角仍是正面的。但是，这种表现样式只能说明一种艺术样式，或许说是一种派别，很难说在编年学上有多大的意义。

西班牙黎凡特崖壁画的特征是人物作为自觉的、朝气蓬勃的、有组织的力量出现在画面上。特别是那些弓箭手的形象，他们总是画面的主人公。这种艺术反映了新的更富于情趣的人文精神，并把岩画从对动物的表现转向对人类自身生活的反映和对人类智慧的颂扬[①]。

（1）狩猎

崖画围绕着狩猎这一中心主题，从各个不同的角度描绘猎人和猎物。诸如追捕、围猎等。一群人正在沿着动物的足迹追寻，动物疾驰如飞妄图逃生，但猎人却紧追不舍，那狩猎的场面是极为壮观的。再如，大角山羊和野山羊拼命逃奔，猎人正张弓隐藏起来，等待猎物到来，立即就是劈头盖脸的一阵箭雨。岩画作者无论是描绘惊恐万状、急于摆脱困境的动物，或是体现猎人奔跑的雄姿，烘托出来的那种紧张激烈的气氛，都留给我们极为深刻的印象。当然狩猎者也会遭到危险的，野兽受伤之后也会反过来扑向猎人，这在岩画中也有表现。另一幅表现的是牝鹿追逐猎人的画面，这完全不同于其他的岩画，不是猎人追逐野兽，相反的却是野兽追人，很是有趣（图13~17）。

狩猎是男人的专利，绝大多数的男人是裸体的，也有一些是着装的，但描绘得并不详细。他们穿着肥大的裤子或兽皮衣服，往往在表现行动的时候，这些服饰才显露出来。许多裸体男人有简单的性器官的表现，有时生殖器画得很写实，并有所夸张。男人们虽也从事许多不同的活动，但狩猎是最常见的。猎手根据足迹追捕或射击动物，追踪或寻回被击中的猎物。在追逐动物时，猎手们身上挂着弓，手里拿着一束箭。在某些作品中，集中了大量的射手。在另一些场面中，人们慢慢地向前推进，有的带武器，也有的不带武器。

奔跑的人们经常被反复描绘着，他们高速地追赶猎物，这可以从尽量叉开的大腿上看得出来，甚至两腿被画成一条直线，几乎与地面平行。画面表现了箭的轨迹，箭在空中呼啸，而猎物已受伤了。

男人们的形象大部分是简化的、样式化的，但却非常仔细地描绘装饰品，这不仅反映出自我美化的本能和对异性的吸引，而且更为本质的则是显示出对象的地位和权威，包括某些源于巫术力量的等级观念。具体说，头饰可能是羽毛，一两根或许多根，这或许在当时既是显示等级的标志，也有卖弄的意味。另外，有各种不同类型的很特别的帽子，平顶的、宽的，有一种高冠的边缘有小耳朵和带角的东西，以及别的一些难以说得清楚的特征。西班牙黎凡特崖壁画损坏得很厉害，画面大多斑驳不清，只有个别图形是完整的。

（2）战争

战争是男人们的世界。

① Hans-Georg Bandi, 1961, *The Art of the Stone Age: Forty Thousand Years of Rock Art*（《石器时代的艺术：岩画四万年》）. Mothuen-London.

13 《狩猎》 西班牙黎凡特崖壁画（图片来源：*La Valltorta Arte Rupestre del Levate Espanol*）
这个群体是经过侦察后有备而来，从正面阻击群鹿、多箭齐发的场面蔚为壮观。母鹿为了保护幼鹿，不顾身中数箭仍冲在前面。

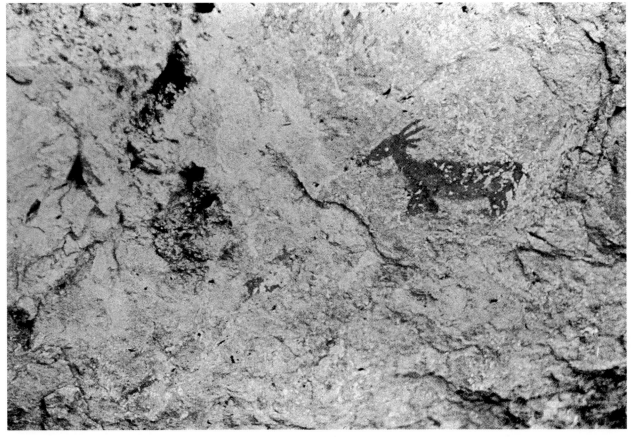

14　《围猎》　西班牙黎凡特崖壁画（图片拍摄：陈兆复）
　　一只公鹿被多个持箭的猎人包围，已经陷入绝境，逃生无望。狩猎的情节多采多姿，既从正面描绘追猎、围猎、寻猎、群猎，也有"守株待兔"等场景。

15　《守株待兔》　西班牙黎凡特崖壁画（图片拍摄：陈兆复）
　　聪明的猎人以逸待劳，躲藏在动物出没的道路上，静待动物自投罗网。

16　《奔跑的鹿群》　西班牙黎凡特崖壁画（图片来源：*La Valltora Arte Rupestre del Levate Espanol*）
　　鹿群妄图侥幸逃生，猎人却紧追不舍，气氛紧张激烈。

17 《追猎》 西班牙黎凡特崖壁画（图片来源：Beltran, A.）

　　西班牙黎凡特崖壁画对于战争进行过直接或间接的描绘（图18、19）。《武士舞》表现战士一手持箭，一手挽弓。他们整齐跨步，可能是表现战争的舞蹈，其中有的战士还蓄着胡须。残酷的战争在这幅岩画中被间接地反映出来。一个武士在战斗中不幸身中数箭，不得不从战场上败逃下来，由于慌乱，连头巾都散开了。

　　《武士群像》说明黎凡特崖壁画在表现人物形态时，存在着风格化的倾向。其形象简化，身体往往只用少量的直线与曲线组成。采用这种表现方法的艺术家，可能存有增强动感和力度的观念。与此相联系而又值得注意的是，在同一岩画构图中，人物都是统一的一种类型。但是，无论它们是属于哪一种类型，经过夸张变形处理之后，都能产生极为生动的效果。

　　在一幅战争画的场面中，一大群武士身上画着条纹，佩戴着由三部分组成的弓，这种武器往往被认定是亚洲人发明的。另一些学者还提到别处的画面上出现过黑人似的形象。这些形象可能只是个别的情况，崖壁画中人物形象只突出了人体某个部位。至于画面上的种族，要根据年代、地区的艺术派别来确定。

在许多岩厦里，确实发现人物形象在体格上不同，但却属于同一个画面。例如，两组武装人群面对面在争斗，从画面上看，这是两个不同的种族群体之间的战争。另一个例子，也是很重要的例子，是两个形状不同的人物互相重叠地画在一起。原来的形象是用红色线条画的，圆头且有着梨状的发饰，上加一冠，但被第二个形象所覆盖。第二个形象是鲜红色，头形拉得很长，与上面第一个形象完全不同。这或许可以说明，前面的人群已被后面的人群赶跑了，后来的艺术家在原先的形象上又重新作画。

在男人们的装束中发现垂饰，可能是贝壳或是穿孔的牙齿。有些形象戴着流苏（一簇头发或羽毛），或高大的羽毛头饰。发饰也很受到重视，不同的式样曾是反复出现，其中的一种是用发带把头发扎在太阳穴处，并垂向两肩。也有梨状的发饰，或将头发完全垂在颈部和双肩上，但在大部分的情况下，头发是剪过的。在某种情况下看起来，头发是卷曲的，但在画面上很难看清楚头发是如何梳理的。一幅崖壁画上绘有一对男人谈话的场景，一个长胡子的老年人，在向那位青年人传授如何才能命中一匹公牛的经验。

胳膊和手腕上戴着手镯，或将装饰品悬垂在肘部或前臂，以及一串植物的纤维或羽毛制成的流苏，这些可能是象征权威和地位。没有发现项链或别的颈饰。此外，还有袋子、箭囊，或简单地只在肩上扛着一束箭。

围在腰上的装饰，可能是悬垂下来的服装的一部分，也可能是皮毛、羽毛或其他带状的东西。当画中的人物奔跑的时候，或爬山的时候，这些腰饰就看得出来了。腿部装饰主要是体现在缚在膝盖部分的装饰品，有时飘散开遮住小腿，这种情况在现代的原始民族那里也可以看到。

（3）采集与农耕

另一种重要的生产是采集蜂蜜，在许多岩壁的画面上都难以确定，只有阿拉纳（Arana）岩画点的画面是非常清楚的。上面两条横线代表树枝，从树枝上悬下三根绳子，作为梯子。一个人采着绳梯爬到蜂窝旁边，一手掏蜂窝，一手提篮子或别的容器。下面还有一人也在往上爬，肩上似乎背着一只口袋。画面中的绳子表明，当时有某种供纺织用的东西，可能是一种名叫依斯伯托（Esparto）的长而粗大的草，它的纤维可以搓成绳子。至于采集蜂蜜的技术，在这个地区有人说是可以取走蜂巢，而不会受到蜜蜂的蜇咬，因为天冷的时候蜜蜂都冻得动不了。但在这幅画中有十四只蜜蜂

18 《武士群像》 西班牙黎凡特崖壁画（图片来源：*La Valltorta Arte Rupestre del Levate Espanol*）

　　古代人类以狩猎与采集为生，为争夺地盘，氏族间的械斗时有发生。画面上的这群武士各个神采飞扬，整装待发，似乎预感到一场血腥的械斗即将发生。

19　《舞蹈的勇士》　西班牙黎凡特崖壁画（图片来源：Beltran, A.）
　　这幅勇士舞蹈反映战争获胜的一方，用舞蹈形式彰显着尚武的精神。战士一手持箭，一手挽弓，舞姿强劲，节奏分明。

在采集者周围飞舞，则认为应是表现被激怒了的蜜蜂群。画面描绘出修长的树干、动荡的绳梯、飞舞的蜂群，整幅作品洋溢着浓厚的生活气息（图20）。

　　黎凡特岩画描写人物的服饰有明显的一致性，推测有一批向东南迁徙的旧石器时代的穴居的人类，他们发展了新的生产力，进入新的社会——相对定居的氏族社会。他们主要的生活方式还以狩猎、采集为主。

　　有些例子也可以被理解为有关采集的场面。它们在文化和编年学上的重要意义，不在于它们仅仅是描绘采集野生植物，还是从事初期的农业活动。如果是后者，这些画面应该是属于新石器时代的，而舞蹈则属于丰收的仪式，相关的工具则是棍棒（像非洲布须曼人挖地的棍棒），但从画面上的人物的姿势，则更像是人们在树丛中采集野果。这里是一幅点种的画面，表现初期的农耕景象，妇女们穿着长裙子，却光着上身，手拿棍子点种。残存的西班牙黎凡特崖壁画现已破损得非常厉害，只有个别图形是完整的。

　　（4）舞蹈

　　在岩画中可以看到许多舞蹈的场面，这些舞蹈可能是庆祝战争的胜利，或表现丰收的仪式，或只是情之所至而举行的娱乐活动。在岩画中，我们

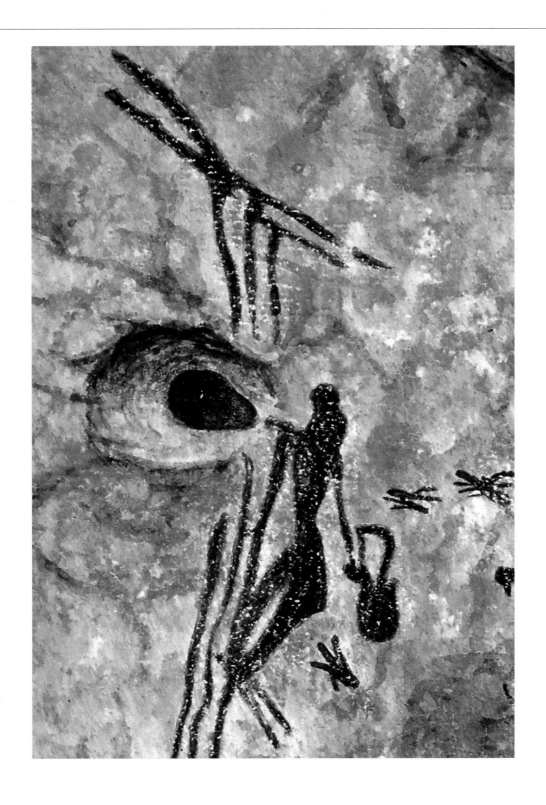

20 《采蜂密的妇女》（局部） 西班牙黎凡特崖壁画（图片来源：Beltran, A.）

　　两位穿长裙的少妇一上一下轻快地踩着绳梯向上攀登，左手提着小罐，右手揭开蜂巢，蜜蜂被惊扰后攻击采蜜人。画面极富生活气息。

21　《败退的武士》　西班牙黎凡特崖壁画（图片来源：*La Valltorta Arte Rupestre del Levate Espanol*）
　　氏族间械斗获胜的一方掠夺杀戮战败的一方，胜者欢呼雀跃，败者垂头丧气，侥幸逃回也难逃处罚，甚至受到处决。这样的画面在黎凡特壁画中也得到反映。

22　《种地》　西班牙黎凡特崖壁画（图片来源：Beltran, A.）
　　妇女们着长裙，裸露上身，手持木棒掘地点种，身边还有女伴打下手。

23　《跳舞的妇女》　西班牙黎凡特崖壁画（图片来源：Beltran, A.）
　　柯古尔岩画点的《跳舞的妇女》，一群着衣女人围绕着一个裸体的小男生跳舞，这是象征生殖崇拜的一种仪式。

看到武士们的双人舞、集体舞。我们还可以发现有两个头戴鸟冠伪装的人在跳化妆舞。

除了战争舞蹈之外，在别的场合里，女人也参加舞蹈。女人的舞蹈动作主要是在上半身，特别是在手的姿势，手在摆动，但腿部却不动。我们可以注意到某些经常出现的场面，其中最著名的自然是柯古尔（Gogul）的那幅《跳舞的妇女》，一群着衣女人围绕着一个裸体男人跳舞。对某些想说明原始社会有生殖崇拜观念的人，往往抓住这个场景来证明他们的观点。这里有一点是特别值得考虑的，那男性的形象非常小，比起围绕着他的那些女人们要小得多。所以这幅作品看起来，更像是表现某种仪式，或许是一种生殖崇拜的仪式。

格拉卓斯（Grajos）岩画点有一些令人极感兴趣的画幅，包括岩厦里的主要场面，以及旁边小洞窟里的两个女人和一只动物的画面。主要场面是二十来个女人，其中也有少数男人。她们的钟形筒裙是适度的，看起来好像还缝了边。她们排列成行，其一为双手叉腰的女人，其他的人围绕着她，两手弯曲摆动呈舞蹈状。第一排七个女人，领头的是一个男人，他们的后面还有三四个男人。在舞蹈的场面的上方有一个小人，长着令人吃惊的夸大了的男性生殖器。在这幅画面的右边是三个女人和四个男人，其中一个也明显地画了男性生殖器。

格拉卓斯崖壁画在黎凡特艺术中是独一无二的，舞蹈者的多种不同的姿势，特别突出的是手臂的动态和腰肢的扭摆，看起来特别生动。而腿部则相对是稳定的，静止不动的，朝着一个方向。学者们注意格拉卓斯这幅画与柯古尔的那幅画有相似之处，即和柯古尔那幅一样，画面上那个小男人翘起的生殖器，也可能是后来画上去的。另外，还有一组男人手舞足蹈，动作强劲热烈，在这里我们可以看到男人和女人们舞蹈风格上的差异。

与这个岩厦相连的是一个小洞，里面画着两个女人，在一只动物后边跳着舞。女人们向右倾斜得很厉害。她们穿着钟形的筒裙，长及膝盖，乳房分在身体的两侧描绘得非常清楚，而动物的种属则难以确定。

阿尔巴拉斯（Albarracin）崖壁画也被认为是男性生殖器崇拜的舞蹈。上部的一个男人画得较小，但竖起极大的生殖器，下部是三个舞蹈着的女人，手里拿着似乎是伴奏乐器——响板。学者经过仔细研究，认为那男人前面竖起的并不是生殖器，一个女人手里拿的是点种棒，正如在黎凡特其他地区发现的一样。同样的情况出现在阿格斯（Aguas）岩画点，我们发现两个女人各有很不相同的身材，一个穿着长而重的裙子，另一个则穿着简单得多的裙子，系在身后。她们手中都拿着一棍棒，其一是成角的，像锄头似的。一个人弯腰像是在地里种什么东西。崖壁画描绘的可能只是收获的场面，或女人们表演丰收的舞蹈。为了唤醒大地，她们用棍棒敲打大地，用锄头刨开地面。

在崖壁画中，女人的形象要比男人少，她们的形象是容易区别出来的。特点是胸部的乳房和凸起的臀部，穿着裙子，不带武器。至于发饰和其他装饰，女人和男人是差不多的。乳房下垂，在侧面我们只看到一只，正面的时候垂在身体的两侧。在阿弼拉（Alpera）岩画点，女人穿着长裙，凸出臀部，拢住头发，与柯古尔岩画点显然不同。柯古尔的女人形象，穿着圆钟形的筒裙，乳房下垂拖得很长，头发的装饰是梨形的。而凸出的臀部和纤细的腰身，很富于曲线美，这也正是许多岩画点所描绘的女人形象的共同特点。女人的裙子用绳索或用皮带在腰部扎住。在一幅崖壁画中，我们看到是在后面扎住的。我们还发现有的女人穿着极短的裙子。在许多长裙子中间，也有穿着宽松长衣的女人。一个女人领着一个小孩，上穿紧身衣，下穿缝边的长裙，是一种开衩的长裙式样。到目前为止，这在黎凡特崖壁画中是仅有的例子。乳房、臀部和穿裙子是表现女人形象的重要特点。此外，她们从不参加狩猎活动或携带着各种武器，却常常出现在舞蹈场面上。在后来的作品中，她们又带有一种挖地的棍棒。女人通常与女伴在一起，和男人们在一起的活动很少[①]。

黎凡特崖壁画在表现人物形态时，存在着风格化的倾向。形象简化，身体往往只用少量的直线与曲线组成。采用这种表现方法的艺术家，可能存有增强运动感和力度的观念。但是，我们同时也认为可能这种观念只存在于这些风格开始形成的阶段，后来作为一种传统形式流传下来。在同一岩画构图中，都是统一的一种类型，但经过夸张变形处理之后，都能产生极为生动的效果（图21~23）。

此外，在伊比利安半岛还广为分布着一种极为图案化的岩画。这种岩画是从新石器时代（约公元前2千纪的前半叶）持续到铜器时代止，被通称为伊比利安图案式美术。这种作品不是由家畜饲养者所开创的，而是由从事编织、制陶和懂得冶炼技术的一部分人所制作的。岩画的图形很多，由于抽象化，人们对它的含义也了解得不多，只能辨认出人物、动物、房子、车辆和太阳等。特别是人物的形象显著向简单化发展，简化成棒状（直线）、十字、圆形、十字交叉和圆与线的交叉等等样式。初期的作品以绘制的居多，后期刻制的作品便多了起来，最末期则不再刻在崖壁上，而只限于制作在石块上面了。这种岩刻最古老的形象，有新石器时代抽象化的人物和动物，后来有青铜器时代的各种同心圆，到铁器时代的蛇形等，逐渐向多种多样的形式发展。这种大西洋沿岸贸易道路开展时期的作品，对于以后的巨石文化的传播起到重要的作用。

① A.Beltran，*Rock Art of the Spanish Levant*（《西班牙黎凡特岩画》）. Cambridge University Press，New York，1982.

（三）明亮处的艺术和黑暗中的艺术

大部分岩画多画在露天的地方，而不是黑暗的洞窟。事实上，人们很少在洞窟深处作画，因为地下的世界被认为是神灵居住的地方，是死亡之地，也是危险之地。远古的人类住在地下洞窟内，往往是把洞窟作为遇到困难时的避难所。到地下去作画只是少数人群，是在特殊的宗教信仰架构下所从事的庄严的活动。

欧洲洞窟艺术的年代被确定为旧石器时代的晚期，阿尔塔米拉洞窟就是一个突出的例子，虽然它的绘画写实技艺的高超曾受到怀疑，但这样的洞窟艺术并不是普遍的艺术形式。澳大利亚金伯利高原的南部有一百多个洞窟，在完全黑暗的洞中，画的都是抽象的图形，如柯纳尔达洞窟（Koonalda Cave）。此外，新近在美国南部托尼斯（Tennesse）和肯托乞（Kentucky）潮湿黏土的洞壁上，发现用手指头划出的许多图形也是非具象的。中美洲的玛雅人也曾在深邃的洞窟中作画，同类的洞窟艺术还在多个国家被发现。古巴许多图解式的图形绘制在洞窟中，特别是在北部海岸的圣斯皮里图斯（Santi-Speritus）省。多米尼加共和国早在1854年就有这方面的报告。在危地马拉的佩滕（Peten）的莽丛中，有许多令人毛骨悚然的人面形的雕刻品，是从方解石的堆积物中发现。最近，有数百个手印装饰着的洞窟，在印度尼西亚的伯尔尼奥（Borneo）发现，但至今仍未有明确的断代[①]。

世界上大量的岩画是制作在户外的露天里，像黎凡特崖壁画那样位于悬崖下，在阳光可以照射到的岩厦。露天岩画从而比洞窟艺术更容易遭到损坏，只有处于特殊环境的条件下，才能幸运地保存下来。其他数百万个古代描绘在悬崖上的岩画，现在已经消失得无影无踪了。

今天岩画的研究者还应有不同考虑，要首先考虑到岩画点与所处的自然环境，以及当地岩画所体现的传统文化是否被保存下来等等。经过访问证实，对以上的提问，当地群众能够给出满意答复的实在是太少了。在欧洲，在整个非洲，在部分的亚洲和美洲，对岩画所表现的故事和宗教信仰的含义，人们多已茫然无知了，尽管有些地区岩画的传统还保持着。譬如在斐济的南部，迟至19世纪，人们仍在岩石上创作岩画，在澳大利亚，岩画的数量很多，有的被保存到当代，但上了年纪的老年人，仍然担心害怕岩画的传统会逐渐消失掉。这种尚存的古老文化的后裔，今天还能够告诉人类学家、传教士和别的旅行者，有关岩画的创作与岩画的文化内涵，使我们能认识到更深层次的意义。从世界观点来看，岩画是一种正在消失的文化

---

① J. Clottes, *World Rock Art*
　《世界岩画》. The Getty
　Conservation Instiute, Los
　Angeles.2002.

艺术，保存下来的是艺术上的美，但却很难解释其意义。从这个意义上说，大多数岩画艺术仍然处在黑暗之中。

三　法国洞窟深处的岩画

在法国，欧洲第一序列的旧石器时代的岩画，首先是从多尔多涅地区的旧石器时代遗址发现的，主要集中在依则斯（Les Eyzies）周围，共包括拉斯科、哥摩、康巴里勒斯、特牙特、卡巴布兰克、帕浓帕等洞窟。其中有两个不在多尔多涅地区，而是在与卡罗尼连接的地区。其次，是在比利牛斯地区，包括尼奥、波尔提尔、阿多帕尔特、三兄弟、玛索拉斯、卡卡斯等洞窟。

（一）依则斯诸洞窟岩画

法国旧石器时期晚期的洞窟崖壁画，集中在多尔多涅地区依则斯周围著名的有哥摩、乌非那克、康巴里勒斯、拉斯科、特牙特、卡巴布兰克、帕浓帕等。

上帝似乎对依则斯山谷特别垂青，在法国这个小山谷中，有许多远古时代人类的遗址，经历数万年之后，很好地保存了下来。那些花岗岩悬崖的壁面上，有着大量的洞窟，在那里远古的人类找到了他们的住处，点燃起他们的篝火。千万年来，他们篝火的灰烬和"厨房"的垃圾，以及无数的石器和装饰品，构成了悬崖的地层，像是一卷巨大的书籍，而考古学家们正在一页一页仔细地阅读着。

在依则斯镇附近悬崖半山腰处，有一座中世纪时代的城堡，现在是国家史前博物馆，在这里可以俯视风景如画的依则斯山谷。悬崖上有一尊巨大的人像，这是今人复制的尼安德特人的雕像。尼安德特人是欧洲早期智人阶段的人类，是莫斯特文化的创造者。这个雕像是人类智力觉醒的象征，他静静地伫立在那里，凝视着远方，仿佛在关注着周围发生的一切。

考古学家们在依则斯山谷发现过许多旧石器时代的遗址，欧洲旧石器时代的洞窟崖壁画大部分就集中在这里。

当笔者来到哥摩洞窟的时候，远远地看到山崖上万绿丛中一条灰黄色的山路，小道沿着山崖开凿，直抵哥摩洞口。洞口很大，但一进去便成了一条狭长的地道，洞顶却很高，而且岩石层层叠叠，犹如一线天。

《威武的野牛》是哥摩洞窟的崖壁画。哥摩洞窟崖壁画的特点，并不仅

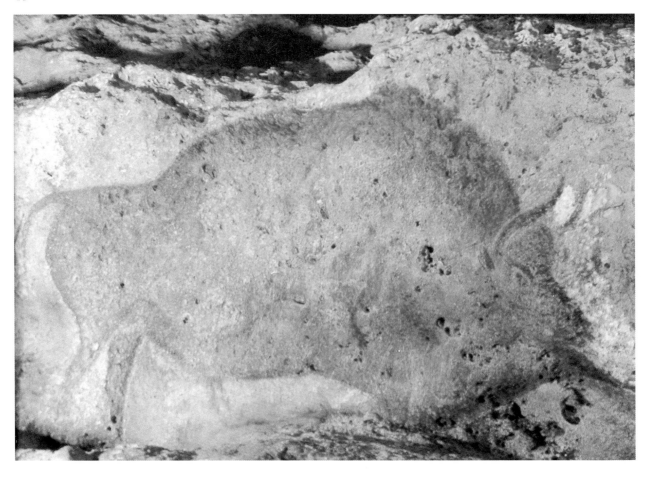

24 《威武的野牛》 法国哥摩洞窟崖壁画
　　在表现动物的力度、刻画动物的神态方面，哥摩洞窟崖壁画都可与阿尔塔米拉洞窟崖壁画相媲美。窟内最精彩的是一系列的彩色动物画，多采取没骨画法，直接用色彩渲染，很少用线条，故赢得杰出动物画廊的美誉。《威武的野牛》为其中的佼佼者。

　　是在技术方面，而且在表现的力度与动物的神态上，皆可与阿尔塔米拉洞窟崖壁画相媲美。窟内最好的崖壁画是一系列的彩色野牛，先用棕红色打底子，再用黑色加以渲染。为了强调，还在牛角、脊背、眼睛等处进行刻凿。这些采用多种技巧所创造的生动的艺术形象，使哥摩洞窟成为拥有许多杰出动物画的天然画廊（图24）。

　　哥摩洞窟在崖壁画离洞口不远就开始作画，也同样是以动物为主。其形象与色彩都很柔和，或因年代久远显得模糊不清。据说，原先还要模糊得更厉害，后经修复，才达到现在的状态。岩画中的动物，以长毛象为多，但也有人物的形象。一种只是头部，像是面具；另一种则只是躯干。动物造型非常逼真，技巧也很高。人物形象不但丑陋，而且概念化。同时，强调与女性生殖有关的臀部等。这是旧石器时代洞窟艺术的一个特点。哥摩洞窟崖壁画的年代约在距今14000年至12000年之间，大体上和康巴里勒斯洞窟岩画相近。

25 《猛犸与山羊》 法国乌非那克洞窟崖壁画（图片来源：M. OdiLe & J. Plassard）
多尔多涅地区旧石器时代遗址中的乌非那克洞窟，曾是 20 世纪中期最为轰动的发现之一。这个洞窟的与众不同之处，在于很大、很长、很深、很宽。洞内的崖壁画基本上是单一的黑色线描，也有一些线刻。

　　康巴里勒斯洞窟岩画，以线刻为主，但也有一点绘画的残迹。洞窟被冲刷过，形状比哥摩洞窟更加狭窄，却很整齐、狭长而低矮，更像是地道。洞口处有一个大洞，面积很宽，是原始人居住的场所。

　　邻近的另一个多尔多涅地区旧石器时代遗址中的乌非那克洞窟，曾是20世纪中期最为轰动的发现之一。乌非那克洞窟很大，也很长、很深、很宽，岩刻和崖壁画在离洞口很远的地方才出现。作品基本上是一种黑色的线描，开始处先有许多的划道、直线、交叉线等符号，然后才是动物的线刻和线描。《猛犸与山羊》就是法国乌非那克洞窟崖壁画的一幅代表作（图25）。

　　这几个洞窟都有根据岩石凹凸表现物象体积的情况，但不像西班牙阿尔塔米拉洞窟崖壁画那么明显而有效果。哥摩洞窟岩画有一处利用岩石凹面，经光线照射成暗部，以表现动物的躯干。康巴里勒斯洞窟中的那幅岩刻《饮水的驯鹿》也是这样制作出来的。作者巧妙地利用崖壁上的窟窿，表现一泓清水，驯鹿头部伸向清水，似在饮水。

各个洞窟的岩画中有各种各样的符号，哥摩洞窟房屋形的符号最为引人注目，而且往往直接画在动物的身上。这些符号及其在符号图式中所隐喻着的深刻内涵，今人尚不能完全理解。

（二）拉斯科洞窟岩画

拉斯科（Lascaux）洞窟位于法国多尔多涅省蒙尼克镇附近，是韦泽尔河谷中的一座洞窟。1940年，被法国四个少年偶然发现。在此之前，它的存在是完全不为人们所知的。从那远古的时代起，它的洞口就被障碍物全部堵塞住，一直到现在，洞口也还没有找到。四个孩子是挖开洞顶爬进去的，因为他们的狗是在那里丢失的。

这个洞窟经石灰岩缝隙渗水的浸蚀，在地质年代的第三纪形成大型岩洞，其中包括著名的野牛大厅和一些陡峭的走廊，里面装饰着大约一千五百个岩刻和六百个岩绘（崖壁画），有红、黄、棕和黑等多种颜色[①]。

绝大多数的崖壁画描绘的是动物，这里有野牛、马匹、红鹿和野山羊，还有一些意义不明的圆点和几何图形。在野牛大厅里，野牛达5米长，有的还要大。《黑色野牛》是拉斯科洞窟野牛大厅中著名的崖壁画。拉斯科洞窟崖壁画给人的印象，是线条很粗，气势很大，动态的强烈与阿尔塔米拉的静态恰好形成强烈的对比。

画面已经形成了构图意识。比如，这个野牛大厅的六只大牛就组成圆圈，朝一个方向奔跑。另有一匹马跌落陷阱也是一例。此外，还有许多符号，其中有一种被理解为陷阱（图26~30）。

牛是法国拉斯科洞窟崖壁画中的主角，拉斯科洞窟崖壁画中有一幅大公牛堪称是件辉煌的杰作。整体表现强健有力，特别是生动逼真的头部，虽然只用单色涂绘，未加浓淡虚实的渲染，却能完好地表现出体积感。这种实际效果的取得，令人惊叹不已。有的学者把这绝妙的造型，称为《跳跃的牛》。《跳跃的牛》是拉斯科洞窟最为精彩、最富力度的形象之一。

拉斯科洞窟崖壁画中的马，最令人注目的是所谓《中国马》的一幅画，因为它的形体颇似中国的蒙古马种。马正处于怀孕期，这与祈求增殖的观念有关。在造型上，轮廓肯定，线条流畅，比例适当。制作时巧妙地利用岩石的高低变化，用雕画结合的手法，尽管是采用单色平涂，却取得了立体效果，有一定的体积感。在色彩的处理方面，也有其独到之处，大面积的马身着明亮的黄色，马鬃涂黑色，形成鲜明的对比关系。它在艺术上的成就，列入洞窟崖壁画的杰作之林是毫无问题的。当我们想到这些作品是原始艺术家用粗笨的打制石器，在简陋的燃烧油脂物的照明条件下完成的，

---

① J. LAubarbier & M. Binet,
Prehistoric Sitein Perigord
《佩里格的史前遗址》），
1985.

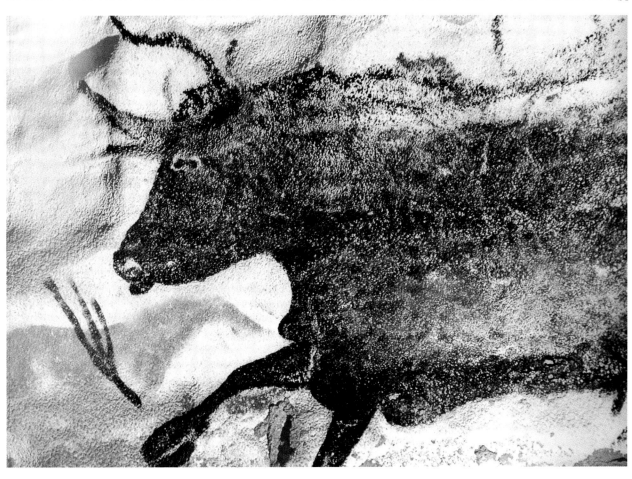

26　《黑色野牛》（局部）　法国拉斯科洞窟崖壁画（图片来源：*Lascaux*）

　　这头牛野性十足，强悍无比，却被画在岩壁上并施以巫术符号。或是以此昭示于众，使全体氏族增强信心，即所有野牛都是可以战胜的，也都是可以猎取到手的。

则会更加由衷地敬佩其技艺的高超了。

　　另一幅重要作品是《鸟头呆子》（图31）。这幅作品的题目取得有点怪，画面表现的是一头野牛正冲向一个鸟人，鸟人附近有一只鸟站在枝头。野牛已被矛刺穿了，腹下流出大量的肠子，可还在拼命地挣扎着，向人冲过来。人的形象被图案化了，戴着鸟头或是鸟冠，右手握着顶端呈钩状的工具，可能是矛棒或标枪。双手各生着四个指头，脚下还残留着部分矛棒。此画可能有纪念性的目的，更有可能是与巫术的实践相联系。类似的画例不仅在其他洞窟岩画中可以找到，稍后时代的非洲岩画中也可以发现。学者们认为，这幅作品可能是在表现某种观念。这个形象有人认为是伪装成动物的猎人，也有人认为是巫师，正在为狩猎的丰收施行巫术。猎人伪装成动物是为了狩猎时便于接近动物。这种作法至今在中国少数民族中仍在沿用，如鄂伦春族戴的狍头帽就是一例。

　　在这样垂直的崖壁上作画，肯定要使用梯子和架子。事实上，人们已

27 《野牛》 法国拉斯科洞窟崖壁画（图片来源：*Lascaux*）

　　拉斯科洞窟崖壁画中的野牛，画法多样，既有线条勾勒，也有使用没骨画法，二者并行不悖。一反阿尔塔米拉等洞窟崖壁画中动物静态多于动态的现象，拉斯科洞窟崖壁画中的动物开始动起来了。

28 《跳跃的牛》 法国拉斯科洞窟崖壁画（图片来源：*Lascaux*）

　　拉斯科洞窟岩画中这幅大公牛是件杰作。虽然只用单色涂绘，未加渲染，却生动地表现出雄性野牛的威武强悍。

29 《中国马》 法国拉斯科洞窟崖壁画（图片来源：*Lascaux*）

　　拉斯科洞窟崖壁画中的马最令人注目，尤其是这幅《中国马》。作者熟练运用的技法与中国画颇为接近，十分妥贴地表现出马鬃、马身两种颜色的过渡，并勾勒出马的四肢。又因马的形体与中国的蒙古马种相类似，故被称为《中国马》。这匹马似正处于怀孕期，想来是与祈求增殖的观念有关。

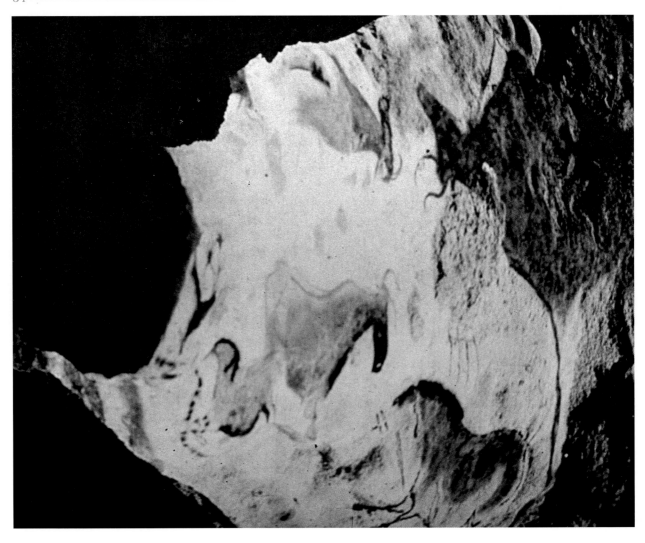

30 《跌落的野牛》 法国拉斯科洞窟崖壁画（图片来源：*Lascaux*）

　　这个标题的选定是见图生意，由于它画在凹形的窟顶，几个大型动物又恰巧画在窟顶的凹处，很像是跌落进去的样子。

31 《鸟头呆子》 法国拉斯科洞窟崖壁画

　　这幅作品的题目令人匪夷所思。画面一头野牛冲向一个画得极其简陋的鸟头"人物"，附近丢下一根鸟头的木棒。野牛被矛刺中，腹下流出肠子。有人认为鸟头人是伪装成动物的猎人，也有人认为是巫师正在施行巫术。

经发现了安装架子用的插洞。

在拉斯科洞窟的地面上，还发现了作画用的木炭、颜料和雕刻工具等。对那些含碳的材料，经放射性碳素的断代测试，这个洞窟的使用年代大约在公元前15000年，绝大多数的岩画作品大概就制作在这一时期。

拉斯科洞窟最初发现的时候，崖壁画保存得非常之好。洞窟内部合适的温度与湿度，为崖壁画的保存提供了理想的环境，使这些颜色经千万年而不变。1942年洞窟发现之后，几乎立刻就向人们开放。接着，崖壁画出现损坏，颜色开始消退，画面上长出绿苔。到1963年，拉斯科洞窟因保护而被关闭了。

随着原洞窟的关闭，另一个洞窟的复制计划正在苦心经营着，严格模仿原洞窟的结构，细心地临摹崖壁画的原作，并设想原始艺术家所使用的颜料和调制的方法。经营十年，拉斯科洞窟II号终于完成了，并于1983年向观众开放。笔者在1987年5月得到特别的许可参观了原洞窟之后，又参观了复制的II号洞窟。2005年再次参观了II号洞窟，对比原洞窟和复制的洞窟，两者的差距还是相当明显的。

（三）尼奥洞窟岩画

巨大的尼奥洞窟位于法国南部的比利牛斯山山谷，地处高出河岸水平面几百米处的悬崖上，这里没有发现过马德林人的居住遗址。那时的人们是住在奔流的小河附近，到尼奥洞来仅仅是为了举行庆典或仪式，但却不惜花费很多时间在艰难的路途上跋涉。

这里的环境与法兰克—坎塔布利亚岩画点相似，共同的地貌是山谷、河流、丛林。但尼奥的洞窟比其他几个洞窟都大，而且形状富于变化。岩画的图形在距离洞口1800米处才开始出现。洞内钟乳岩形成的石笋像一根根梁柱直立其间。以洞形与规模来说，尼奥洞窟堪称洞窟艺术之最。

当地居民从17世纪起就曾访问过这里，并把自己的名字写在洞壁上。在冒险与好奇心的驱使下，一些人克服胆怯进入洞中。越来越多的人希望看到洞里的风光，数以千计的随手涂鸦证明来访者的数量并未减少。

尼奥洞口进去是一个大洞，大洞的左侧有一个小洞口，进入小洞是狭长的通道，有2公里长，然后到达人们称为"黑厅"的画廊。画廊空间很大，约有700平方米。尼奥洞窟的崖壁画主要集中在这里，数世纪来一直对公众开放着。许多年过去了，1906年，当冰河时期艺术的可靠性被证实之后，人们才认识到尼奥洞窟内用黑色线条绘制的绘画，亦当属于旧石器时代的遗存。

1907年，哈瑞—贝尤和卡特哈克首次进行了有限的测量。1972年，索

32 《中矢的野牛》 法国尼奥洞窟崖壁画（图片来源：*Les Cavernes de Niaux*）
　　尼奥洞窟中最有研究价值的莫过于这一头野牛身上红色矢状的记号。旧石器时代尚未发明弓箭，矢状符号意味着什么？有人认为是鱼叉。这些记号应与施行狩猎巫术有关。

蒙特测量的范围更宽广，挖掘到0.25米凝固岩之下的陶土地层，接着有几乎1米厚的堆积物，有水渗入或流过的地方，滴水或流水或流动的空气侵蚀着墙壁上和接近地面的画面。这也许可以解释为什么我们在进入洞口500米的地方未见到崖壁画的原因。

　　在圆顶和部分墙壁上，能看到许多古老石笋状的堆积物和沙石的堆积物，它们为断代提供了依据。然而大部分碎片被水冲刷，遗留下来的只是其中一部分。

　　后来玛德门特乘救生艇穿过一个地下湖，洞顶位于水面之上。洞顶上发现了有许多黑色崖壁画的画廊。1949年，在一个很小画廊里又发现了史前人的脚印。1969年，杰尔再次在洞的末端发现了两匹巨大的黑马。1975年，又发现了雕刻。随后开始了研究工作，以阿贝贝尔和卡特霍卡等人的观点为基础。皮尔及他的同事们投入了大量的精力，记录了有关人类遗迹的详细资料。1980年以后，随着自然环境的恶化，尼奥的所有艺术品更加需要

33 《中矢的野牛和山羊》 法国尼奥洞窟崖壁画（图片来源：*Les Cavernes de Niaux*）

34 《符号与野牛》 法国尼奥洞窟崖壁画（图片来源：M. Raphael）
在洞窟崖壁画的野牛旁，绘有不同排列样式的圆点与圆圈，其中还有棒状形体。尽管符号存在着千差万别，但都与人类企图征服野兽的愿望联系在一起。

详细地记录下来，包括把所有崖壁画拍成照片。这项工作得到文化部的财政支持。从1989年以后，又开始进行崖壁画制作技法的研究。在法国博物馆研究科研室工作的克洛蒂斯等人的努力下，这项工作取得了一些进展[1]。

尼奥这个巨大的洞窟，洞窟中的崖壁画规模宏大，形象生动，堪称马德林文化时期的优秀作品，年代距今11500年至10500年之间。黑厅可能是名符其实的圣地，旧石器时代晚期的马德林人在那里尽心竭力地去作画。尼奥洞窟的岩画更多地表现了人类的理想、企盼和追求。洞窟中的"黑厅"音质效果非常特殊，适合原始人在此厅举行祭祀歌舞、驱邪治病等活动。

尼奥洞窟崖壁画野牛形象特别丰富，而拉斯科洞窟岩画中马的形象特别多，这可能与当地原始人的信仰有关，或是与狩猎对象有关。而这些动物形象又往往与图形符号组合在一起。法国尼奥洞窟里的野牛岩画的年代，用碳放射性同位元素测定为距今12890年±160年（图32~36）。

尼奥洞窟中最有研究价值的一头野牛，身上绘有红色矢状的记号。在旧石器时代尚未发现过弓箭，画中的矢形，多数学者认为是有钩的渔叉。此外，在左侧洞壁上还画了许多野牛，有的野牛旁还绘有排列不同的圆点与圆圈，其中还有棒状物体，想来这是体现人类企图征服野兽的愿望，应与狩猎巫术有关。

尼奥洞窟崖壁画的符号是用红色或棕色画成的圆点、线条和类似工具的图形，看起来似乎是遵循一种有意识的顺序。旧石器时代艺术不是一种

[1] J. Clottes，*Les Cavernes de Niaux*《尼奥洞窟》．Seuil, Paris, 1995.

35 《马匹》 法国尼奥洞窟崖壁画（图片来源：*Les Cavernes de Niaux*）

　　马匹上刻划着许多与造型无关的线条，这是施行巫术的一种方式。其中有一匹马的年代断代约为公元前 16800 年前。

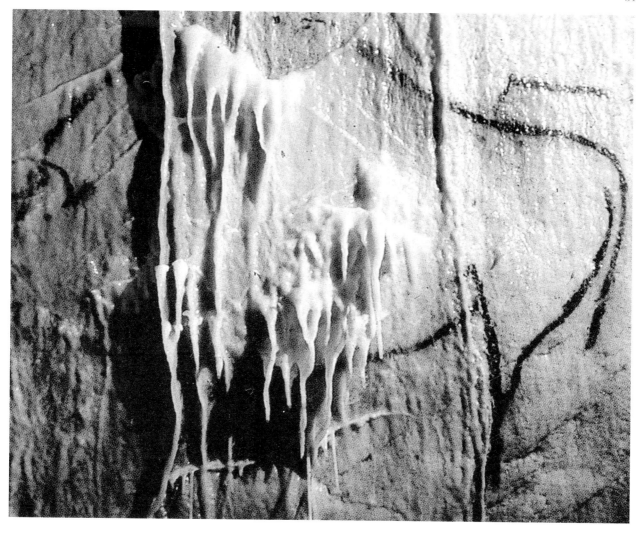

36　**被覆盖的法国尼奥洞窟崖壁画**（图片来源：*Les Cavernes de Niaux*）
　　旧石器时代的野牛图形已被方解石覆盖了大半，由此可见，崖壁画这一古老的文化遗产亟待保护，并且已经到了刻不容缓的地步。

单一的动物艺术。旧石器时代崖壁画不仅是一个动物世界，同时也是一个符号世界。这里的符号图形，最多的是点和掷棒等。有时表现为单体，有时成组表现，就是把一些几何图形或多或少地组合在一起。

尼奥洞窟没有违反这一规律，符号比动物形象出现的更多。这些符号大多数是用红色，其余为黑色。在尼奥有一半的符号是线和掷棒，其他是点、有角符号和一些圆圈。当这些符号与动物联系起来时，经常被解释为箭头或伤痕。在澳大利亚的岩画中，棒状物也一再被发现，形状的同一性足以令人惊奇。

（四）科斯凯洞窟岩画

法国马赛东面的莫尔海岬景色优美，在这里发现了水下的科斯凯洞窟崖壁画（图37）。科斯凯洞窟的岩壁上保存着世界上最古老的洞窟艺术——手印，距今足有27000年了（图38）。

1991年，在潜水员亨利·科斯凯发现海底洞窟崖壁画之后，法国国家科学研究中心的专家们第一次游进洞窟。在许多被侵蚀得很厉害的岩石上看到了图画，那确确实实是崖壁画。考察证明，这些画幅被钟乳石的沉积物所覆盖，并且被严重地腐蚀了。碳十四测试的年代为公元前16440年。根据洞窟地面上发现的一小块碳化物和初步的花粉分析，也说明其年代属于冰河时代后期（公元前20000年～公元前10000万年）。从第一次拍摄的照片上看，洞窟的崖壁画上至少包括二十六个空心的手印、二十三个涂绘的和二十一个刻成的动物形象，再加上二十多个几何图形，数不清的指槽（用手指在壁上勾划的痕迹）和看来是随意乱涂的线条。

第二年，由法国文化部海底考古研究处组织一支探险队，其中包括一艘海底考察专用船。这支探险队的目的是进一步彻底调查这个洞窟，并拍摄一套系统的照片为将来研究之用。海底考古研究处的潜水员们和一位摄影专家进入洞窟，将录像转播到装置在船上的彩色监视器上。在船上的专家们可以指挥洞窟里的摄影师进行多角度和不同距离的拍摄和录像工作。在这个过程中，又发现了十九个岩绘和岩刻的动物，以及许多非具象的图形。潜水员们也发现了成打的燧石刀片。

对于洞窟的初次考察，发现岩画属于两个不同的时期。这个推测后来被碳年代测试所肯定。旧石器时代的人们开始使用这个洞窟是在公元前26000年前。最初，他们只在洞里制作空心的手印，在墙壁上勾划出指槽。根据在法国和西班牙别的洞窟中发现的空心手印，初步推断这些手印制作于公元前23000年至公元前20000年之间。对一个黑色手印的碳放射测试得

37　**法国科斯凯洞窟外景** （图片来源：*La Grotte Cosquer*）

　　科斯凯洞窟在马塞东面的莫尔海岬。当海平面上升后，洞窟的洞口和通道都被海水淹没，而在冰河时期，它位于水平面以上，而且离开海岸线还有一定的距离。从古人类第一次进洞，在洞窟的岩壁上绘制那些动物与手印等崖壁画，距今已有 27000 多年。

38 《手印》 法国科斯凯洞窟崖壁画（图片来源：*La Grotte Cosquer*）

　　海平面上升后，洞窟被淹没，需要潜水才能进入洞窟。洞窟下部的崖壁画已被淹没不复存在，仅存洞窟上部未被海水淹没的部分，其中手印崖壁画是早期的作品。现在经过法国多学科专家现场研究，并利用科技仪器在船上遥控指导发掘，使科斯凯洞窟残存的崖壁画得以记录与保护。

39 《海鸟》 法国科斯凯洞窟崖壁画（图片来源：*La Grotte Cosquer*）

　　科斯凯洞窟崖壁画中像企鹅似的海鸟，属于海雀科，现已灭绝。崖壁画提醒我们，旧石器时代地中海的气候比现在寒冷得多。

40 《马》 法国科斯凯洞窟崖壁画（图片来源：*La Grotte Cosquer*）

　　科斯凯洞窟古人类第二次进洞时所画的马，距今约 18000 年。它的艺术水平可与拉斯科洞窟的《中国马》媲美。

到的年代为公元前25000年。后来又进行了一次测试，得到的年代非常接近。另外，在洞窟的不同地方发现的两块碳化物，测试得到的年代为公元前25870年和公元前24300年。推算洞窟崖壁画上的空心手印的年代应不晚于公元前25000年。

第二期始于公元前17000年前。旧石器时代的人们这时又进入洞窟，或涂绘或凿刻动物形象和几何符号。与法国、西班牙其他洞窟艺术相比，科斯凯洞窟崖壁画的动物和符号制作于索鲁特文化期（公元前18000～前16000年）。在洞窟地上发现的一块木炭，年代测试为公元前16440年，故有理由认为具有风格特点的动物崖壁画属于这个时期。更为精确的测试，可以将年代集中到公元前17000年至公元前16500年之间。一个猫科动物的头部，断代为公元前17200年，一匹马两次断代为公元前16840至公元前16820年之间。

我们不知道这个洞窟在上面提到的两个时期之间，有数千年被弃之不用的确实理由，可能是因为它的洞口小，当时被岩石或树丛所堵塞。海洋水平面的升高并不是一个事实，因为它比现在要低360英尺，那时洞窟的所在地还是在离海岸较远的内陆。只有等冰河时代结束之后，洞窟狭窄的洞口才被海水淹没。现在洞窟的窟顶部分并没有被升高的海水淹没，崖壁画和岩刻都保存了下来。而洞窟的下部沉入水中的岩画和岩刻，早已被海水和水生软体动物侵蚀了。所以说，现在保存下来的岩画只是原来的一部分（图39、40）。

我们发现的约一百个动物，有的是画的，更多的是刻的。马最为常见，约占三分之一，其次是山羊和羚羊，也有一些野牛和两只现在已灭绝的爱尔兰麋鹿，这可以从它们巨大的肉峰上看得出来。此外，还有一些红鹿和一个猫科动物的头部。

这些动物在欧洲旧石器时代晚期的洞窟艺术中都是经常出现的，但海生动物却表现得非常少。三只涂绘的鸟雀科海鸟，引起人们极大的注意，因为那是唯一的旧石器时代艺术中出现的海鸟。另外，还辨认出八只岩刻的海豹。海豹表现为被矛所刺，有的是一种装倒钩的矛杆，和出现在别的马和山羊等动物身上的倒钩相似。半打弓形的黑色形象，里面画了很多道线条，可以解释为海蜇（水母）或乌贼鱼。几何形的图像包括波浪（蜿蜒曲折的线条）、四方形符号、点（包括两排红色的点）、棒状和许多倒钩状的线条。

科斯凯洞窟的深入研究还要持续几年。一种可行的方案，是从地面直接打一个洞，直通地下的主要洞室，使岩画专家们能够安全便利地进入洞窟。但如果采用这样的方法，洞窟的温度、湿度环境将会发生怎样的变化，对洞窟将产生何种的影响，相关的研究者并没有十分的把握。所以，目前来说这种办法还不能马上实施。法国文化部正组织对洞窟气象学的研究，同时海下通道已被阻塞，以防有人擅自潜入[①]。

（五）最早的洞窟——肖威特洞窟崖壁画

肖威特（Chauvet）洞窟崖壁画是1994年2月发现的。三个洞穴学者在法国东南部阿尔德舍（Ardeche）峡谷进行考察的时候，他们爬行着从一个小洞口进入洞窟的前部，在那里曾发现一些神秘的崖壁画草图。继续前行到一个岔路口，发现在一堆石头的背后隐藏着一个通道，从通道下行至八九米处，又出现一个洞窟。当考察者越过障碍爬入洞窟，惊奇地发现了炉床和用火的灰烬，还有用一块方解石覆盖着的一个熊的头盖骨。他们又在四周的洞壁上发现了崖壁画。画中描绘着猛犸和熊、狮子和马匹、野牛和驯鹿，其中还有一个人物形象。就动物来说，崖壁画几乎涵盖了石器时代人类食用的所有大型动物。就绘画技法来说，不仅具有写实能力，而且在处理画面关系时，形象前大后小，可以看出透视的关系（图41~44）。考察的学者曾作过如下的描述："每一样东西都是如此美丽，如此新鲜，好像时间已经凝固了。我们几次把作者用过的木炭进行碳十四测定，很快就揭示出来，这些崖壁画的年代已有30000年。这是当时世界上有明确断代最为古老的崖壁画。绘制这些崖壁画的艺术家是克鲁马农人，是我们直接的祖先。当时的人们之所以汇聚到这个大熊在此冬眠的洞窟内，目的是为了获得大熊般的力量。"

在工作中还发现这样的一个事实：洞穴中第一部分的动物形象，远远少于第二部分，尽管它们在重要性上基本相似。除此以外，从画面的技法上看，在岩洞第一部分崖壁画中，以红色为主，约占77%；而后一部分则以黑色为主，约占97%。

洞窟中发现的数以百计的红色大圆点实际上是人的手掌留下的印迹，这是到目前为止所取得的重要发现之一。这些初步揭示出了旧石器时代晚期岩画绘制的程序及原始的技法，对于岩画中的圆点也有了更深入的认识，即它们不仅是圆点，而且还是人手印的局部。

同时，在很多情况下，我们观察到不仅仅是利用岩壁自然裂缝或凹凸不平的变化绘刻动物，这种手法在旧石器时代晚期中很常见，而且他们中有的就像是从岩石缝隙或是岩壁里钻出来似的。这种方法的运用，决非仅仅是某种巧合。在物种上并非单一的，其他的动物，像野山羊、欧洲野牛、马、熊、犀牛和现代欧洲野牛等也有这样刻绘的。

[①] Clottes, J. , and J. Courtin, 1996, *The Cave Beneath the Sea: Paleolithic Images at Cospuer*（《海底洞窟：凯斯科旧石器时代的图像》）. New York: Harry Abrams.

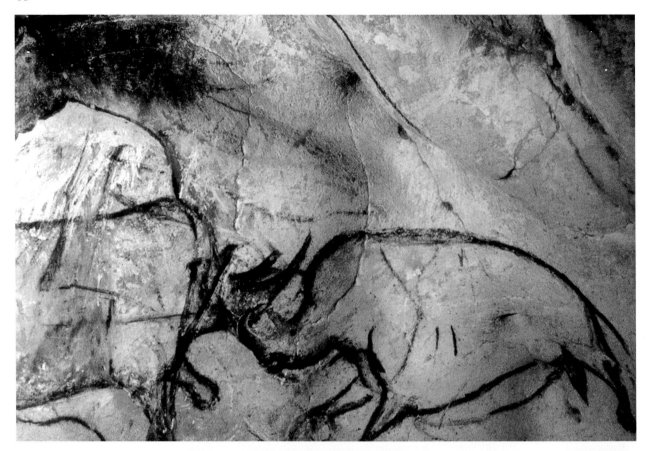

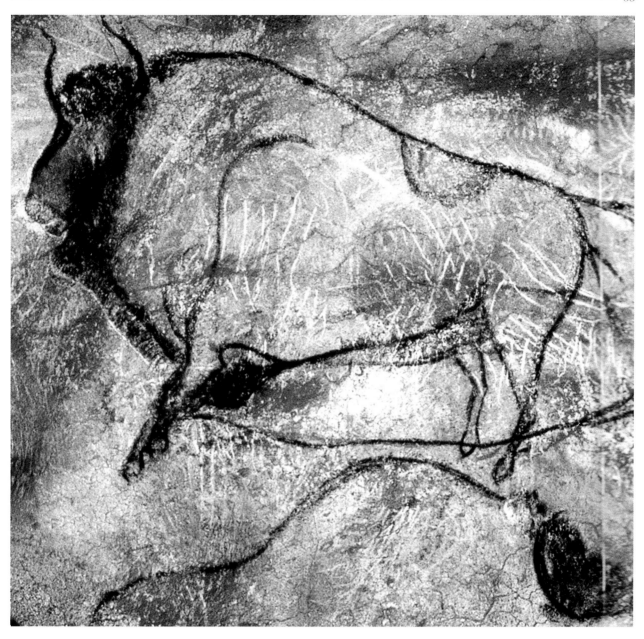

41 《追逐》 法国肖威特洞窟崖壁画 （图片来源：*La Grotte Chauvet*）

42 《反复叠压的动物》 法国肖威特洞窟窟顶崖壁画（图片来源：*La Grotte Chauvet*）

    岩画出现反复叠压的现象是再平常不过的事了。为什么不另找一块干净的石面作画呢？因为在这块地方作画，碰巧得到过人类预期效果的缘故，从而岩画一再地重叠绘制。上层的三匹马与野曾的下面，压着其他的动物，而且还不只是一层。总体来说，旧石器时代晚期的岩画只表现个体形象，所形成的场面只不过是多个个体形象的聚集，更谈不上预先设计好小构图，再按图放大。

43 《肖威特野牛》 法国肖威特洞窟崖壁画（图片来源：*La Grotte Chauvet*）

    法国肖威特洞窟岩画中的这条野牛强壮彪悍，是用黑色木炭完成，经过碳十四测定，年代距今为 3036 ± 570 年前。

44 《女人体》 法国旧石器时代马格德林人物雕刻（现藏法国国家史前博物馆）

　　我们大概可以这样描述肖威特洞窟的历史：大约40000年前甚至更早，洞熊经常出没于肖威特岩洞，以此作为冬眠之所。于是在距今32000年至30000年前，有一些人包括杰出的艺术家走入洞穴，在此举行他们的仪式，并且在岩壁上留下了许多绘画和雕刻。这些作品是一次画成，还是在许多年里陆续画成，我们无法得知。

　　在距今27000年到25000年前，更多的人光顾了这个洞穴，留下了火堆，也许还创作了一些画。洞熊后来再次进入洞穴，再后来，碎石彻底堵住了洞口，然后再没有人进去。直到1994年12月，当三名勘探者开始探究一堆石头后面是什么的时候洞窟才重又被发现[①]。

　　克洛提斯曾写道："肖威特洞窟的发现改变了我们对人类早期艺术的粗浅的认识。生活在30000年前的原始艺术家并非一定要从粗糙的速写起步。像我们想象的那样，似乎非经漫长的磨炼过程，才能在技术上一步步地逐渐成熟起来，才能达到拉斯科洞窟崖壁画及其他旧石器时代洞窟艺术

① Chauvet, J. M., E.Brunel-Deschamps, and C. Hillaire, 1996, *Dawn of Art: The Discovery of Chauvet Cave*（《艺术黎明：考威特洞窟的发现》）. New York: Harry Abrams.

那样熟练绘画的技巧。相反的，肖威特洞窟的崖壁画的存在证明，崖壁画的作者早在30000年前就已经成为伟大的艺术家了。"[1]

四　斯堪的纳维亚岩画

在北欧的挪威、瑞典、芬兰，以及俄罗斯的奥涅加湖畔和白令海沿岸等地，分布着很多露天岩画，它们都属于欧洲岩画的第二序列。

北欧地区在地理上是接近北极，所以北欧岩画又有"极北美术"之称。大约在10000年前，地球气候显著变暖，由于冰河溶解、海平面上升和陆地隆起等原因，大不列颠等岛屿和陆地游离。气候变暖后，有的动物灭绝了，性喜寒冷的驯鹿、猛犸等动物向北方转移。一部分人也随着动物群向北方迁徙，在斯堪的纳维亚半岛创造了极北美术。他们延续与旧石器时代酷似的生活方式，以狩猎和捕渔为生。在文化方面势必保持着旧石器时代的文化传统，其样式是写实的。北部的岩画作品几乎全部是岩刻，彩画很少。作品主题是驯鹿、麋鹿、鹿、鲸、鲑、鱼、鸟、爬虫类动物及人物等。此类岩画大都刻在江河湖海附近露天的岩面或崖石上，或许是与狩猎和捕渔的劳动有关，还有交尾的动物和飞向猎物的箭矢，以及被解析为女阴的图形。

人物形象是概略化的，拉长的身子，通常带尾饰。他们大约是在宗教仪式里行使某种任务。至于神灵则有着动物的头部，或手握有锤子、轮子、弓或标枪之类。

岩石上小圆穴的雕刻，可能是用来盛牺牲的鲜血的。脚印和斧头是丰产的象征。车轮表现在船只或车辆的上部，或许有表示太阳的意思。大量的船只岩刻也可能与丰产的仪式有关。另外，还有一种所谓"X光线风格"画法，即从画面上可以看到身体内部的器官，这在非洲和澳大利亚的部落民的绘画中也可以看到。

斯堪的纳维亚半岛上遗存有众多的岩刻，并且分布很广，分写实化样式和抽象化样式两种类型。前者分布在挪威北部和中部，后者在瑞典分布较多。北欧的这些作品是公元前6000年至公元前2000年制作的。

北部的写实化岩画群是属于狩猎民与渔猎民的"极北美术"，南部那些样式化的岩画群是由青铜时代的猎牧民制作的。极北美术的主题是麋鹿、驯鹿、鹿、鲸、鲑、海豹、水鸟等。而南部青铜时代美术的主题，除各种动物和人物外，还有太阳、船、马车、几何图形等。

[1] Clottes, J. ,2002,*World Rock Art*《世界岩画》. Los Angeles: The Getty Conservation Institute，p.44.

45 **挪威阿尔塔的白夜** （图片拍摄：陈兆复）

　　位于挪威北极圈内的阿尔塔，一年中冬季全是黑夜，夏季则全是白昼，年年交替出现，景观独特，具有沉寂凝重的美。

（一）挪威阿尔塔岩画

挪威极北地区的阿尔塔岩画点是北欧重要的岩画遗址，估计距今有6200年至2500年的历史。它位于挪威北部的北极圈内，发现于1973年。随着调查和考察工作的深入，人们逐渐认识到这个岩画点宏大的规模和丰富的内容。现在这个遗址包括四个岩刻点和两个崖画点。

19世纪初，德国旅行者利奥波德对1807年的阿尔塔曾有过这样的描写："在阿尔塔，到处都能发现庄严的、荒芜的东西，却又与妩媚的和令人迷惑的结合在一起。"

当面临欧洲极北地区荒芜、狂暴的大自然的时候，18、19世纪的旅行者在绿油油的阿尔塔村庄发现舒适的藏身之处。

1993年6月，当笔者到达阿尔塔的时候，时值夏天的白夜，在北极圈内，夏天是没有夜晚的，即使到了午夜，太阳也还在地平线上，天也还是亮的。眼前是浩荡的海水，海水显得很深。远处的雪山之巅放射着红光，上面的云层也呈现红光一线，并镶嵌了一层黄色的云彩。周围是黄昏的景色，非常安静（图45）。

1. 阿尔塔博物馆与岩画公园

阿尔塔岩画点内现在建立了一个博物馆和岩画公园[①]。

阿尔塔博物馆是为岩画点而建的，而这个岩画点也就在岩画公园之内。岩画凿刻在北冰洋海湾沿岸巨大的坡石上，围绕着坡石的是碧蓝的海水和绿色的树丛，环境非常优美，特别是对一个常住在喧闹大城市的人来说，更有一种复归大自然的感觉。公园本身就很有访问的价值，那些长凳和靠椅提供给人们休息和沉思冥想的地方，郊游桌子为全家的野餐提供了足够的空间。夏天有着绿油油的植物和五光十色的彩虹，而秋天则披上红黄色的秋装。在海湾的边岸上，眺望那数英里外银装素裹的山峰，给人一种庄严肃穆的感受。在春天和夏天辉耀的午夜太阳，更是令人觉得不可思议。

阿尔塔岩刻古老且数量巨大，大致三千个图形已经被登记下来了，而更多的图形可能还在沙土的下面。

岩刻描写的是石器时代狩猎驯鹿、麋鹿和熊的故事，捕获大比目鱼的男人、女人和孩子们，列队前进的人们，种种舞蹈和音乐，魔术般的符号，为数众多的大大小小的皮划艇，石器时代的武器，仪式用的装饰动物头部的柱子，诸如此类。

① *Visit Alta Museum——A UNESCO World Heritage Site*（《参观阿尔塔博物馆—— 一个教科文组织世界遗产的遗址》）. Fagtrykk Alta as Alta, 1992.

46 挪威阿尔塔岩刻点（图片拍摄：陈兆复）

挪威夏天的白夜平实静谧，浩荡的海水湛蓝而深邃，远山之巅放射着红光，天空的云朵镶嵌着绸缎般柔软的金黄色绣边。置身于此，恍若进入另一个世界。

作品全部是岩刻，被博物馆的工作人员涂上了棕红色，这在北欧其他岩画点也是如此。当地学者认为，岩刻的制作是为了参拜神灵，为了叙述古代的传说，为了保证狩猎和捕鱼能有好的收获，为了保证家族的平安和兴隆，而去抚慰那些图腾动物的情绪。

木制的人行便道，引导着观众从博物馆经过整个岩画公园。岩画公园的参观路线有5公里长的道路系统，被分为几个部分，各有不同的颜色标记。参观者可根据自己的时间选择参观的路线。

博物馆和岩画公园刚成立的时候，曾面临多方面的问题亟待解决，诸如参观者恶意的毁坏和野蛮的行为，严重威胁着岩画及其周围的环境；岩画点的许多地段属于私人所有；没有明确的保护法规等等。

当地的岩画管理者首先采取的步骤是从私人手里购买那些有岩画的地段，其次是把参观者引导向某个岩画点，根据交通方便及便于管理等因素，决定哪些地方可以向公众开放。他们为此出资修筑道路，并在有岩画的岩石面上架设低矮的浮桥式的便道。便道有1.1米宽，用木头或沙砾筑成，铺上木板或柏油。根据岩石的自然表面架设高低曲折的便道，既尽可能地接近岩画，又不至于破坏岩画的画面。岩刻被涂上了棕红色，这样做的目的据说是为了使画面更清楚，但是有许多专家是反对这种做法的。阿尔塔岩画点的管理人员们有自己的想法，他们认为由专家们涂上颜色既可以保护岩刻的画面，又可避免参观者自己在那里胡涂乱抹。也有人说是因为在阿尔塔发现的为数不多的涂绘岩画，用的就是红赭石的颜料，因此，很可能原先这种颜色也曾被使用在岩刻上。至于那些目前还不能向公众开放的岩画点，则设法掩埋起来。比如用细密的干泥炭将岩刻覆盖起来，以保护岩刻免遭人为的和自然的毁坏。

阿尔塔博物馆和岩画公园位于阿尔塔地区最美丽的地点，这里在阿尔塔6号公路附近，离阿尔塔飞机场只有8公里。现在由于岩画点架设了便道，成为公众可以购买门票参观的地方。博物馆和岩画公园开放的时间是在每年的6月1日至9月1日，每天上午八点至晚上十一点，在此规定的时间之外则要事先预约。博物馆特别注意保持当地的植被环境、动物生态，及自然面貌，这些都是构成总体的文化氛围所不可缺少的（图46）。

同时，石器时代房屋的遗址也保存在公园里。遗址发掘出土的文物都陈列在博物馆里。

2. 北极圈内的岩画

阿尔塔岩画集中在沿北冰洋海湾的岸边，大都制作在沿岸的坡石上。画面大小与坡面面积有关。岩画许多是在博物馆的附近，沿着修筑的便道

47　《线刻的驯鹿群》　挪威阿尔塔岩刻（图片拍摄：陈兆复）

　　这幅驯鹿岩刻的制作方法为线刻。为了形象看起来清楚，也为了保护，岩刻被管理人员涂上红色。

48　《作法巫师》　挪威阿尔塔岩刻（图片拍摄：陈兆复）

　　作法巫师并非是一幅独立的画面，而是狩猎大幅岩画的局部。站立船头体态高大的人，举手高过头顶，擎着一双翅膀似的网，是正在施法的巫师，从水面上袭击驯鹿。阿尔塔博物馆小卖部里出售仿照《作法巫师》制成的胸针，颇受游客喜爱。

49 《凿刻的驯鹿群》 挪威阿尔塔岩刻（图片拍摄：陈兆复）
　　这幅驯鹿岩刻是在平滑的石面上凿刻麻点，再由麻点构成形体。

50 《陆地和水中猎鹿》 挪威阿尔塔岩刻（图片拍摄：陈兆复）

　　在大块石坡上，描绘着从陆地与船上同时围猎驯鹿的场面。根据民族史的记录，这是当时盛行的一种狩猎最有效的方法。人们把驯鹿赶进湖水或海湾中，便于有效地射杀。猎人张弓搭箭瞄准群鹿，而那些驯鹿很平静，既不逃跑，也不惊慌，仿佛视而不见，背后水中又有猎人乘船而来。

和导游的线路，转一圈就可以把主要的岩画都看到了（图47~50）。

第一个岩石雕刻是在1973年的春天发现的。这个地区有七个地点，岩刻在海拔8.5~26.5米之间。在不同的海拔高度，岩刻的内容和风格都有明显的差异。这说明冰河时代的后期陆地不断地上升，也说明当时岩刻的制作是靠近海滨的。陆地提高了，苔藓在生长，覆盖了生满地衣的旧的岩石表面，新的岩刻就制作在刚从大海里浮现出来不久的清洁的岩石上。这样，更古时的雕刻一般坐落于较高的地方。海岸线变化的年代表明岩刻大致制作在距今6200年至2500年之间。

岩刻描写人物、动物、小船、武器、图案和那些难以确定内容的图形。它们能告诉我们很多关于文化的类别和自然的现象，以及史前的社会和信念。岩画的图形一般较小，但较集中。内容以动物最多，人物也不少，其中以人物和动物组成的构图场面最为出色。

在一块大坡石上有两幅岩刻，其中一幅描绘的是从陆地和水中（船上）两方面围猎驯鹿的场面。驯鹿都刻得很大，猎人相对来说就要小得多了。人们用弓箭瞄准着驯鹿群，其中有两人是站在船上向驯鹿群瞄准的。根据民族史的材料，这个场面描绘的是当时的一种狩猎方法，将驯鹿赶入湖水或海湾中，猎人们就可以从陆地和水上两方面加以射杀。

岩刻对于用弓箭武装起来的猎人也给予郑重的描绘，这种表现方法不仅说明这是一次重要的狩猎场面，同时也说明是谁狩猎，以及怎样杀死野兽，可能这些射杀野兽的猎人得到了特殊的承认。我们可以在画面上看到，其中有一个比别人要大一点的人物站立在船上，手举着一对巨大的像是翅膀一样的东西，高过头顶，这举动当然是和狩猎活动有关。根据这个人物在画面上的大小和位置，标志他有着重要地位。岩刻可能与狩猎巫术活动有联系，这个人物的作用显然与别的猎人不同，或许是一位正在施行狩猎巫术活动的巫师。

另一幅岩刻描写的也是一个狩猎场面。它描绘把熊群从其兽穴中驱赶出来，然后加以射杀。熊脚下出现的圆点子，是表现蹄子印在雪地上的印迹。在白茫茫的雪原上，这种蹄印会格外醒目。

此外，还有鸟、鱼等。数量不少的耳环图形，是阿尔塔岩画的一个特点。当地的萨米人认为，阿尔塔岩画是他们祖先的作品。

3.北冰洋海湾内的船只

在斯堪的纳维亚半岛北部的海湾里，船只对狩猎、捕鱼和迁徙都非常重要。人们把船只称作社会的"生命神经"，因为在北部的挪威海岸的海湾里，整个冬天里海水是不结冰的，所以小船可以全年使用。在阿尔塔岩画点，人们发现了八十二条船只的图形。

阿尔塔岩画点约有三千个岩刻，其中有八十二条小船，约占全部岩刻图形的 6%，数量比瑞典波罕斯浪的少得多了，造型也不一样。根据全新世时期海平面高度的变化与岩刻所在的位置，岩刻的图形可分为早、晚两个时期，时间跨度为公元前 4200 至公元前 500 年。由于挪威极北地区海岸线水位的变化，最古老的岩刻位于最高处，而位于最低处的则是晚期的作品。从船只的造型看，只用单线条表现、有的首尾有着动物头部装饰的是早期的作品，而双线条的、船舷上缘伸展出来的，是属于晚期的作品。这种双线的、舷缘伸出的小船在青铜时代挪威的西海岸是典型的，而且这种晚期的岩刻甚至在铁器时代的早期仍在继续制作。公元前 1100 年之前，在北冰洋的海湾和海岸的经济中使用较小的小船运输。此后，在较大规模的经济合作或运输中，开始使用更大的船只，这时已到青铜时代的后期和铁器时代的早期了[①]。

这些船只的岩刻提供有关斯堪的纳维亚半岛北部海岸的货物运输，以及有关早期人类的组织活动的信息：第一，小船的实际使用；第二，它们在仪式中的象征性的意义。对于后面这个信息来说，因为象征性的意义依靠文化的来龙去脉，解释象征意义有着相当大的难度。史前的文化和当前的人种之间已有许多变化，用现在的目光去解释过去当然是很困难的。但就前面第一个信息来说，在阿尔塔，因为小船的基本的形状和实际使用贯穿着整个史前时期和历史时期，所以认识小船的图形不难，不管是载人的，或者是无人的，而识别人物使用船只的活动也是可能的。这些活动场面反映了社会经济情况，也反映了象征性方面的内容。特别是那些在船上活动的、或大或小的人物的变化，这很有可能与当时的社会行为有联系，可以折射出宗教的来龙去脉，以及当时个人在实际生活中的地位。

斯堪的纳维亚半岛岩刻的宗教构架和两种生存系统有关联，即公元前 5000 至公元 1000 年之间的平等主义的氏族社会里的猎人和渔民的生活，以及从公元前 1800 至前 500 年的青铜时代的农耕生活。从两个系统的范围来看，小船的岩刻被认为和崇拜有关联，有魔力，是仪式的一部分。差异是猎人和渔民们雕凿的小船和生存仪式有关，而在青铜时代的农业社会中则还与他们的贸易经济有关。种种考古发现证明，这个地区当时已使用船只进行开发和贸易的种种活动。

另外，在斯堪的纳维亚半岛（包括阿尔塔）的岩刻中，大部分的小船载有两个人或者更多。这有可能说明这种类型的小船需要至少两个人的合作，而那种单人的独木舟是极少被使用的。因为小船需要有人驾驶，而岩

---

① Knut Helskog, 1985, *Boats and Meaning: A Study of Change and Continuity in the Alt a Fjord, Arctic Norway, from 4200 to 500 Years B.C.*（《船只的意义：挪威北极圈内公元前 4200 年到前 500 年之研究》）. Journal of Anthropological Archaeolocy 4, 177～205.

刻中那些无人的小船则表达的是记号性的意义。如果说，第一种情况载人的船只，其在船上的人物活动有着象征的意义，那么，第二种情况无人的船只，其船只本身就是一种象征意义。

4.阿尔塔岩画分析

岩刻的解释并不是轻而易举的事情。

一些图形描写狩猎的场面，可能是仪式或狩猎魔术的一部分，另一方面，那些描绘怀孕的动物或人物的图形，则可能与丰产和生殖有关系。另一些图形可以是表现某些特殊的神，并与特定仪式和神话故事有关。作者可能是一些有特殊身份的人物，如萨满或家族的首领。也许他们是在特殊时机制作的，并通过制作岩刻来表达某种意义（图51~55）。

石器时代居住在阿尔塔海湾的是猎人和渔夫。他们开发利用海湾的自然资源，诸如捕鱼和狩猎驯鹿，捕获松鸡和采集浆果。他们的小茅屋散落在海湾的周围，每处可能只有二三十个居民。船只对于他们来说，不仅仅是生活必需的交通工具，而且是氏族间联系的纽带。

在博物馆前面的平地上有两处石器时代房屋的遗址，现在已很难辨识，因此立有两根杆子作为标记。房子也许是用草皮做的，有6×4米大。在这些房子里，生活着一个或几个家庭。房子周围的地面上发现废弃的石片，应是制作石器时遗留下来的。

在其他地区的发掘中，我们知道当时的人们能够用石头、骨头和鹿角制造出精巧且高效率的武器。他们是猎人和渔夫，像挪威北极圈内其他地区的人们一样，已经熟练掌握了有关动物群活动的规律。在这方面，他们是行家里手。

在河流西边的公路干线之间，离现在海岸线8米高的地方，那里也有季节性或永久性的居住的遗址。遗址曾发掘出石刀和石制的矛头。另外，有垃圾堆、火塘，在房屋后面还有两个土坑。这地区似乎在距今六七千年里曾被多次使用过。

岩刻是琢刻而成的，也许是用石英岩的凿子刻凿，再用石头或鹿角的锤子敲打。制作的时候，先凿刻出轮廓线，再琢磨出线条，甚至铲平图形内全部的岩面。图形的大小在55厘米之间，描写人物或神物、驯鹿、驼鹿、熊、海豚、小船和各种类型的图案。尽管动物是容易识别的，但有时识别驯鹿和驼鹿会遇到困难，或者是不可能的。

有些例子，几个图形形成一个场景。最明显的是在坡石的左侧和中央的部分。第一个场面是栅栏、驯鹿、驼鹿和一个猎人。这是猎取驯鹿使用的栅栏，也是这方面已知最古老的画面，也许是一个饲养驯鹿的场景。栅

51 **挪威阿尔塔岩画点** （图片来源：Knut Helskog）
岩刻袒露在石坡上，没有人去践踏，也没有人去躺卧，更没有人随意刻划。

52 **《雪地围猎》挪威阿尔塔岩刻**（图片拍摄：陈兆复）
这幅岩刻描写的也是一个狩猎场面。猎人把熊群从兽穴中驱赶出来，然后加以射杀。熊掌下出现的圆点子是表现其印在雪地上的掌印。

53 《长竿驱赶》 挪威阿尔塔岩刻（图片拍摄：陈兆复）
此图是前幅《雪地围猎》画面的局部。

54 《圈养》 挪威阿尔塔岩刻（图片来源：Knut Helskog）
畜圈的栅栏因没有掌握焦点透视法，像是倒立的梯子，但牧人与驯养的驯鹿之间的关系是和谐的。

55 《装饰风格的驯鹿》 **挪威阿尔塔岩刻**
鹿身被凿成麻点，但仍留有几处空白，鹿腿也只刻出前后两条，此种表现方法意味着岩刻的古老性。

栏可能是用木材制作的，能从两边被打开。第二个场面是在中央的部分有带着弓箭和长矛的猎人和三四头熊。空地上的熊来自一个封闭的圆圈，那也许是熊窝。作品描写的是猎熊的场景，事件发生在积雪融化之前，冬天即将过去的早春时节，熊正好离窝出动，或者是被猎人从窝里驱赶出来。这种场景一向被说明与礼拜仪式有关，这种仪式在极地附近的萨米人和萨摩德斯人中，到20世纪仍然存在。这种场景在其他岩画点也有发现，显示对熊的崇拜在斯堪的纳维亚半岛北部地区已有长达5000年的传统。第三个场景是七八个人在仪式里列队前进，或边走边舞。参加的有男人，也有女人。从岩刻上看，女人也是经常参加各种活动的。

另一幅岩刻图形的形状和前面的那个相似。令人特别感兴趣的是，两条小船上面的人们正在垂钓大比目鱼。岩刻里描写鱼类的极少，大比目鱼是贯穿在阿尔塔岩刻的制作时期中反复出现的鱼类，好像有特殊的仪式或宗教的重要性。

　　另有两三条小船，上面的猎人正在使用弓箭射猎驯鹿。在画幅的底部，有两个人拿着长竿，上面有驼鹿头的装饰。另有三个人拿着短的工具或武器。三个场面全部都描写狩猎，可能是某种仪式的一部分。

　　另一个画面有二十一个图形，表现的是驯鹿、小船、鸟，还有一个人攥住一只水鸟的颈部。岩画中描写的鸟全部是类似天鹅的水鸟。一只鸟正在飞向天空，有的正在扇动翅膀，好像准备起飞，或者要把它的翅膀弄干似的。在一幅画面中，我们还可以看到一只水鸟口中正叼着一条鱼。

　　在另一幅岩刻上，小船的船头几乎全部都有驼鹿头作装饰，说明驼鹿有着重要的仪式或魔力的作用。在考古发现中，距今4700年前古老小船上常常可见这种驼鹿头装饰。在四条小船上，还描绘有站立着的人物。这些人手拿T字形的器物，也许是身份的象征，或者是武器，如斧子之类。在一条小船的后方有三头正在游泳的驯鹿。

　　说明牌上标示的年代为距今6200年至5600年前的一幅岩刻，可能是这个地区中保存最好的岩刻，图形非常清楚。

　　在最靠近便道的地方，有两个人正在抬着一只大的水鸟，左侧的那个人还拿了一根雕着鸟头的长棍子。在这些人后边，有一个人左手执鼓，右手执鼓槌。也许打击乐器的使用，在北部斯堪的纳维亚半岛的仪式中已有了长期的历史。

　　在另一个场面中，画幅右上方的四个人双手举起一个巨大的椭圆形的东西。其中右侧最大的可能是妇女，正在蹲下身子，犹如生产的样子，这一场面可以与丰产的仪式和观念联系起来，也可以和生命起源的神话联系起来。画幅左侧的上部，有九个人行进的场面。其中，有两个大人领着一个孩子。此类家庭、亲属的内容在斯堪的纳维亚的岩画艺术中是难得一见的。

　　另外，画面中还描绘了几个带着弓箭且举起雕刻驼鹿头棍棒的人物。特别是画面的中心部分，描绘两个人面对面地举起雕刻有驼鹿头的棍棒。这样看来，在当时的神话故事和宗教仪式里，驼鹿无疑是扮演着重大意义的角色。类似的岩刻在同时代的岩画中也可以找到。熊、驼鹿和驯鹿，无论是作为仪式或象征性的表演，在当时都是最为重要的[1]。

（二）瑞典波罕斯浪岩画

　　波罕斯浪是北欧另一个最主要的岩画点。

　　波罕斯浪位于瑞典的西南海岸，四周有岩石、森林、河流和田地，这些因素联系在一起，使之成为瑞典最美的风景区。岩画展示了多种多样的

[1] Knut Heiskog, 1991, *The Rock Carvings in Hjemmeluft / Jiepmaluokta*（《阿尔塔岩刻》）. Alta Museum Bjorkmanns, Alta.

56 瑞典波罕斯浪岩画点 （图片拍摄：陈兆复）
波罕斯浪风景如画，岩刻制作在坡地的岩石上。舟船是挪威岩刻的突出主题。其造型豪迈且规整，具有装饰效果。

充满活力的、极其优美的形象，有光滑的船只、威武的武士、奔跑的鹿群、魁梧的公牛，还有各种战斗、狩猎和宗教活动的场景（图56）。

在波罕斯浪岩刻点雕刻着八千多条船只，其中最多在船上雕刻着一百二十二条短线代表水手。同样的图形有的也雕刻在出土的青铜刀上，年代约在公元前1000年。

在斯堪的纳维亚半岛岩画中，如下的场景是十分常见的。这些场景以宗教仪式的参与者为背景，如持利斧或锤子的雷神，象征太阳的圆形物，大船和号手，以及男女崇拜生殖器等。另外，还描绘了厮杀的角斗者和战士等等。作品的年代大约在公元前1500年至公元前500年之间。

北欧地区在地理上接近北极，大约在10000年前，地球气候发生显著变化，由于冰河融化，气候变暖，有些动物群灭绝了，有些动物群迁移了，性喜寒冷的驯鹿、猛犸等动物向北方转移。一部分人随着动物群向北方迁徙，他们在斯堪的纳维亚半岛创造了极北美术。1991年，笔者应瑞典哥德堡大学伽尔教授之邀参加国际岩画会议，第一次有机会接触到极北地区的岩画。

　瑞典岩画集中在西南海岸的波罕斯浪地区。从哥德堡到开会的地点特奴摩，车行三个多小时。特奴摩小镇是位于波罕斯浪地区的中央，也是瑞典岩画点最集中的地方之一。大客车沿着瑞典的西海岸行驶，其间经过许多用铁桥连接的小岛，有一处是轮渡，风浪很大，我们下车拍照的时候，浪花把裤子都溅湿了。

　大客车在中途两次停车参观岩画点，都是岩刻，线条刻得很粗，大都集中在一块巨石的坡面上。船的图形最为突出，也有人物、动物、车辆。岩刻大都是磨过的，颇用心于装饰性，所以图形有明显的图案化的倾向。例如，有一幅岩画表现车辆用两匹动物拉着，外面围着一周圆圈线条，磨得光光的，像是一幅图案。岩刻中夹杂着脚印，刻法比较简单，不分脚趾，与宁夏的石嘴山市麦如井岩画颇为相似。岩刻中有男性的形象，长得很高，好似北欧的现代人，并刻意夸大了的生殖器。岩画点周围林木茂密，环境非常好。

　波罕斯浪的岩石、森林和海水都浑然一体，是瑞典最漂亮的风景区。花岗岩的小山在海边延伸着，生长着橡树、柞树、榆树、榛树、松树等。山崖之间的峡谷是从前的沼泽和湿地，由于现代排水设施的建设，这里成为肥沃之地。

　波罕斯浪的西部濒临北海，大海切割着土地，出现了很多海湾和大量的岛屿。波罕斯浪的花岗岩到处都是，在很久以前的冰河时期，冰块还从各个方向带来许多岩石、沙子和黏土。它们随着冰块的流动向前推进，也随着冰块的融化而遗留在那里，沉积在土地上。而裸露的岩石仍占差不多全部面积的三分之一，这些花岗岩被冰河时代巨大的冰块磨得很平滑，为古代的岩刻作品提供了完美的岩石表面。

　特奴摩是一个小镇，位于波罕斯浪的中心。街道上冷冷清清的，没有什么行人，只有几家店铺，到下午四点就早早关门了。小镇清洁而安静，空气明净而新鲜，举目四望，只见高高的树木和绿油油的草坪。

　海岸边是孤立的巨石和近海黏土的平原，到处都有平滑的岩石及大大小小的花岗岩裸露在周围的平地上。青铜时代的海拔与今天相比，大致高出15~20米。靠近大海往往是制作岩刻的最为理想的地方，很多的岩刻如此接近历史上的海岸线，当时在特奴摩肯定是看得见大海的。此外，也有些岩刻是制作在远离海岸线的地方，那往往是青铜器时代的墓葬区。那些圆锥形石冢建造在小山的山顶上，从数英里之外就能见到。近年来，小圆穴（杯状记号）岩刻在石冢附近发现，有些甚至就凿刻在石冢的石头上。

1. 维特里克博物馆

在特奴摩小镇的周围，有许多著名的岩画点。例如，一个名叫维特里克（Vitlycke）的大岩石上，就有瑞典青铜时代最有趣的岩刻。大多数的岩刻是在海岸边花岗岩上找到的，这种花岗岩是这个地区最为普通的岩石。几乎全部岩刻都发现在花岗岩表面，只有极少数刻在砂岩上。

维特里克的大岩石旁边是博物馆。这是一个史前博物馆，馆内展出有岩画的照片、摹本等。

在这个博物馆里，我们看到了史前波罕斯浪地区的风貌。波罕斯浪地区早期人类定居的故事，也是大自然戏剧性变化的故事，也是统治欧洲北方几万年的冰床最终后退的结果。

新石器时代人们的文化，保存下来的主要是墓葬，其他更多的遗址是属于青铜器时代的。

波罕斯浪地区未见金属的矿藏，在青铜时代的遗址中找到的全部铜、锡和金等都是进口的。瑞典南部和丹麦则有大量的金属矿藏，并在那里发展了繁荣而有创造性的产业。在波罕斯浪有描写青铜的剑、矛和斧子的岩刻，但在考古发掘中只发现少数的实物。然而，在地下，在石冢中，埋藏的青铜器几乎延续了3000年。他们可能是用毛皮、熏鱼、奴隶、女人，甚至是小船去交换的。

一般来说，金属在整个青铜器时代后期更为丰富，有大量给人深刻印象的东西，包括长剑、盾牌、大锅、乐器，甚至青铜和黄金饰品，诸如项链和手镯。这些物品都被描写在波罕斯浪的岩刻里，大约从公元前1800年至公元前500年，波罕斯浪地区大部分的岩刻差不多都制作在这个时期。

展厅后面的坡地上有模拟青铜器时代的房屋和相关的环境布置的一个小村寨，村后一块有岩刻的坡石，即维特里克大岩刻，这是瑞典青铜时代最有趣的岩刻。

巨大坡石缓缓地倾斜着，背景是蓝天和白云下的参天古木。在这块平滑的岩石上，有数百个岩画形象（图57）。其中有很多船只、人物和动物，以及一些圆盘和很多的小圆穴。最大的船的长度在3米以上，制作精致。船上刻有许多短线条，有些则可能是武器。更有趣的是，在三条船上看得出有人物在那里活动，一条靠近大船的小船上有八个人举起手来，似乎在欢呼。在坡石上部的一条小船上，也有十根短线和两个拿着斧子的人。坡石的底部，在第三条小船上有二十根短线，有两个人高举着双臂。这条小船和附近小船的船体上都有用线条刻划的十字和垂直的线条。这些船也许

57　瑞典波罕斯浪维特里克岩画点
　　在深绿色茂密森林的掩映下，用红色油漆勾勒过的舟船岩画点，被贴地植物小心呵护着，形成万绿丛中一片红的景观。

是木框架的皮筏子。

　　在波罕斯浪岩刻中，有一部分作品刻划着武装的男人拥抱着长发的女人。其嘴巴和生殖器连接在一起，表现出男欢女爱的场景。最著名的作品就是发现在维特里克岩画点的名叫《爱人》的画面（图58）。作品刻在坡石的顶部，男人带着刀鞘，女人披着长发。两人嘴巴相对，男人的生殖器接触到女人的身体。其身后有一个大型的人物，高举着一柄斧头。从这幅作品看，长发是女性的标志。在弗斯姆岩画点一个长发人物的两腿之间有一个小圆穴，这个小圆穴大概是表现女性生殖器。当然，这并不是说所有小

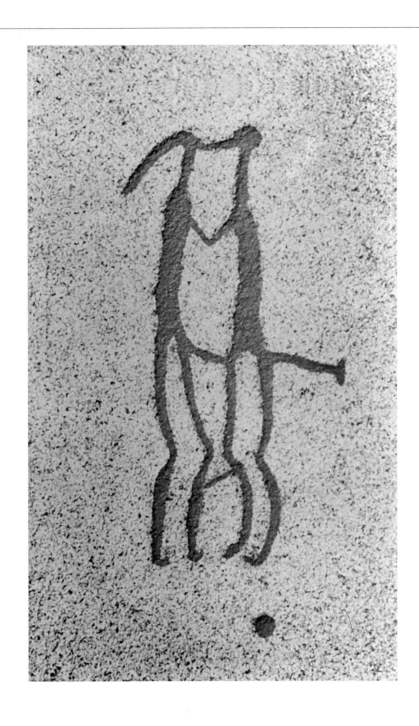

58 《爱人》 瑞典波罕斯浪维特里克岩刻（图片拍摄：陈兆复）

　　在瑞典部分岩画点，都能见到像这样腰挂武器的男人，拥抱亲吻长发的女人。他们的嘴唇和生殖器密切接触，表现男欢女爱的情景。《爱人》是其中被介绍的最多的一幅。

圆穴（杯形符号）都是代表女性生殖器。

2. 岱斯地岩刻

岱斯地（Daisland）也是最早发现岩画的地区之一，这里的风景旖旎，北部有着广袤的森林，南部则是平原宽阔的沃土。在这里有十一个已知的岩画点，其中忒斯尔柯（Tisselskog）的岩刻尤为引人注目。一个农场里的岩画点有数十个雕刻过的岩面，毗邻着拉瓦奔湖，湖水直接冲刷着部分岩面的底部。船只仍然是岩刻的主要题材。另外，还有一些图案，线条都刻得很深、很粗。有的船只图形中有人物在活动。在船后部是三个人，其中两个人手握长矛。船前部的人物中有一个吹奏管乐器的，那是一种斯堪的纳维亚半岛史前的S形青铜喇叭。

被称为《蛇形图画》的岩刻，主要是由长数米的曲线组成，上下重叠，像是中国二方连续的图案，表现的可能是波浪或云纹。其中也穿插一些小的图形，如人物和船形等。岩刻中面积最大的就是这种有蛇样扭曲的线条，这或许也是岩刻的重要主题。此外，则是船、足迹、鞋和网样的图形。在岩刻附近，1982年的考古调查发现了和煤尘一起存放的石器，样品年代断代为公元前2075±105年。

山间坡石上几乎全部是岩刻，这一点与意大利梵尔卡莫尼卡岩画很相似。岩刻的线条很粗，并经过反复研磨。岩刻图像规整而图案化，可能是粗而深的线条无法精致表现细节的缘故。而坦尔斯兰的岩刻与波罕斯浪地区有不同的特点，部分的原因可能是由于当地的岩石质地很脆。许多蜿蜒的线条是那里典型的图形。

3. 圆形之谜

这个岩画点有很多有趣的岩画，可惜晚上看不大清楚。有一处岩刻都是圆形和同心圆，未见其他题材。这些图形的刻制应该是有一定的目的。

在波罕斯浪岩刻中的圆形，包括许多圆盘、圆圈、同心圆和轮子，有的仅仅是圆形轮廓的沟槽，有的则完全凿磨去圆形里面的岩面。这两种简单的形象经常被认为是太阳的象征。其他的圆形或圆盘形中间有十字形的线条，最常见的是将圆形分为四份。这样的形象经常被叫做轮子，有时两个或四个轮子与车辆联系在一起。有的圆盘被人举起，或者被动物拉着，或者正好位于小船的上方。有些巨大圆形的中央磨平了，像是一个大圆盘，周围环绕着人物和其他的形象（图59~61）。

这些圆圈和圆盘的形象有着许多不同的形式，青铜时代的人们用它们表示各种天上、人间不同的东西，可能是太阳、月亮、天空、池塘、

59 《小圆穴》 瑞典波罕斯浪岩刻（图片拍摄：陈兆复）
这些聚集在一起的小圆穴形式，遍及欧、亚、非洲的多个国家，对于它的解释往往因地制宜，因族属而又有所不同。

60 《曲线与动物》 瑞典坦尔斯兰岩刻（图片拍摄：陈兆复）
坦尔斯兰岩刻与波罕斯浪地区岩刻不同，部分原因是两地的岩质相差悬殊，刻出的图形出现齿状的崩痕。蜿蜒曲折的线条是这里的典型图形。

61 《太阳神》 瑞典波罕斯浪岩刻（图片拍摄：陈兆复）
这幅太阳岩刻，从各个局部的形体看是具象的，譬如光芒、人物、动物等，但组合起来却是虚构的。人物怎能围绕在太阳周围，更无法推动着日轮滚动。岩画把它们组合在一起，是经过思维活动的再创造，将理想愿望用图形表现出来。感激太阳对人类的恩赐，将太阳尊崇为神，这在世界各地的岩画中都出现过。

花朵，甚至人的头部。最使人迷惑不解的是圆盘人，他的身体躯干是由圆盘组成的。

太阳是瑞典波罕斯浪带有普遍性的题材。在世界范围内，岩画表现太阳的形式丰富多样，有的把太阳人性化，长在人的躯体上，有的对日舞蹈，有的两臂托日，或将太阳简化为人面，而画成圆圈、同心圆或一个圆圈加上四射光芒的则更为普遍。这种类型的岩刻题材是空幻的。它联系着另一个世界，而那个世界并不是我们所熟知的现实世界，从而留给文学艺术创作充分想象的空间。

除了圆形之外，岩画中还出现螺旋形、曲线形及数以千计的杯状记号（小圆穴）和其他几何图形。无论这些形象和场面是可辨的或不可辨的，它们在青铜时代的日常生活中未必存在。它们更像是某种记号性的表达，表达人们对世界的看法，对人与人之间关系的看法，以及人们与超自然之间的联系。它们可能与神话或某种宗教仪式有关，但因年代久远，其最初的内涵已不再能被人们充分地理解了[①]。

4.岩石上刻满船只

在波罕斯浪岩刻中雕刻着近八千条船只，有力地证明了当时的人们是怎样地喜爱航行，以及他们对于水上运输的依赖。

船是当地岩刻共同的主题，这显示当时人们与海岸和大海的联系。当冰河时代的末期，自从冰块向外部的海岸线退去之后，最初的人们在这一地区安顿了下来。小船是运输的最重要的手段，延续到青铜时代，已经有了建造和使用小船的长期传统，人们能横渡丹麦的日德兰半岛与挪威南部之间的斯卡格拉克海峡，与大陆联系起来。青铜器物的出现就是这种接触最明显的证据。他们通过以物易物的方法交换到了青铜器的成品和半成品，所以很多青铜器物的类型，可以从欧洲其他地方找到，当然也有一些是在当地铸造的。

考古发现证实，海洋是当地青铜器时代人们文化、经济和社会生活的重要部分。大海能够提供食物，同时也是交换商品和文化交流的主要渠道。大海把许多民族的文化结合在一起，而且可以成为超越本地与外地、已知与未知、文化与自然、生与死、安全与灾难的载体。船只则是这种超越最宽广意义上的媒介，因此具有象征性的意义。

正是基于这些实际生活的体验，促使青铜器时代的艺术家们在岩石上，对船只进行反复而持续的创作（图62~65）。

波罕斯浪岩刻中最大的船只出现于托尔斯泊岩画点，在一块岩面上几乎刻满船只，最大的长4.5米，其中刻有一百二十二条短直线，如果这些短

---

① ColesJ., 1990, *Images of the Past: A Guide to the Rock Carvingsand Other Ancient Mounments of Northern Bohuslan*（《过去的图像：北波罕斯浪的岩刻和其他古代遗迹指南》）. Hallristning Smuseet Vitlycke.

62 《船与动物》 瑞典波军斯浪岩刻（图片拍摄：陈兆复）

　　水上航行的船只与陆地上奔跑的动物混杂在一个画面上，这是瑞典岩刻一个独特的景观。船若是在水上，动物则不能在水上奔跑，若在冰面上，船又如何航行？这或许只能解释为全部的岩画创作于不同时期，不同内容的作品散布在一块岩石上。

63 《船只、符号与鞋印》 瑞典北海沿岸岩刻（图片拍摄：陈兆复）
这幅岩刻中有几种符号，其中一个椭圆形内刻了一个十字，很像今天瑞典的国旗。岩画制作于青铜时代，距今已有 6000 多年。岩刻中的鞋印图形，可能确是斯堪的纳维亚半岛先民的创造。

64 《吹号角》 瑞典波罕斯浪岩刻
三人一字排开，有着 U 字形人头，C 字形号角从嘴部向上延伸。他们与船只不平行，统一向右倾斜站立。人们通称此幅岩刻为《吹号角》，认定这三人是在演奏乐器——吹大铜号。各自特异的造型，或许是表现祭礼活动时，穿着特制服饰进行演奏。

65 《混杂的构图》 瑞典波罕斯浪岩刻（图片拍摄：陈兆复）
麋鹿群困于围栏与船只之间，向不同方向奔跑。画面笼罩在纷乱而又惊惧不安的气氛中。

线条是代表水手的话，那么对于任何一种类型的船只来说都已具相当大的规模了。这一图形也有可能是表现大型的用于战争的独木舟。

《吹号角》是瑞典波罕斯浪岩刻。岩刻的局部凿刻有三个带角乐器的演奏者，覆盖在早期船只的形象上。船只上也有其他图形，包括描绘得极其明确的人物形象，有的拿着武器，或扬起胳膊，而有的却显然是在吹着大铜号，而且是成双成对地出现。船只上面描绘的人物有的弯曲着身体呈弓形，像在耍杂技；有的在船头船尾上站立着，似在鼓舞水手们前进。有的船只上似还载有货物，或有大圆圈悬在船只的上方。所有这些，我们认为都是青铜时代实际存在的东西。事实上，同样的图形、同样的船只也雕刻在出土的青铜刀上，断代约为公元前1000年。许多人物形象是并无性别标志的，只有那些手握武器或腰佩剑鞘的人物，有着翘起的男性生殖器。有些武士成对出现，互相攻击或威胁对方。许多武士出现在船只上，有时是面对面地举起斧子。这些形象给人以深刻的印象，说明武士在青铜时代占有举足轻重的地位。

在波罕斯浪北部岩刻中有许多船只的图形。这种图形由两条平直的和弯曲的线条组成，两条直线代表船底和船舷，曲线则代表船首和船尾，同时有许多的短线条连接着船底和船舷，也有的把轮廓线之间都凿平了。那些把船底和船舷连接起来的短而直的线条都超出了船舷，可能是代表水手。有些短直线的顶部有小的圆形符号，好像是人的头部。船尾和船头装饰着动物头部的形象，但没有表示出桅杆、风帆，也没有桨和橹[①]。

人物形象的岩刻尽管有许多是令人费解和迷惑的东西，但却为我们展示出当时社会生活的真实画面。人物形体的表现形式是多种多样的，有些人物近乎正常的比例，只是觉得略瘦；有些棍状人物有着长腿、长胳膊和巨大的手掌，即使身体和胳膊描绘的是正面，但足部也总是被处理成侧面。有的人物的躯干很粗，甚至是长方形或圆形的，也有大量手拿武器或大手掌的男人的躯干为四方形，这些或许可以解释为盾牌。

5. 山冈上的积石墓

这是一个滨海的岩画点。

岩石的高处，或许可称之为山崖间，有几座面向大海的积石墓，据说是青铜器时代的遗址。墓主人当为重要人物。死者被埋葬在石柜里，上面垒起给人印象深刻的石冢。

这种圆锥形的石冢在波罕斯浪北部有数百个，有的就在海岸附近。很多石冢是由人们辛苦地将圆石搬运到山上垒成的。

瑞典西海岸史前的墓葬曾经历过几个时期。大约在公元前3800年，为

① Greenhill, B, 1976, *Archaeology of the Boat*（《船只考古学》）. Adam and Charles Black, London. Halverson, J.

死者建造了某种类型的用石块构成的墓石牌坊。这些遗址在波罕斯浪发现得不多，它们是一种四边形或多边形的墓室，上面有一块大石板作为屋顶。在墓室的南侧，竖立两块巨石作为进入黑暗墓穴的入口。有时墓室的周围还放置许多石头，组成一个圆圈。这些遗迹大约属于富裕而有权势的家族。后来，这种墓石牌坊被更为精致的墓室所代替，墓室平面为椭圆形或者矩形，要通过一条由巨石组成的墓道，有的长一些，有的短一些。

新的安葬仪式在波罕斯浪为人所知，是在公元前2400年左右。人们放弃了有墓道的坟墓，将尸体放在石柜内，埋在地下，上面堆起土墩或石冢。有些坟墓建造在海岸边，有的建造在山冈上，从远处可以眺望大海和陆地。今天我们参观的正是这种石冢。时值落日，余晖映照着海边的岩石和海中的浪花，岩石平展地延伸得很远，终至没入涛声阵阵的海浪之中。

6. 岩刻为何而作

在波罕斯浪的岩刻中可以看出，岩画艺术往往只表现特定的主题，并不是艺术的自由创造，也不是描绘全部的史前时代。岩刻和崖壁画首要的任务是为了表达一种人力所不及的超自然的、神圣的力量。在很多的例子中，制作岩画是为了获得某种愿望的巫术手段。这种解释可以说明，为什么一种相同的主题能在一块岩石的相同的位置上，经常地、反复地被描绘着。也可以说明为什么同一幅作品，会被反复加工，岩刻的线条会不断地被磨刻加深。极有可能的是，画面不仅是巫术的手段，同时也是对神表达虔诚的宗教崇拜（图66~72）。

如同今天仍能从现代原始民族中所见到的那样，当时的人们也是渴望借助于神力，通过多种方法，赋予狩猎的山林或耕种的田地以某种力量。作画是他们祈求神灵赐福祛灾的手段，而从不把美学的要求放在首要的位置。他们肯定是有意而为之，绝非为画而画，所以其制作总是采用某种特别的艺术风格。换句话说，他们有一种岩画艺术的固定形式。阿纳蒂先生在谈欧洲岩画研究的时候，谈到岩画中的写实图形，只是作者想说明某种事物，至于这种事物的情况、要说明的内容则要靠那些写实形象旁边的符号图形才能表达清楚。在瑞典西海岸的岩刻中，符号图形很多，而且都是和写实的图形夹杂在一起的，似乎也表明着某种意义，只是现在我们还无法解读罢了。

有的斧子和矛是按照实物大小描绘的，都安装了柄。剑、匕首和盾牌等也都有着完整的、写实的形状。在整个青铜时代，对各种青铜器物的描绘都是为了奉献给神的，那些武器的岩刻也是如此。很可能是先将武器放在岩石上描出轮廓，然后再凿刻出来的。由此我们可以推测，岩刻中的武

66 《三个武士》 瑞典波军斯浪岩刻（图片拍摄：陈兆复）

67 《作战》 瑞典波军斯浪岩刻（图片拍摄：陈兆复）
  作战的人物形体特殊，那些棍状人物躯干部位很短，双腿却被有意地拉长，并且两条腿从膝盖到脚都朝一个方向。人物的躯干标明不同氏族徽号，有圆盘形和田字形，特别突出男性生殖器。武士们举着圆头板斧，不像是实战，倒像是祭礼仪式中的表演。

68 《持标枪的武士》 瑞典波军斯浪岩刻（图片拍摄：陈兆复）
  这位持标枪的武士身高达 2.4 米，动作张扬，饰环坠。岩刻在里托尔克岩画点的中心部位，周围诸多的小圆穴、船只、动物、脚印等都刻得很小，以衬托武士的伟岸。这是一幅最为古老的纪念碑式的艺术代表作。

69 《作战》 瑞典波罕斯浪岩刻（图片拍摄：陈兆复）

　　氏族间的战争是血腥的，斧起头落，血溅沙场。

70 《脚印与鞋印》 瑞典波罕斯浪岩刻（图片拍摄：陈兆复）

71 《生育女神》 瑞典波罕斯浪岩刻（图片来源：A. Anati）

　　氏族的兴旺，子嗣的繁衍，是人类生存发展的共同愿望。岩画中的女子长发披肩，隆胸粗腿，两腿间有一个椭圆形的卵。这个卵就是一个新生命的胚胎。

72 《两情相悦》 瑞典波罕斯浪岩刻

　　张开双臂接受对方，夸张的双手如扇，五指伸展，呈盛开的花朵状，象征两情相悦。

器当是奉献给神的供品。

在所有的岩刻中，人物的形象是最为多样的，有着各种姿势和活动。可以说，在全部岩画艺术的图形中，人物是最富于变化的。许多形象可以被确定为男人，因为他们有男性生殖器，并佩挂或持有武器。武器中最常见的是剑，斧子则总是举在头顶的上方。这里本质上是男性的世界，处处表现着武器、财富、力量。拿着的矛要投掷出去，弓箭总是准备发射的样子，盾牌拿在臂上。此外，人物常常成对出现，有翻筋斗的，有吹青铜小号的，有时是在船上，有时则在马背上做出各种动作来。这种种活动可能与娱神有关，具有巫术活动和宗教信仰的意味。

五　意大利梵尔卡莫尼卡岩刻

欧洲南部的阿尔卑斯山脉[①]，群峰高耸，山势雄伟。它的南麓在意大利境内有一个山谷叫梵尔卡莫尼卡。从20世纪50年代开始，在这里发现了大量的古罗马时期以前的古代岩画，图形数量多达十几万个，是世界上岩画最密集的地区之一，1979年被联合国教科文组织列入世界遗产名录。这山谷中有一个小山村名叫卡波迪蓬特，意为桥头，是卡莫诺史前研究中心所在地，联合国教科文组织国际岩画委员会也设在这里（图73）。

（一）卡莫诺史前研究中心

20世纪前期，全世界的岩画专家还是非常少，只集中在少数的国家里。事情现在已开始起变化，因为学者们开始懂得，岩画犹如文字，是重建历史的非常重要的资料来源，岩画研究开始为学者们所重视。意大利卡莫诺史前研究中心的建立正是为此目的。

卡莫诺史前研究中心的创立是在1963年8月3日，二十一个学者在意大利的梵尔卡莫尼卡集会，建立了卡莫诺史前研究中心（CCSP），这是一个致力于世界范围内岩画研究的组织。它逐步地成长起来，现在已有一千多个遍布于全球的会员。卡莫诺史前研究中心是唯一的这种类型的专门性研究组织，来自六十多个国家的学者，已参加这个从事世界性研究工作的中心。它的目的，不仅仅是研究史前艺术，而且涉及史前部落人类的经济、社会和精神生活等各种课题。

在非洲、亚洲、美洲、欧洲和大洋洲的许多国家，岩画表现着晚期智人[②]生存的故事。从早期的狩猎者，到当代的狩猎、采集和游牧社会，表

① 阿尔卑斯山为中欧南部巨大山脉，从地中海热那亚湾向北和东北伸展到维也纳，长1200公里，最宽处宽201公里以上，是罗纳河、莱茵河、多瑙河（部分）、阿迪杰河和波河的发源地。在4000米以上的山巅上覆盖有巨大冰川，呈现一派极地风光，是举世闻名的休养、爬山、滑雪和旅游的圣地。

② 距今四五万年前，人类的体质结构已发展到与现代人没有什么区别，称为晚期智人（Homo Sapiens），或称新人、真人。已发现的晚期智人化石分布极广，有代表性的是法国克鲁马农人和中国北京周口店的山顶洞人。

73　意大利梵尔卡莫尼卡风光　（图片拍摄：陈兆复）
　　阿尔卑斯山的南麓，在意大利境内，一个富有传奇色彩的山谷就叫梵尔卡莫尼卡，这里蕴藏着卡莫尼卡人从史前到罗马人入侵为止刻凿的数以十万计的岩画图形。它是联合国教科文组织国际岩画委员会的所在地。

现了超过30000年的人类的社会经济生活和精神层面的想象和概念的活动，构成了理解人类最高智能的一种重要的泉源，这是人类独具的关于抽象、综合理想的智能。岩画可以印证在世界广阔地域内不同种族、不同时代人群的社会经济活动，以及他们的文化实践和信仰制度。所以，要有一个公认的国际性的方法或"战略"，来搜集、研究和保护岩画这一杰出的艺术遗产，就成为一种非常迫切的事情了。

　　因此，卡莫诺史前研究中心通过一项议程，采取各种不同的行动，去记录和保护岩画这个生动的历史资源。最为庞大的行动之一，是要建立一个世界性的编目和一个资料库。于是由联合国教科文组织的专家会议，制

74　**卡莫诺史前研究中心的工作人员在岩画点做记录工作**（图片拍摄：陈兆复）
这里的岩画大量发现于 1956 年,卡莫诺史前研究中心成立后做了大量的岩画田野工作。岩画制作早期可以上溯到距今 10000 年前。
在欧洲,卡莫尼人以心坚石穿的毅力,锲而不舍的精神,凿石铭记欧洲人类早期的经济与精神文化生活的诸多样式。

定一系列的文件。这个专家会议是 1981 年 9 月在教科文组织赞助下,于卡莫诺史前研究中心召开的,并得到国际古迹遗址委员会（ICOMOS）、国际博物馆理事会（ICOM）和国际文物保护修复研究中心（ICCROM）三个组织的援助。来自五大洲的二十六个国家的代表,参加了这个会议。

世界岩画的编目和资料库的建立,是为了寻求在世界范围内一切岩画知识最大系统化的方法。八百多个地点的岩画已被明确地断代,其中的一百四十四个被认为是最令人感兴趣的地点。

在这一百四十四个地点,每一个都有着特别明确而完整的图像,或者在不超过 10000 平方米的地区内,至少包括一万个图像。事实上,有些地点要超过这个数量（图 74）。

在岩画的研究领域内，目前有一个重要的进展，就是改进了记录和分析的方法。虽然还没有制定出一种普遍适用的记录体系来，但是由卡莫诺史前研究中心所设想的方法，已被采用于某些欧洲、近东和非洲的主要岩画地点。然而问题是复杂的，对于每一个项目，方法必须适应于分析所需要的基础资料。比如，记录岩面上的绘画和线刻，就要求采用不同的方法，即使两者占据着同一个岩面，仍然要有不同的考虑。

再者，面对不同的因素，对各自分散的研究和考察时，都需要一个标准化的问题。例如，形象的大小尺寸，岩面的装饰，保存情况，岩石的类型、表面凹凸及不同的风化程度，各种制作技术，地层学上图形覆盖的现象等等。又如，由于岩石表面的氧化，岁月改变着颜色，但这种颜色的变化程度，往往又是推算岩石上绘画和线刻年代的可靠指标。

卡莫诺史前研究中心的出版部门——中心编辑部，到目前为止，已出版了五十卷关于岩画及有关的著作。它长期的目标之一是发展一种多样化的出版团体，这将使岩画能和学者及一般群众接近起来，以保存这份珍贵的文化遗产，既为今天的研究工作服务，也为子孙后代所享用。特别要提到的是，研究中心、教科文组织及国际纪念碑和遗址委员会，合作出版了岩画研究的《国际年鉴》。同时，研究中心的《公报》(BCSP)，正在逐渐地发展为一种国际性的岩画研究专题刊物，成为进一步研究文化遗产、提高保护技术和进行资料交流的园地。

由于对这种宝贵遗产的保护工作，已成为如此迫在眉睫的问题，使卡莫诺史前研究中心在开展岩画研究时，更具有行动性的一面。一些初步的目标，包括研究有关岩画地点的保护立法问题，并提出忠告改进岩画点、考古公园和生态博物馆，举办国际性的研究班和专题讨论会，以交流观点和培养专家。研究中心也向需要的地方输送专家，并向专家们提供比较性的资料数据，帮助其确定研究项目等等。

尤其重要的是1979年11月国际纪念碑和遗址委员会组成国际岩画委员会，会址就设在卡莫诺史前研究中心。

虽然卡莫诺史前研究中心致力于世界岩画的研究，但是记录、保护和研究梵尔卡莫尼卡岩刻仍然是其主要工作之一。意大利的梵尔卡莫尼卡岩画不管在数量、年代，还是在风格延伸的范围上，都是现存欧洲岩画中最丰富的。到目前为止，二十万个以上的形象已被记录下来，包括六个主要风格的系列，持续了约10000年的时间，覆盖着整个全新世的年代。这个山谷提供了一个完整的风格序列：自最早的狩猎者部族，他们在冰河时代的冰川融化之后，立即到达亚平宁地区，及至罗马帝国的来临及其稍后，一直到中世纪还在延续岩画的制作。这个序列开始于最初的前卡莫尼风格，属于旧石器时代的末期和中石器时代的开始时代。梵尔卡莫尼卡风格Ⅰ和Ⅱ期的年代是新石器时代，归结到公元前第6千纪至第4千纪[①]。风格Ⅲ-A，是青铜或黄铜的时代，包括公元前第3千纪。风格Ⅲ-B至D，正当青铜时代，包括公元前第2千纪。风格Ⅳ始于青铜时代末，继续存在于整个铁器时代（公元前第1千纪）。最后，卡莫尼后期风格的延伸，是从罗马时代至中世纪。

（二）梵尔卡莫尼卡岩刻的发现

公元前16年，罗马帝国的军团占领了梵尔卡莫尼卡山谷，并任命了行政机构。从此，这个山谷就隶属于罗马帝国，成为帝国的一部分[②]。

在这里，罗马人发现一个自称为卡莫尼的部落，这是阿尔卑斯山部落之一。罗马人将他们作为被征服的部落，记入史册。

此后的两千年间，人们对于他们在罗马帝国之前的情况一无所知。如果没有后来岩刻的发现，或许他们过去创造的辉煌史迹将永远被埋没了。

在梵尔卡莫尼卡山谷，首先发现的岩刻是属于纪念碑类型的两块巨石。岩刻位于一个名叫伽莫的小村子的路旁。后来，在这两块巨石附近进行了发掘，在离地表1米深的地方，发现了史前的窖藏，包括三十块颜料，有白、黄、橘、红、棕、黑色等，以及雕刻岩画的工具。颜料的发现，或许可以说明这些岩刻当时曾是涂有颜色的。这两件作品大约完成于公元前3千纪的后半叶（图75~79）。

在这两块纪念碑式的岩刻上，我们发现大量的覆盖现象。目前，我们可以在岩石上看到三四个凿刻的层次，特别是在第一块巨石上，在画面的右侧，明显地看出一系列的匕首，覆盖在两种不同风格和不同种类的动物上。左侧的山羊和可能是狐狸的动物，属于同一个层次。长角鹿属于另一个层次。画幅中间的奇异动物亦属于第二个层次。对这些动物的种属，学者们有野猪或狼等不同的解释。第二块巨石上凿刻的双牛拉犁的图形，也属于第二层。太阳的圆盘、斧头、匕首和平行线是这些纪念碑岩刻中常见的内容，它们的年代可以上推到铜石并用时代，正如这些武器和工具所代表的。选择这块岩石进行雕刻，可能因为它的外形与某些神人同形像相似[③]。

梵尔卡莫尼卡的岩刻是在1956年开始发现的。岩刻保存得极好，数量也极多，现在发现的形象的总数已达十八万个。这些大量的岩刻曾在罗马帝国的军团到来之前反映了卡莫尼人的社会、经济、生活、传统、信仰等方面的情况，并以具体的、亲切的、充满细节的形式呈现在人们的眼前。

① 千纪，即一千年间。公元前第4千纪，即公元前第4个一千年间。

② 罗马现为意大利首都和历史名城。这一带早在铜器时代（公元前1500年）便有人居住。公元前第1千纪初，印欧语系民族开始在此永久定居。至公元前6世纪初形成政治上统一的王权城市。之后数百年，罗马人逐渐征服意大利半岛，势力遍及整个地中海地区，罗马帝国版图向大西洋方向扩展到欧洲大陆内部。公元一二世纪之交，罗马国势和人口（100余万）都达到了高峰。

③ Angelo Foeeati, Ludwig gatte, Mila Simoes de Abneu, *Etchedin Time: The Petnoglyphs of Val Camonica*（《铭刻的光阴：梵尔卡莫尼卡岩刻》）. Valcamonica Pneietonica, vol.3.（1990）。

75　《以动物群体为主的纪念碑》　意大利梵尔卡莫尼卡岩刻（图片拍摄：陈兆复）

在孤立的石块上刻制图像的纪念碑是卡莫尼人的创举。这块石碑将众多的动物，按区域划分，排列有序地刻在石碑上。

它使今天对卡莫尼人的了解，比对任何一个史前时代的欧洲人群都要多得多，形象具体且生动有趣。

（三）梵尔卡莫尼卡岩刻的演变

事情可以回溯到10000年前。当冰川从阿尔卑斯山完全消退之后，梵尔卡莫尼卡山谷逐渐形成了布满沼泽的自然环境。到距今10000年左右，生活在这里的以狩猎为生的原始人开始在岩石上刻凿岩画。但是，在公元前2000年，他们的岩刻只是表现动物图像。其中有一幅岩画雕刻了一只鹿被标枪刺中，长着长角的头部正在扭动挣扎着。人们把这一时期称为前卡莫尼时期。

到了距今8000年前，梵尔卡莫尼卡岩画艺术出现一次飞跃，这时在岩刻中出现了人物的形象。他们在祈祷，在朝拜，有的面对太阳，有的匍匐

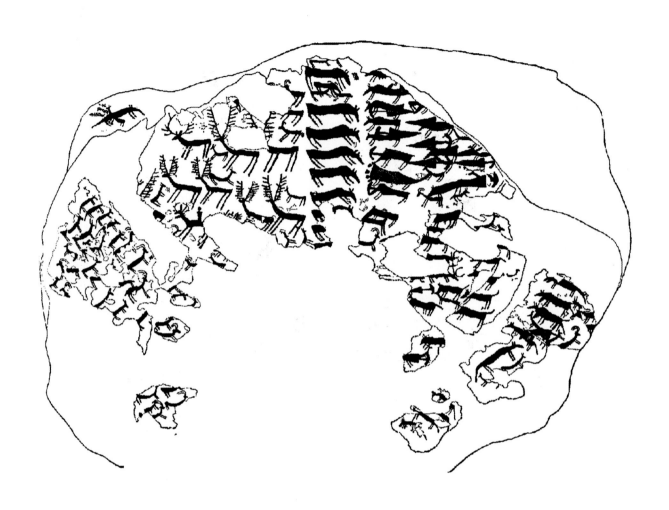

76 《以动物群体为主的纪念碑》 意大利梵尔卡莫尼卡岩刻

77 《有太阳圆盘的纪念碑》 意大利梵尔卡莫尼卡岩刻（图片拍摄：陈兆复）

　　沿着梵尔卡莫尼卡山谷，遗存有纪念碑式的巨石。刻纹中有当时人类生活中的太阳、山川、工具、武器、动物。

78 《以箭镞图形为主的纪念碑》 意大利梵尔卡莫尼卡岩刻

　　卡莫尼人聪明睿智，生活中的大事，都要刻石以记之，目的在于"前事不忘，后事之师"。此石同样具有纪念碑的意义。

79 《图案》 意大利梵尔卡莫尼卡岩刻
　　三四个勇士正在舞枪弄棒，围绕一个圆圈套着一个圆圈的类似迷宫的图形，一个人物已陷进去了。

在某些动物图像的面前，这标志着早期宗教——拜物教的出现。同时，狗伴随着人的活动出现，说明狗是人类的第一个结盟者。

　　随着时间的推移，人类和自然界的关系发生了根本的变化，岩画更多地表现了人们的生产活动。车辆的图形，证明商品交换已经发生，殉葬品的丰富，说明物质生活的充裕，有些图形则表现男女之间的爱情关系等等。

　　在梵尔卡莫尼卡的岩刻中，还有许多几何图形和神秘符号，如各种曲线、梯形图、网状物等。这些图形说明梵尔卡莫尼卡的岩画不只是反映眼前的生活场景，而且还包含其他更多的内容。有人认为，卡莫尼人当时已经到达文字的门槛，只是未能跨过去。

　　到了公元前六七世纪，埃特鲁斯坎（Etruscan）①的影响首次在岩画上出现。此后，大约有两个世纪的时间，它的影响一直统治着这里，武器、服饰及形象的风格都证明了这些。特别是公元前五六世纪时，埃特鲁斯坎的影响几乎遍及每一处岩画。岩画中出现埃特鲁斯坎的盾牌、头盔、剑等

① 埃特鲁斯坎人，意大利埃特鲁里亚地区的古代民族，居住在亚平宁山以西、以南、台北河与阿尔诺河之间的地带。公元前6世纪时，其都市文明达于顶峰。埃特鲁斯坎文化的许多特点为罗马人所吸收，罗马人继埃特鲁斯坎人之后统治意大利半岛。

都能够证明这一点。许多这一时期的岩画的图形，受到埃特鲁斯坎瓶画、墓室壁画中形象的影响。

与此同时，岩画上最早的铭文也出现了，是以埃特鲁斯坎的字母去拼写当地的方言，遗憾的是一直到现在人们还尚未将它们释读出来。

（四）卡莫尼艺术的发展与断代

起初，卡莫尼艺术是概略的、静态的和符号化的。各种主题的构图，仅表现一个简单的场景。在极大程度上，这些主题是孤立的，有时是用非常相似的方法多次结合，或多次重复着。这些图像大都是非常相同的，通常是由几个相似的形象组合在一起。此外，则可能是一个符号，像象征太阳的圆圈，或是一个物体，比如斧头、动物，或者是一个人的图像（图80~84）。

在鲁尼（Luine）发现一种更早的岩画。它是一个复杂的大型野生动物，用简单的轮廓表示出来，反映出一种前新石器时代的狩猎氏族的智力水平，年代属于公元前8000年至公元前6000年之间。它被称作前卡莫尼时期。

另一方面，发现在桥头（Capo di Ponte）最早的图像，则反映出一种部落社会的智力水平。它基于一种复杂经济，如狩猎、采集、一些初始的农业和驯服的狗，然后则是使用饲养的耕牛。这是卡莫尼文明的I期，它标志着一种不断发展着的艺术风格的开始。每一阶段的发展，都反映一种不同的文化阶段和概念上的进展，最后导致从猎人氏族到一种等级的和多样化的社会。在II期，人们也发现抽象的复杂图形。它由直线和曲线、圆圈和之字形等构成。作为一个整体，有时其复杂性与新石器时代的大西洋和中欧的巨石坟墓中著名的装饰品相似。另外，有时也发现小杯穴的岩刻，但雕刻的技术更粗，也更深。这些早期的卡莫尼艺术表现出来的一些特性，类似于其他新石器时代的欧洲人的艺术，说明卡莫尼种族群是从他们的先人那里继承过来的。

在卡莫尼艺术的II期，也可追溯到新石器时代，人们发现一种新的使人感兴趣的趋势，那就是构图。在极大程度上，那些图形保持概略性，从而代替孤立的图形，有成对的图形或多个图形共存，已经出现了完整的"构图"。同时，图像变得更丰富，又增加了新的表现形式。

发展的一个明显的例子是太阳礼拜的场景。在I期，太阳的圆圈前面是一个单独的祈祷者，象征着对太阳的礼拜。在II期，出现了不同的祈祷者围绕着太阳的圆圈状画面，圆圈有数量众多的光线向外放射。第一，惯用的那种程式化的图形象征祈祷，而现在人们已不满足于象征，感觉到要

80 《对日祈祷》 意大利梵尔卡莫尼卡岩刻

这是近期发现于亚西莫（Ossimo）的一幅形式优美、内涵深邃的竖石纪念碑上的岩刻。歌颂太阳这一主题的岩画，遍及各大洲，但在表现手法与艺术处理上各不相同。

81 《建筑》 意大利梵尔卡莫尼卡纳奎尼国家公园岩刻（图片拍摄：陈兆复）

建筑题材的岩画比较少见，意大利岩画中描绘的房舍，样式不尽相同。人们从树上巢居、洞窟穴居中走出来，运用智慧在地上盖房居住，这是历史的一大进步。各地因地制宜，中国云南沧源崖画中有干栏式的建筑，印度有起脊式的房子，而意大利梵尔卡莫尼卡岩画中的房子则为双层，并附设梯子。

82 《建筑》（局部） 意大利梵尔卡莫尼卡纳奎尼国家公园岩刻（图片拍摄：陈兆复）
　　茅屋屋边有梯子，是为了上下顶楼方便。这些茅屋为干栏式建筑中的一种。

83 《马上英雄》 意大利梵尔卡莫尼卡纳奎尼国家公园岩刻
　　骑兵为冷兵器时代的马上英雄，最为威武，一手持矛，一手持盾，进攻与防御兼备。

84 《武士与脚印》 意大利梵尔卡莫尼卡帕斯帕多岩刻（图片拍摄：陈兆复）
　　岩画中的脚印硕大，与武士的身高等同。

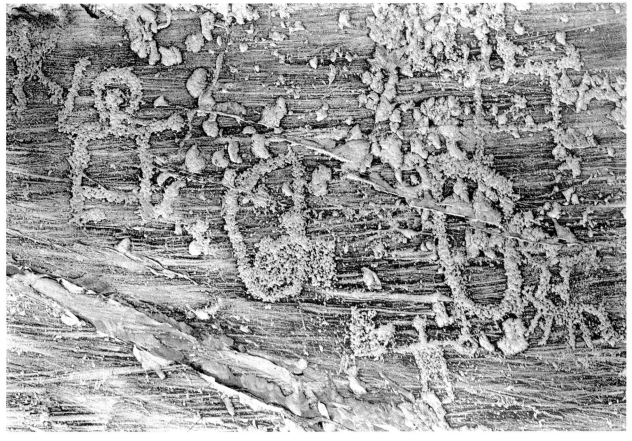

有逼真场景的必要性，因为它能真实地表现这种仪式。从而出现以发光的太阳为中心，人们面向太阳祈祷的场面。雕刻技术也发生了变化，变得更加精致和确定，线条亦更细致和平滑。

《祈祷》是意大利梵尔卡莫尼卡岩刻，为一组概略化风格的人神同形像，许多成对的人物往往由一个有头的和一个无头的人物组成。在某些部落社会中，这些成对人物表示同一个人的身体与灵魂的分离，心理学家将其看做是精神分裂的现象。

公元前2800年左右，卡莫尼开始描绘大量的武器。戟、三角形的匕首、平头的斧子，其特征与其他重要的变化的到来，改变了卡莫尼的艺术形式。风格Ⅲ期是伽莫（Cemmo）类型的纪念碑的巨石，凿刻出武器、符号、动物和男人，并常常环绕着太阳符号。其他这种类型的巨石，还发现在邻近的地区，甚至发现在梵尔卡莫尼卡以外的地区，如瑞士的梵莱斯（Valais）、格里逊（Grisons）和其他的高山地区。在阿尔托·阿底奇（Alto Adige），史前刻有碑文的石柱上面覆盖着的图像，风格和技术与梵尔卡莫尼卡Ⅲ期的作品是相似的。

此外，这些纪念碑艺术有一种符号和仪式的性质，在Ⅲ期里发展为另一种艺术趋向，稍后将变成占优势的倾向。它与纪念碑艺术不同，是一种描述和叙述的艺术，反映日常生活的场景和瞬间，如小屋和村庄的图像，各式各样活动的人物形象。那里也有一种类型称为"地形学的图像"，也许是表现领域的地图，在观念上与纪念碑的构图相联系。在某些例子中，Ⅲ期的稍后阶段，人们也发现带有与当时流行的文明有着联系的证据。在青铜时代中期的最重要的联系，是与迈锡尼文化[①]的联系。由于这些联系，在梵尔卡莫尼卡岩刻上出现迈锡尼文化的武器图像，并且甚至有战争用的双轮战车。车轮——这史前技术最出色的发明，随着早先与外界的联系流传到这里，也可能通过多瑙河山谷，它的出现约在公元前2500年。人们知道这里的山谷逐步地获得一种在国际贸易中重要的角色，很可能由于丰富的矿产，这是阿尔卑斯山脉的高山民族用以交换外来产品的资源。在这个时期，卡莫尼人在岩石上刻划各种典型的武器，如戟，与中欧发现的相似；平头的和穿孔的斧头，在青铜时代的不同文明中都有出现；各种类型的匕首，在青铜时代的早期也发现在布里西亚（Brescian）地区。

在此后，卡莫尼艺术表示出接受中欧影响的特色，发生一种值得注意的变化，出现大量与初期铁器时代文化相联系的器物。卡莫尼人开始利用自己的主要资源，生产出铁制的工具和武器。与这种技术发明同时，新的思想也被介绍到山谷中来，影响着宗教信仰、社会结构、经济形态，也影响到艺术发展。

---

① 这是整个希腊大陆及克里特以外希腊各岛的青铜晚期时代文化，因伯罗奔尼撒古代堡垒城市迈锡尼而得名。

这是铁器时代开始的时候，在公元前 10 世纪，也是卡莫尼艺术 IV 期开始的情况。这一时期生活在阿尔卑斯山脉北方民族的影响力，已被南部古代意大利人的影响力所代替。在这新纪元中，人们也许更清楚地看到卡莫尼人的特色。他们的文明和艺术是特殊的个性与外部的影响力的结合。这种结合，来自北方的和南方的成分几乎是相等的，来自越过阿尔卑斯山脉的和来自古代意大利人的，甚至更南的埃特鲁斯坎人的。

铁器时代在开始的时候（IV 期），最强烈的外部影响力是初期铁器时代的文化，但是，到了公元前 7 世纪的末期，古代意大利人的影响力变得更加强大。值得注意的是埃特鲁斯坎人。在他们最强大的扩张时期，即公元前 6 世纪至公元前 5 世纪，埃特鲁斯坎人的影响力在卡莫尼雕刻品上几乎无处不在。岩刻中，埃特鲁斯坎人的盾、盔、刀，这些装饰丰富的风格大多数以明显的方式表现出来。许多岩刻似乎是从埃特鲁斯坎人那里得到灵感的，在埃特鲁斯坎人坟墓的壁画或者花瓶上，都可以发现这种类似的图形。然而，卡莫尼艺术的 IV 期，保持了少量陈旧的现实主义和有时是过分单纯化的特征。

受到强烈的埃特鲁斯坎影响的岩刻，是卡莫尼艺术 IV 期。这时，第一个碑铭也出现了。字母是埃特鲁斯坎人创造的，但是语言是来自本地的，并与列托人（Rhaetian）的语言有一些相似，那是在更为北方的，特别是在瑞士的东方行政区。与这些碑铭一起，回溯到公元前 6 世纪后期到公元前 1 世纪的早期，人们看到第一次罗马人的影响。从公元前 1 世纪开始，甚至出现一些拉丁文的碑铭。就在那时，罗马帝国第一代皇帝的军团征服了这个山谷。此时，正是史前的卡莫尼岩画艺术的最后阶段[①]。

（五）卡莫尼人的起源和历史

通过岩画所透露的细节，读者多少已经了解到，重建卡莫尼人的历史是可能的。对于他们，在不久之前还是未知的，他们刚刚从封闭幽禁已有 2000 年的黑暗中走出来。罗马人称这些人们为"卡莫尼"，但谁是这些卡莫尼人呢？他们来自哪里？他们的历史在罗马人征服之前是怎么样的？

卡莫尼艺术在开始的时候是类似于欧洲其他艺术的，彼此之间有着共同的传统和联系。在法国和西班牙，这些猎人部落在传统的经济中，逐渐地增加了畜牧业。这些人是半游牧民族，他们漫游着，从山谷到山谷，或者到平原上去寻找猎物。

这种生活方式，在梵尔卡莫尼卡山谷成为适于人类居住地之前，就已长期存在了。事实上，约在 10000 年以前，这山谷还被更新世的冰河覆盖着，

① Anati, E. , 1976, *Evolution and Stylein Camunian Rock Art*（《卡莫尼岩画的演变和风格》）. Capo di Ponte（Edizioni del Centro）, Italy.

直到冰河时代结束时，冰河才开始后退。

这个过程持续了很长的时期，山谷的谷底是许多零星的小湖泊和沼泽，同时斜坡上几乎全部是岩石和植物，并被无数的小溪所分割。小溪携带着大量的水流，比今天要丰富得多。水流冲刷着山崖和巨大的石块，也将河床冲刷得越来越深。

这山谷是难以到达的，通往高处的只有阿尔卑斯高山上的两条道路，而且几乎经常被冰雪覆盖。山谷本身是沼泽地，难以穿越。两侧斜坡也被溪流冲刷，难以通过。

大约持续了几千年，自然环境发生了变化，土壤开始覆盖那些岩石和山顶，对植物和动物来说，这里成为更容易生长和生活的地方。

在这一时期里，高茎植物侵入这个山谷，标志着山谷里新生活的开始。植物后面跟着动物群，动物群之后是人类。

人类出现的最早证据，就是那些最古老的岩刻，断代为在冰河后退之后，约在新石器时代的公元前第5千纪。

在这个时期，欧洲正经历一场大的变化，来自巴尔干半岛的农业人口，通过低矮的多瑙河山谷，已经侵入到意大利的北方，其他农业的人口为寻找新的定居地也随即来到阿尔卑斯山脉。一些本地人口与那些新的移民混合了，并开始接受新的文化和新的生活方式。外来人口高兴地看到某些卡莫尼部落宁愿撤出去，到新的地方，放弃这出色的平原，那是富裕的、肥沃的、适宜狩猎的土地，而避难到一种几乎不可访问的高山峡谷中去。那里的生活将可能是更辛苦的，但在那里他们却能够更好地保持其传统和文化。

开始，卡莫尼人生活几乎是自给自足的，首先是狩猎，然后是驯养动物，在I期是狗和牛，这些动物可能是被带进山谷的。但是很快地，卡莫尼人开始成功地转变了自己的生活方式。

在公元前第3千纪，其他人群被安置在较低的布里西亚地区，可能是来自东欧的勒米得洛（Remedello）民族。他们有不同的起源、传统和文化，但是比卡莫尼人更精力充沛，他们的文化成功地克服了地区的限制。从勒米得洛人那里，卡莫尼人学习使用各种新类型的武器和工具，一直到制铜。

一种新的武器——戟，在公元前第2千纪的前半叶，几乎被全欧洲使用，此时也到达了这个山谷，并被描绘在岩刻中。因此，史前的许多其他新的技术也都出现了。其中最重要的是犁，类似于木制的犁，人们在勒得洛（Ledro）湖的遗址中发现，年代可以追溯到公元前18世纪，或者公元前19世纪。接着，各种不同于勒米得洛人文化的影响也跟着来了。来自中欧文化典型的武器，也出现在这个山谷的岩画上。它告诉我们在青铜时代开始的时候，卡莫尼人的这些联系在不断增加着（图85~91）。

85 《武士与鹿群》 意大利梵尔卡莫尼卡帕斯帕多岩刻（图片拍摄：陈兆复）

86 《战斗》 意大利梵尔卡莫尼卡帕斯帕多岩刻（图片拍摄：陈兆复）

　　画面呈现战斗场面，人物有大有小，有正有倒。其中有正在双方交战的小型人物，也有手持武器、着长衣的大型人物。

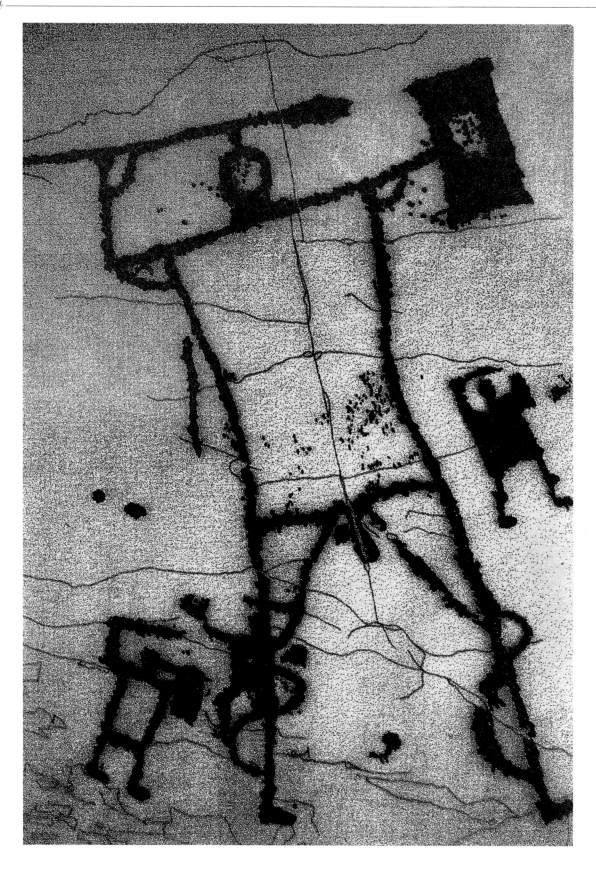

87 《武士》 意大利梵尔卡莫尼卡帕斯帕多岩刻
　　武士用单线勾勒，体态魁梧，头饰高髻与中国的秦俑近似，下露男性生殖器。其一手持剑，一手持方形盾牌。作品有着强烈的埃特鲁斯坎的风格。

88 《织布机》 意大利梵尔卡莫尼卡纳奎尼国家公园岩刻（图片来源：E. Anati）
　　这是纳奎尼大岩刻局部。这种织布机曾在公元前6世纪的希腊陶瓶上出现过。

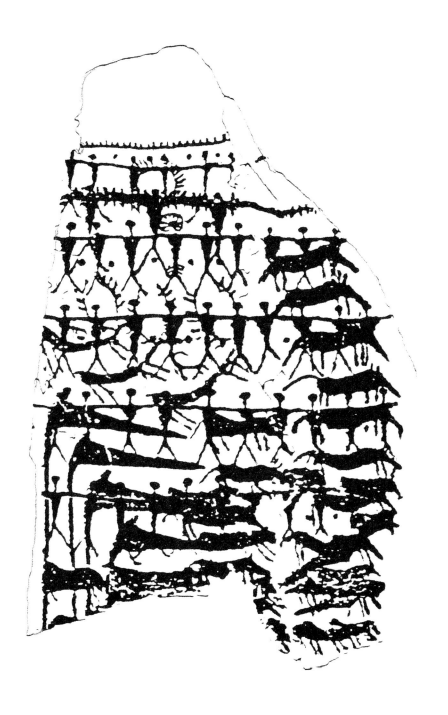

89 《四轮车辆》 意大利梵尔卡莫尼卡岩刻（图片来源：*Etched in Time*）
　　马是平视的，车是俯视的，而车轮子又是平视的，共同组成两匹马拉的四轮车。这幅岩刻构图平稳，艺术风格质朴有趣，是铁器时代的作品。车辆带来了文化上隔绝的终结，也必然导致原有经济秩序的改变。

90 《马上英雄》 葡萄牙岩画
　　勇士快马向前奔驰，右手高举武器，扭头顾盼。一幅简单质朴的线描骑士图，变形处理得极富童趣。

91 《由人物与动物排列组合的纪念碑》 意大利梵尔卡莫尼卡岩刻（图片来源：*Etched in Time*）
　　这是庄严的英雄纪念碑。用锯齿形和点状物标志某年某月，太阳与月亮不断轮回更替，锐利的武器和经过战争获得的大量牲畜，以上种种都刻碑记之。

但是所有这些是偶然发生的联系，卡莫尼人在学习环绕着其世界的创新，然而，对自己的文化改变并不太多，其艺术也是如此。这些艺术品是他们身后遗留下来的最重要的文件。最重大的变化，也是卡莫尼接受来自外部世界最强大的影响力，是希腊古代都市迈锡尼的文化。

公元前1600年，迈锡尼人成功地发展了一种国际的贸易。最出色的贸易活动似乎是通过迈锡尼人与欧洲大陆人之间进行的，只是后来，才对地中海的东海岸发生了兴趣。在希腊，琥珀出自北方的欧洲，金属来自阿尔卑斯山脉，也许还有其他更易腐朽的产品，都是交换来的，只是那些易腐朽的物品没有留下什么踪迹。在此山谷的岩刻中，可以找到匕首和其他的迈锡尼文明的武器，甚至是两轮战车的图像。两轮战车是迈锡尼文化的标志。特别值得注意的是在一个皇家的迈锡尼文化的墓葬中发现的一件青铜器，与卡莫尼岩刻中的形象有相近之处。

梵尔卡莫尼卡的人们无疑地知道如何来发展这些经济上的合作，它也介绍卡莫尼文明进入青铜时代其他民族中去，形成像现在的国际的共同体。无疑地，许多新的思想通过这些联系渗透到山谷中来。同时，不排除卡莫尼人也同样"输出"一些他们的观念。

但是，在迈锡尼文明影响时期的末尾，没有其他的外部文明对卡莫尼岩画有如此强烈的冲击，直到公元前7世纪，或公元前6世纪的开始，首次埃特鲁斯坎的影响才明显可见。二百年间，埃特鲁斯坎人的影响支配着这个山谷。埃特鲁斯坎人的风尚、武器，以及那些修饰丰富的风格都证明了这些。最早的碑铭是以埃特鲁斯坎人的字母和本地的方言书写的，也可追溯到这个时期。从来自南面的古代意大利人的文明，卡莫尼学习到人类最出色的文明之一。于是，他们逐渐地抛弃了史前的东西，变成一个懂得读和写的人群。此时，卡莫尼自己的文明已经逐渐步入衰落的过程。同时，罗马人的影响强烈起来了。

从卡莫尼艺术受到埃特鲁斯坎人影响的开始，跟着是一个迅速的衰落。看起来这似乎是谦逊的卡莫尼部落，面对这些围绕着它的出色的文明感觉到自己的无力所导致的结果。因为从他们艺术中看到，正在逐渐丢失丰富的对岩石的感觉，那种纯朴的、简单的和纯粹自然的艺术风格，正是曾经历长达8000年之久构成其生活和品格的东西。卡莫尼艺术家开始去模仿别人的想法和风格，并发现别人的比自己的更漂亮，也更适宜。这个小小的部落已经创建的几千年的文明现在已达到它的终点，人们无可奈何而又惋惜地看到了这种艺术的最后阶段。跟着而来的，是受到了更强大的和精力充沛的文明的影响。但是，埃特鲁斯坎人和克里特人（Celts）并未做任何事情，只是为罗马人准备好这块土地罢了。人们不禁感叹，每一页卡莫尼的历史，都是过去给我们重要的启示。

拉丁精神[1]与古老卡莫尼文明是不相容的，与它的保守主义，与它的传统，与它的封闭性是不相容的。罗马人提供了一种新的精神，一种新的经济和社会的组织，一种新的想法。这个卡莫尼部落，这些远古的猎人、早期的农夫和工匠，他们的文明的原则，现在被抛弃了。在精神和道德上，这高山部落的古代的体系瓦解了。他们的未来是完全地融合于罗马帝国。

当罗马扩展它的主权，设立自己的行政管理，军事的征服完成了其最后的任务。然而，漫长的发展过程并未因此终结。与新的思想相比，这些古代的本地文明没有更多精神上或者道德上的价值。罗马人的行政管理代替了古代的酋长，罗马人的上帝列入古代的神灵之中，新的寺庙取代了原始的圣所，新的土墙围绕的房子替代了古代的小屋。

现代的生活方式渗透到这个山谷。道路建造起来了，小车和商人能够容易地到达，促使原有经济秩序的终结，也必然地带来了文化上隔绝的终结。罗马人的武器几乎没有遇到任何反抗，当在道德和经济上已被征服的时候，本地人怎么可能进行任何反抗呢？

当罗马的军团到达之时，卡莫尼已经准备好转向罗马。这是因为新文明的到来，正是他们等待生活更新之时。

因此，它成为罗马人世界帝国中不知名的一小部分。它的人民仍生活的自在和自足，并且富有个性。8000多年的史前时代发生的事情，只通过岩石雕刻品在诉说着。之后，此区域从史前时代进入历史时期。

岩刻是引起人们兴趣的一个焦点。关于它的居民的日常生活，关于信仰、活动，以及经济和社会的发展等等，从那时以来直到中世纪，现代的人们对这山谷的事实真相知道得非常少。至于更早的事情，如果史前的卡莫尼人没有在他们的山谷的几百块岩石上，留下非常宝贵的艺术遗产的话，人们则将一无所知。

这些岩刻留下一则信息：在阿尔卑斯山脉的高山人群中，因为岩刻的存在，卡莫尼人是今天我们知道最多的。其在构造欧洲人文明史方面扮演着一个值得注意的角色。许多创造早期文明的基础，那些信仰、习惯和传统，在梵尔卡莫尼卡的岩石图像上都可以发现其原型[2]。

（六）梵尔卡莫尼卡岩刻与欧洲文明史

卡莫尼人习惯于在岩石上从事雕刻和绘画，涂绘的岩画保存下来的很少，而雕刻的岩刻却极好地保留下来，在梵尔卡莫尼卡，已知的就有十八万个岩刻的图像，形成欧洲史前艺术最大的集中点。超过四分之三的

---

[1] 拉丁精神，指罗马共和国和罗马帝国的文明。

[2] 参见 E. Anati, *Capo de Ponte*《卡帕·底·蓬特》），CCSP，1982.

岩刻位于桥头（Capo di Ponte）附近的地方。

这些岩石雕刻品比任何历史书籍记载的都更多地阐明了住在这个山谷中的史前人类的生活、事件、传统、信念、信仰及经济和社会等多方面的活动。他们发展了属于自己的品格和文化，直到罗马人征服了他们，剥夺了他们的自治权，同化了他们的族群，扰乱了他们的哲学观念，改变了他们的生活方式。

从理论上说，罗马人的来到标志着这个山谷跨越式地进入历史时期。但是，今天这些丰富的史前岩刻告诉我们，关于卡莫尼人8000年的历史，在某种程度上，则是更具个性化、缜密和充满细节的。比起该山谷从罗马人征服到中世纪结束这段时间的记载来，我们在岩刻中看到的内容要多得多。

通过这些岩刻作品，今天所知道卡莫尼人的历史，超过任何其他欧洲的史前人类。它们通过画面的无数细节，显示了阿尔卑斯山区民族在他们的文化被罗马文化所代替之前，本地原始人类的历史和起源，以及他的生活和风俗。岩石图像告诉我们8000年后重新发现的历史[1]。

在此山谷中，有千年传统的人群，他们也许把征服看作是一种更新，老传统被抛弃了。其结果是这种岩画艺术时代的结束。

这些岩刻有不同的图像类型、不同的雕刻技法，并且各个风格的分期也包括不同的主题和内容。

经过对各种要素的研究，有可能确定卡莫尼艺术在8000多年间，时代风格与观念有一个发展过程。这是很重要的，因为它们揭示了一个艺术史的全新的篇章，从中可以看出原始人在构图和描绘事物的想法。它透露了一个史前的人群的观念学和心理学的发展，表明这一人群与其他人群的联系，揭示出决定他们命运的历史上的著名事件。它们的历史已经被忘记有2000年了，通过这些艺术的证言才得以重建。同样的，对这一区域的其他民族从这一历史记录中所透露的事件中，包括从冰河时期的末期直到在8000年后它们被罗马帝国所征服，都可以从中得到自己的踪迹。这是一部通过造型的图画塑造出来的欧洲文明的历史记录。

① Anati, E. , 1994, *Valcamonica Rock Art: A New History for Europe*（《梵尔卡莫尼卡岩画：欧洲新的历史》）.Capo di Ponte: Centro Camuno di Studi Preistorici, Italy.

第二章
美洲岩画

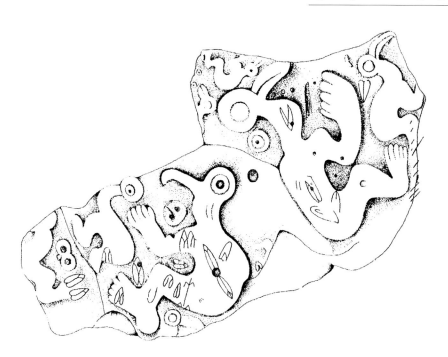

美洲印第安人在种族上和亚洲蒙古人种有着密切的亲缘关系，同时在更新世末的次冰河时期，白令海峡因为海面大幅度下降而变成了"白令陆桥"，亚洲和北美两个大陆曾一度连成一片。所以，美洲早期的人类和文化起源于亚洲的观点已被普遍地接受了。但源头在亚洲的什么地方，第一批亚洲移民是什么时候到达美洲等问题，因缺乏足够的考古学证据，至今还没有得出令人满意的答案。

美洲最早的岩画发现在巴西和阿根廷，碳十四测试距今17000年。根据目前的记录，岩刻广泛地分布在北美，而崖壁画（岩绘）则在较大的范围内，散布在拉丁美洲。加利福尼亚和新墨西哥则是两种风格同样普遍流传的地区，加拿大中部和巴塔格尼亚高原的南部也是岩壁画和岩刻两种形式并存的地方。

岩画，从早期狩猎者到现代的狩猎—采集和游牧的社会，表现着人类历史上连续性的篇章。同时，它如同一面内窥镜折射出人类的内在世界，揭示出岩画创作者深刻的心理状态，这也正是岩画学的魅力所在。

在美洲发现的岩画并不仅仅是美术作品，它们还为研究美洲史前史和后来漫长时期内有关宗教、人类学、民俗学等以及日常生活诸多方面提供了宝贵资料。

广为分布于北美的岩画，是先史时代至19世纪印第安人创作的。位于美国西南部和加利福尼亚州的岩画无论内容与艺术形式都极为丰富。从技法上说，一般是石质坚硬的花岗岩和片岩的山崖上多用彩绘；在砂岩、石灰岩、滑石等软质的石面上，多采用刻凿的方法。在北方森林地带用红色颜料绘制公鹿，北极圈的爱斯基摩人绘制人面像、海陆两栖的动物等。另外，在西南部的印第安人的作品，既有写实的也有抽象的，题材往往与神话相联系。他们用刷子蘸上各种颜料绘制的崖壁画在岩阴（岩厦）处和洞窟内均有发现，色彩丰富艳丽，形态多种多样。

一　美洲另一个世界的神话

美洲大陆大约在距今50000年到30000年前开始有人类居住。根据传统的理论，在那时分隔西伯利亚和北美的白令海峡已经可以徒步横渡了。在美洲考古发掘出来的人类遗骸都是属于晚期智人的。在智利北部的一个装饰过的洞窟，根据从崖壁掉下的石片上涂绘过的红色颜料断代，可以上溯到距今约26000年至22000年前，而在这个遗址发现最早的岩画则被断代为约距今12000年至10000年前。

在阿根廷巴塔尼亚（Patagonia）的洞窟里发现了数以千计的手印和几何图形，有人认为大约也是这个时期属于早期狩猎者的作品。在墨西哥巴雅·加里福尼亚的岩壁上雕刻的女阴和男性生殖器图形，也是属于早期狩猎者的作品。距今6700年前，在美国南部俄勒冈州（Oregon）的一个岩画点，狩猎者也凿刻过简单的几何图形和经过打磨的杯状符号、小凹穴等。在加拿大的安大略，巨大的岩壁上发现刻有人物和四足动物的形象，年代约相当于距今9000年前。

狩猎者的传统在美洲一直延续至今，流传下来的那些古老神话使我们受益匪浅，它们有助于我们解析某些岩画的深刻内涵。例如，在俄勒冈州（Oregon）有一只海龟的四周围刻着许多小凹穴，人们对此难以解释，可是从传说故事中可以了解那些凹穴是氏族繁荣兴旺的象征，而鹰的图形则象征着光明和力量。

在阿拉斯加，以及后来的加利福尼亚，反映渔猎生活的内容出现了。在不列颠哥伦比亚的梵可维（Vancouver）岛凿刻有海怪和龙，在墨西哥的巴雅·加里福尼亚的圣弗朗斯柯崖壁上画了一种相似的怪物，一条长达3.5米长着羚羊角的巨蟒，而另一条巨蟒身长达1.5米头部却长有鹿角。在岩洞的后面另一个岩画点，绘有六十多个侧面人物，都长着动物的头部（或者是戴头饰），两片大耳朵，这种形象曾被认为是萨满。与印第安人的神话传说对照，那些色彩丰富的木制面具，与其说是萨满，还不如说是某种动物的代表。在加拿大的不列颠哥伦比亚，我们可以从木雕的面具和岩画上看到类似的形象。

在美国得克萨斯州的塞米诺尔（Sominole）山谷有一群引人注目的巨大形象，张开双臂做祈祷状，脸部五官不表现。在帕特洞窟（Panther）其中有一种超自然的形象，用红色画出外轮廓，高达3米，也是双臂张开却长着动物的头。离此不远，还有一个与此高度相仿的形象，是用红色涂抹身体，张开的双臂上挂满树枝似的线条,可能是表示植物或羽翼,应是当地神话故事的形象化的再现。有的学者曾总结美洲岩画经常表现的主题,多为手印、熊迹,或长角的蛇、闪电、大角羊等。

美洲岩画一个很普遍的现象是表现神灵崇拜,如新墨西哥州德嘎蒂托(Delgadito)山谷所描绘的形象就被认为是神灵像。

在南美,例如玻利维亚,在岩画中发现了几何图形,还有三个脚趾的脚印,有的地方描绘有骆驼群,而另一地方则出现多种样式的鹿。在岩画中,植物的题材是稀少的,但在秘鲁南部的纳斯卡却见到用线条组成的植物与动物和蜂鸟等图像。其图形极大,只有在空中才能见到全貌。年代约在公元前200年至公元700年。

这种大型的作品并非只此一处才有,在别的地方也发现过。在阿达摩斯(Adams)就有用泥土堆成长约300米的巨蟒。它身体蜷成圆形,象征着太阳或蛋。

岩画题材大都与美洲印第安人的神话传说有关,阿格瓦(Agawa)岩画点有一幅米乞比丘(Michipichu)的神像。其描绘在面向休泼里湖(Superior)湖面附近的悬崖上。米乞比丘是神话故事中的一位地下的神灵,头上长角,背上有刺纹。据说,这件作品是由俄几比(Ojibe)武士们的首领于1812年制作的。这位首领在美国独立战争期间曾仅用四天时间横渡过休泼里湖,尽管这次行动曾经得到过米其比丘的帮助,但他这一英雄壮举还是受到人们的高度尊崇。随着时间的流逝,这个故事逐渐被当地印第安人遗忘了,唯有岩画还不时地提醒人们对英雄的缅怀。

二 如何看待美洲的岩画研究

美洲的岩画远不如澳大利亚那么声名显赫,对它们的研究也尚不充分。尽管近十年来投入的研究力量在不断地增强,但对于从加拿大到阿根廷巴塔哥尼亚(Patagonia)数以万计的岩画点来说,无疑是杯水车薪,要进行深度的研究是不可能的。

遗存于北美洲的岩画,岩画的传统与形式是多样的。由于不同的种族生活在加拿大的阿尔贡昆(Algonguin)到美国的加利福尼亚的柯玛斯(Chumash)的同一地域内,不同的种群背景,不同的文化传统,他们所创作的岩画各具特点,那是再自然不过的事了。它们中之既有巨大幻影形的人物岩画,数个世纪甚至上千年来,伫立在美国犹他州的大峡谷的崖壁上,与威震环宇的大峡谷的自然风貌相契合。也有反映萨满教的作品,散落在沿着得克萨斯和墨西哥的卑柯斯（Pecos）河，其中还有的人物仿佛要离开地面飞起来，只是它们的年代尚未确定。在加利福尼亚格索山脉（Coso Range）有上万个岩刻制作在极其干旱的地区内，靠近"死谷"，画面上大多数是人物与大角羊，据说它们是与求雨的仪式有关，这也再一次证明岩画点的选择，与岩画的内容与当地的气候条件有关，它们总是紧密地联系起来的。

世界一些国家的岩画，已经被联合教科文组织列入世界文化遗产名录，但是遗憾的是，至今美国和加拿大的岩画点还没有一个被列入[1]。

中美和南美同样也有许多岩画，与北美洲的美国和加拿大相比，不那么复杂多样，文化传统差异也较小。在秘鲁的托洛·梅托（Toro Muerto）的一个岩画点，岩画不是画在山崖峭壁上或洞窟深处，而是画在散落于干涸河滩的数千块石头上。在不同形状的石块上刻划，却形成整体构图，多种形象也浑然一体，其中不乏装饰趣味浓厚的佳作。在阿根廷的拉斯玛诺斯（Las Manos）洞窟，发现有数百个空心手印聚集在一起，成为世界著名的手印洞窟，业已被列入世界遗产名录了。此外，在智利和秘鲁，除了发现岩画外，还有巨大的地画遗存，巨大的形体，庞然的物象，已经没有恰当的石壁可以容得下它们了，只好被古人画到宽敞的地面上。除以上列举的岩画点外，更为动人心魄的岩画点还在诸如墨西哥、巴西、古巴、多米尼加、玻利维亚、危地马拉、哥伦比亚和乌拉圭这些国家之内。在巴西发现的最早的岩画，距今为17000年前。然而，大多数岩画的年代是数百年，甚至数千年前的作品。当然这并不是说这些岩画点就没有意义了。

法国岩画家者克洛提斯（J. Clottes）在1994年的《国际岩画通讯》上发表过一篇《冷眼看美国岩画》的文章，记述他近几年访问加利福尼亚、新墨西哥、亚利桑那和犹他等地区岩画点的感受。他说，虽然访问的岩画点有限，但足以说明美洲岩画的丰富多彩和无穷潜力，并可以设想美洲岩画研究将会有更广阔的前景。

美洲对岩画的热情确实很高，有关它的保护和记录的事，许多出色的工作已经完成或正在进行中。此外，群众的兴趣比人们想象的要广泛得多，即使是在犹他州那些非常边远的深山峡谷中，也会遇到一群群前来参观岩画的群众。然而，大量的学术论文和通俗读物虽已出版了，但使欧洲学者惊讶的是，岩画研究在美国仍未成为考古学的主流。由于这样的缘故，在美洲，岩画点很少进行过深度研究，并发表过有分量的著作。岩画点的岩画没有被全部摹绘下来，也没有进行考古学综合性的研究。在别的国家，这个情况会被认为对岩画点还限于肤浅的认识。仅有照片、速写和文字描述是不够的，描摹至今是研究岩画最好的方法，也可以说明唯一的方法。无论何时何地，只要有可能就应该这样做。在岩画岩壁附近发掘时，往往会带来有用的信息，对于

[1] J. Clottes, *World Rock Art*, 《世界岩画》. The Getty Conservaiton Instiute, Los Angeles. 2002, p.44.

断代也会有帮助，而美国的岩画点是否经过彻底的描摹和认真的发掘呢？

人们可能会想，当需要的时候我们会来做这些工作的。但是岩画点的毁灭是很快的，乱涂、枪击以及自然和动物的侵蚀、地区的发展等等原因，都会对岩画产生严重的影响。许多岩画点还没有完整地记录下来就被毁坏掉了，这是非常可惜的。岩画所带给我们的人类学多方面的资料，也就因此而丢失了，而南非和澳大利亚在这方面则做得很好。

在世界上，美洲岩画组成一个史前史和部落艺术的整体。它能够提供有关祭礼、神话和社会各种思想方法的充满活力的信息，这与世界上其他地方也是相似的。专业的考古学家有责任以同样的重视程度对待岩画，像他们在其他方面所做的那样，除非以同等的努力和在财政上的支持，才能使岩画研究工作能在广大范围内开展起来。在美洲的大学里要讲授岩画的研究方法，以及怎样管理和保护岩画点，是我们这一代岩画学者和考古学家注定要担负起的历史责任。

不管是公众的兴趣和专家的意见，都早已表明了。对于岩画的深入研究拖延得太久了，长期以来已丧失了学术上的承认和经济上的支持。克洛蒂斯在文章的最后写道："但是我们知道，当我们的美国朋友决心认真地去做什么事的时候，他们就能够做得非常出色。"[1]

三　北美洲地区岩画

在北美洲，迪格曾在美国加利福尼亚的巴斯附近的山岩峭壁上发现多种岩画，包括红色手印、太阳、符号和各种动物形象。在圣波基塔洞窟崖壁画中有被箭射穿人类的形象，这使我们想起法国尼奥洞窟中被"箭"所射的野牛岩画。

对加利福尼亚发现的资料加以研究后，发现此地的岩画与其他地方的岩画有许多相似之处。其岩画分布在光线明亮的靠近洞口处，或绘制在露天的岩面上。有的线刻又经颜料涂饰过。据德岭波《昨天的北美》记述，北美洲的岩刻内容有手印、脚印以及动物等。在维斯康新州的布劳恩洞窟岩画中的动物，有的腹部绘有三角状的象征物。

（一）北美地区岩画的发现

北美地区的史前岩画，是17世纪玛萨楚塞斯沦为殖民地后，由英国移民发现的。位于坦通河的东岸的一块巨石上，深深地刻着许多抽象的图形

[1] J. Clottes, *Rock Art in the USA: An Outsider's View*（《冷眼看美国岩画》）. International Newstetter on Rock Art（《国际岩画通讯》）, No. 9, 1994.

和一些符号化的人物形象。这个岩画点现在叫蒂通岩,有关这些岩刻的作者,长期以来曾在学者间争论不休,现在我们知道它的作者是阿尔琪印第安人。

1673 年,在开发密西西比河上游的时候,玛其特(Father Jacques Marqette)在高高的悬崖上看见身上长着翅膀、头上长着兽角的怪物的岩画。后来,他在著作里作过描写,并报道了发现的过程。1846 年,一名叫依墨里(W. H. Emory)的地理学工程师,随远征队征服新墨西哥(New Mexico)和加利福尼亚(Califfornia)时,将沿途所见遗存于奇拉河(Gila River)沿岸的岩刻,精心地进行了复制。后来,他又把发现岩刻与如何复制岩刻的过程写进了给政府的报告里。但他并非是发现此岩刻的第一人。在他之前,加利福尼亚岩刻已被皮如夫(G. Bruff)首次记录过。当时他穿越大平原去挖金子,路过拉森县(Lassen County)时,发现了刻在崖石上的奇怪的抽象图形,并把它们复制在日记本上。但后来他既未出版又未公之于众,从而与第一个发现加利福尼亚岩刻的美誉失之交臂。

不过,以上这两次的发现从岩刻的数量上说还是有限的,更多岩绘和岩刻还是由横穿大陆的先驱者们发现的,历史没有记录下他们的姓名。尽管如此,有幸被记录下来的岩刻也并非全部。那时,对这些岩刻还没有选定恰当的名称,被称为古代岩石上的图像文字。

1876 年,马勒里(G. Mallery)在密苏里州(Missouri)的一个要塞里任指挥官。那时,他对印第安人的图画文字发生了兴趣。三年后,他辞去指挥官的职务,开始研究印第安人的艺术,诸如木头、石头、兽皮和骨头上所描绘的各种图形。他的研究成果发表在 1893 年出版的《美洲印第安人的图画文字》一书中。在这本重要著作中,有相当多的篇幅是介绍印第安人史前岩画的。这本书经受了时间的考验,直至现在仍不失为有价值的参考书,特别是书中对那些现已消失不复存在的岩画点的叙述,尤其珍贵。

自马勒里之后,对印第安人岩画艺术的研究停滞了。此项工作搁浅,再没有任何进展。

这段时期对岩刻研究的缺失,三十多年后被加利福尼亚大学的一位青年考古学家斯忒瓦特(J. H. Steward)弥补。他选择了岩画作为研究课题,并完成《加利福尼亚及其毗连的几个州的岩刻》一书,并由加利福尼亚大学出版社于 1929 年出版。在书中,他编制了一个岩画图形单元的表格,用地图形式标明这些图形分布的情况,并根据图形的风格分类将该地区的岩画划分为几个不同的区域等,对该地区岩刻的研究作出了历史性的贡献。

随着时间的推移,美国西部几个州经济的发展,公路、铁路迅速的建设,再加上媒体的宣传,许多旅游者得知那些洞窟或崖壁与巨石上,发现某种神秘的、吸引人的图形和印记。因此,一大群业余考古爱好者趋之若鹜,填补了专业考古学家由于缺乏兴趣而留下的空白。从而也就产生了许许多多的离奇的、异想天开的论述，有的说岩画是埋藏财宝的印记，有的说是古代占星学的符号，有的说是古代已消亡的人种的记录等等。

20世纪60年代，对岩画的兴趣再度升温。

有关美国大盆地（Great Basin）岩画的著作于1962年出版，作者对于岩画的意义在书中作了充分的阐述，认为那些岩画是为了狩猎魔术的目的而作，也是作为捕捉鹿和大角羊的辅助的手段。作者对大盆地岩画的艺术风格以及年代序列也提出过他的设想。

许多年来，一些考古遗址特别是岩画遗址，由于公共建设计划的实施而遭到破坏，特别是大型的水坝建设对遗址的破坏最大。为此，由政府和私人多方筹集资金，去测量和记录那些即将被水库淹没的史前岩画遗址。

在1963年又出版了两部重要的著作，一本是关于格伦坎永（Glen Canyon）地区的岩刻，另一本是关于阿纳撒茨（Anasazi）和纳瓦乔的岩画。这两本书里所著录的许多重要的岩画点，现在已经被水淹没荡然无存，人们只能在书中一睹它们昔日的风采了。

岩画研究的领域广阔宏大，对岩画的著录工作浩瀚纷繁，分析和保护岩画的工作更是困难重重，存在着众多一系列的问题，需要政府的重视、财力的支持、多学科的协作，专家学者的努力以及公民素质的提高等等。1969年在安大略（Ontario）的勒克里特大学举办了一个岩画研究班，并因此而组成加拿大岩画研究协会（CRARA）。五年后，美国也组成了相似的机构，这就是美国岩画研究协会（ARARA）。它的第一次会议是在新墨西哥州的弗明顿举行的。这两个组织都定期出版刊物，每年在不同的地方举办学习班。它们的成员包括岩画学家、考古学家、人类学家、民族学家、艺术史家、摄影师和业余爱好者。

在北美洲，气候和地形的差异对岩画的制作有着显著的影响。加利福尼亚的南部，由于风蚀和雨淋在砂岩地带形成洞窟，印第安人在那里制作了崖壁画。崖壁画几乎无例外地使用红、黑和白三种颜色，偶然也有三色同时使用的。颜料是矿物质的，用石臼研磨，调合剂是植物的汁液或动物的油脂，还有尿液等。在西南部的大盆地，那里的山崖和巨石有着暗色的岩晒，岩刻则是凿去岩石表面暗色的岩晒后露出下面较浅的石色，当然凿刻的技法也是多种多样的。

（二）北美极北地区岩画

极北地区处于北极圈的边缘，这里是个洁白的冰雪世界。从美国的阿

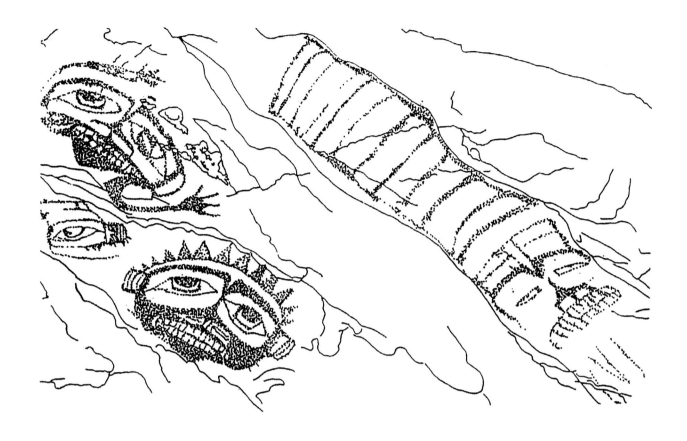

92 《人面像》 美国阿拉斯加州威尔士群岛画洞岩画（图片来源：J. D. Keyser）
　　两个装饰精致的人面像或面具，旁边的人眼和类人面的形象，据当地的传说则是代表水獭和蛀虫。

拉斯加的南部到加拿大的东北部，在这个广阔地区，除西部顶端的柯蒂阿克（Kodiak）岛有松柏科森林覆盖外，绝大多数地区生满冻原地带的苔藓。

1. 阿拉斯加岩画点

　　北美极北地区的岩画点与岩画，从作品内容到表现形式都有与众不同之处。那里地广人稀，岩画点比较少而又分散，岩画点之间的距离十分遥远。极北地区，大多数岩画集中于阿拉斯加（Alaskan）的南部，相对来说此地的气候较为温和，最北的岩画点是在阿拉斯加北部的伯洛克斯（Brooks）山脉的山脚，岩刻的图形很像玉蜀黍的穗子。线条刻划得很深，制作得似乎随意而为。在同一山区的岩画点所见，岩刻凿刻得也很深，其中有动物伴随许多小圆穴，直径为5英寸（图92、93）[①]。

　　在苏厄德（Seward）半岛，见到过用红黑两色描绘的人物，人物中有些在舞蹈，有些是持弓箭的猎人，还见到人物与驯鹿密切接触同处于一条船上。

[①] Campbell Grant, *The Rock Art of the North American Indians*（《北美印第安人之岩画》）. Cambridge（CUP）,1983.

93 《人面像》 美国阿拉斯加州威尔士群岛画洞岩画（图片来源：J. D. Keyser）
　　画洞中两个传统风格的人面像，尺寸约10厘米。

两个岩画点发现在科迪亚克岛西南端的阿里太克岬，作品往往刻制在岩壁和花岗岩的巨石上。岩刻的制作方法是由琢刻而成，深度在四分之一英寸左右，岩刻的内容是人面像、鲸鱼和其他陆地动物。人面像一般只刻画出具有特征性的部分。此外，还有一些由螺旋形和其他点线组成的符号。人面像岩刻许多是无轮廓型的，这种首先在阿蒂柯克岛发现的无轮廓型的人面像，是一种传播范围宽广的主题，遍及于北美的西北部海岸，可能是该地区最具有特征性的岩画艺术。

阿拉斯加的岩画，不管构图还是制作都很粗糙，同时明显地表现出受到西北部海岸地区岩画的强烈影响。

阿拉斯加的岩画绝大部分都是岩刻，但也发现过岩绘的洞窟。2000年6月，一支由来自几个不同单位人员组成的考察队，对阿拉斯加东南部威尔士群岛（Wales Anchipelago）的一个崖壁画洞窟，进行了为期一星期的考察，描摹了崖壁画的形象，记录了当地口头的历史传说，并对周围的环境作了仔细的观察。

崖壁画洞窟是一个巨大的石灰岩洞窟，面朝西，向着辽阔的太平洋，洞窟前面是一片海滩。洞窟内约有七十组崖壁画，主要是用红色画成的，也有少数是用黑色的，岩刻则没有发现。当地的名字就叫画洞（Pictogzaph Cave）。

北美西北沿海岩画最普遍的传统图形是人面像，或称面具，这在崖壁画洞窟里就有十分精致的例子。圆眼而露齿是这里人面像（面具）的特征，有些人面像只有眉毛、眼睛和嘴巴。但也有些作品对鼻子作了比较细致的表现，例如用三根线条刻划出优美的鼻子，这也是北美西北海岸一带岩画人面像中所常见的。有的人面像还在脸部下面接着就画上手臂或腿脚。也有的神人同形像，有着人体的躯干和四肢，身躯上画着大大的脑袋，脸部的画法与人面像是一致的。所有这些崖壁画上的人面像，都与沿着北美洲西北海岸线一带发现在巨石上的岩刻人面像是相似的。

这个洞窟崖壁画与萨满教有关，崖壁画中有一种独眼人的形象，就是在人面像中一只眼睛是明亮的，另一只是没有眼珠的，这是因为萨满能用一只眼看透上苍，而一般人是做不到的[1]。

2.爱斯基摩人与人面像岩画

北美极北地区的人面像岩画大都与爱斯基摩（Eskimos）人有关。根据当地爱斯基摩人的说法，创造这种作品的目的，是为了狩猎的魔术和记录那些被杀死的猎物，特别是和猎鲸的祭祀仪式有关。

一个爱斯基摩的岩画点是在这个大陆的另一端，在加拿大魁北克的北

[1] J. D. Feyser, Pictograph *Cave: Rock Art from Southeast Alaska*（《阿拉斯加东南部的崖壁画洞窟》）. International Newstetter on Rock Art（《国际岩画通讯》）, No. 13, 2002.

部。这个岩画点位于瓦克汉姆湾的一个岛屿上，靠近古老的滑石块采石场，图像超过五十个，都是人面像。有的是人面，有的是兽面。

国外的学者把人面像称面具。面具盛行于世界各洲，制造的材料随地方特产而有所区别，非洲多用木头，爱斯基摩人多用鱼皮。爱斯基摩人认为面具具有广泛的神力，代表着萨满的灵魂，也是萨满施法时与人世隔绝的一道屏障，与神灵勾通的一个渠道。萨满戴上面具就犹如神灵附体，陷入非我状态，精神恍惚，狂言乱语，和祭祀仪式活动相配合，营造出一股神秘的气氛。这种面具也常常在埋葬木乃伊的洞窟里发现，说明在安葬死者时也少不了面具。

爱斯基摩岩画，主要是表现狩猎和人面像（或是仪礼使用的面具）。面具岩画可能是受到来自西北部海岸印第安人的文化影响，印第安人戴着制作精致的面具进行舞蹈，舞蹈者仿佛受到超自然力的主宰，失去常态，不知疲倦地放歌狂舞，直至通宵达旦。

爱斯基摩人戴上由萨满亲自制作的面具，就能够与萨满亲密接触，获得与萨满精神上进行沟通。举办巫术仪式时的萨满，被看成人与神之间沟通的媒介。爱斯基摩人信仰的主神灵是一位老妇，居住在大海里。她有管制海豹等大型海洋动物的权力，为保护人类不受侵犯。她设下禁令，一旦有人触犯了禁令，惹恼了神灵老妇，被部落的萨满察觉出来后，就要受到上天的谴责。

人面像或面具有些是有外轮廓线的，有的是没有外轮廓线的。人面像是北美西北部岩画的主要题材。在这些形象中，最为突出的部位是强调眼睛的神韵，那些眼睛仿佛能够预测未来，料到人生的吉凶祸福。有相当一部分人面像的眼睛向下斜或成三角形状，被人们称为"哭泣着的眼睛"，大约表示凡俗的人类总不免有不尽如意的事吧。女性的形象有时用嘴唇上的装饰品表示，那些装饰品往往是穿过下嘴唇的。另一些有轮廓线的人面像，添加上动物的耳朵，寓意人若能够兼具动物的能量便会所向无敌了。这种动物的面具或标明本氏族的图腾，甚至有时还有将手和胳膊都画在人面上。其用意无非是把人浓缩成神，但绘画者的想象力又囿于所见的范围狭窄，而局限于自身的长相吧？

有关爱斯基摩人的这些岩画的年代不能确定，但也有一些线索可寻。我们没有证据说明这些岩画是由近代印第安人所为，更不能说明这些岩画与白色人种有什么关联。岩画的制作年代，最大的可能是史前时代后期的作品。有的学者认为它们的制作年代可能在公元前700年至公元1000年之间。

（三）加拿大岩画

北美洲的北冰洋沿岸，从美国的阿拉斯加到加拿大的东北部，在这块荒芜旷远的地区内，除了其西部有一些松柏科的树林外，其余都是只生长苔藓和地衣的无垠荒原。

在这几乎是人类生活的禁区里，却居住着极富艺术想象力与创造力的爱斯基摩人。男人们制作的小型动物石雕与妇女们根据梦境创作的绘画堪称一绝。他们在靠近北冰洋沿岸的地区，筑起永久性的定居点。漫长的冬天他们以猎取海豹为生，短暂的夏天他们又深入到内地去寻找猎物，诸如北美驯鹿、大角麋和麝牛等。

往南深入是美洲北部的森林地带，有松柏科的林木和大量的白桦树，这里居住着心灵手巧的印第安人。他们用桦树皮制作的独木舟及生活用品和工艺品水平出众。他们习惯乘坐自制的桦皮船，往来穿梭于河网之间。

1. 北方森林岩画

加拿大的北方，从东到西森林覆盖的面积很大。岩画点散布在从魁北克（Quebec）省到不列颠哥伦比亚省（British Colunbia）区域内，大多在沿着河流和湖泊的岸边（图94）。

在北部的森林地带，颜料涂绘的崖壁画更为突出，内容包括高举双臂且长着翅膀的神人同形像、野牛、大角麋、鹿、雷鸟、海龟、乘独木舟和骑马的人物以及抽象的图形。抽象图形很丰富，其中有直线形、框格形、网纹、十字纹、之字纹和带箭杆的箭纹；用曲线组成的图形有用装饰性的线条套在椭圆形的内部，以小圆点组成的一系列曲线图形和平行曲线组合等等。和十字形，也有一排排的圆点和一排排的短平行线。在17世纪，一些旅行家曾发现这里的岩画，看到在河谷的悬崖上画着神话中的人物，表现的可能是水神。

北方森林岩画的大部分是制作在露天的岩石遮蔽的花岗岩壁上，一些岩画受到腐蚀已经磨损得很厉害。早期的旅行者在17世纪沿密西西比河而下，在悬崖上见到这些岩画，内容多为神话故事和狮子、水怪一类的动物。北方森林的猎人和采集者的生活方式多为小集团，随水草而流动。他们相信万物皆有灵，是一种极其朴素的自然崇拜，包括对陆地上的美洲狮和水中水怪的崇拜，期望从它们身上汲取到力量。他们在岩画上创作的水怪形象长着动物的四条腿，却用鸟爪代替蹄子，背部有锯齿状的芒刺，头上有犄角，尾巴卷曲上翘，集多种猛兽与猛禽的特征于一身，赋予其强悍的力

94　加拿大格里拉岛岩画点
　　加拿大不列颠哥伦比亚省有数百个岩画点是在格里拉岛，有些史前岩刻刻在海岸面向大陆的一边的石块上。

95 《大岩刻》 加拿大安大略省皮托波洛岩刻

岩刻点位于加拿大安大略省皮托波洛镇附近。在巨大的岩石表面上，布满了三百多个认真凿刻的图形，其中有人物、动物、禽类、工具、器皿、符号等。特别是人物头部的形状光怪陆离，有发光的太阳形、圆锥形、叉子形、弯月形。岩画是由讲阿共金语的部落民创作的，也是他们为诸神常驻而创建的圣地。

量。至今一些印第安人仍然崇拜它，我们时常还会见到在岩画的水怪形象前，供奉着祈祷者的圣杖、衣服和烟叶之类的物品。

在加拿大安大略的皮托波洛镇附近有一个不平常的皮托波洛岩刻点，岩刻刻在突兀的石灰岩上，宽敞的岩面上布满岩刻，共有三百多个形象是经过认真琢刻过（图95~99）。其中有脑袋分叉的人形，画出生殖器的男人和女人，有的人物的头是一轮发光太阳，有的人物头部戴圆锥形饰物。此外，还有一些物体，如小圆穴、女阴、海龟和海龟的蛋、蛇、鸟、蜥蜴、动物足迹、船、带把手的长方形物件，以及难以用语言形容的其他图形。这块土地被当地居民认为是讲阿共金语部落的圣地。

96 《鹭鸶、人物、梭标》 加拿大安大略省皮托波洛大岩刻（图片来源：Klaus Wellmann）
　　具象与抽象形体集于一处，也不按物体比例大小描绘，这就是岩画的特点之一。

97 《太阳神与独木舟》 加拿大安大略省皮托波洛岩刻（图片来源：Klaus Wellmann）
　　这幅岩画表现人们幻想有一个理想的天国，并设想一条搭乘太阳神的舟船，可抵达天国。

98 《物件与器具》 加拿大安大略省皮托波洛岩刻

99 《太阳神》 加拿大安大略省皮托波洛岩刻

　　世界各地的岩画，将太阳颂扬为神者为数众多。表现的方式多样，但总是与人面、人体联系在一起。这位太阳神的表现最为直接了当，将太阳代替人头成为人体的一部分。太阳神体形高大，双臂叉腰，神情自若，周围的人身材矮小。

100 《水神》 加拿大安大略湖阿格瓦崖壁画

这幅岩画历经多年，向人们叙述着印第安人神秘旅行的故事。湖水曾阻隔了交通，人们乘独木舟在湖面上航行时，受到了黑豹和有脚大蛇的侵害。正当印第安人生命受到威胁时，多亏水神仗义相助，印第安人才得以化险为夷。水神直至现在仍受到当地印第安人的崇敬。

　　1973年，瓦斯特卡斯（Vastokas）发表过一篇关于安大略皮托波洛（Peterborough）的论文。他认为安大略皮托波洛岩刻所表现的动物主题正是岩画的守护神。它们又是物产丰富、人畜兴旺的象征。画面中出现的女性生殖器官、乌龟以及两性交媾的场面等。

　　论文的作者认为，岩画的全部内容体现的是萨满的教义，以及对自然力的崇拜与生殖能力的渴求。这里把岩画点视为女人的子宫，能够孕育生长出人们所企盼得到的一切。

　　岩刻中的独木舟里出现一位首领，头部围绕着四射的光芒，是太阳神的象征。由于气候寒冷或太阳少于光顾，描绘太阳舟的岩画从而成为北美的北极圈地区、西伯利亚和斯堪的纳维亚半岛的岩画中最为常见的重要题材。同时，它还承载着萨满教义的内涵，寓意人们可以乘着太阳舟自由地航行，以满足人类的梦想[①]。

　　加拿大安大略湖的阿格瓦一幅崖壁画，叙述着北美阿尔冈琴语系的印

① Campbell Grant, *The Rock Art of the North America Indians*（《北美印第安人之岩画》）. Cambridge（CUP）,1983.

第安人神秘的一次旅程。岩画用红色绘制在陡峭的岩壁上，湖水的波浪不停地冲刷着岩壁危及岩画。岩画估计约有2000年的历史，现在仍为当地的部落所崇敬。根据传说，人们乘独木舟泛舟湖上时，曾遇见过许多神灵。其中有地上的黑豹神和长脚的大蛇神，所以在画面上我们可以看到独木舟和蛇画在一起的岩画（图100）。

有一幅把印第安人狩猎用的梭镖图形与美洲野牛描绘在一起的岩画。这些武器又与加利福尼亚洛梭山脉地区的岩画中所描绘的颇为相似。这有点令人感到稀奇。当然稀奇的事也不仅这一个，还有在加拿大的不列颠哥伦比亚岩刻中发现鱼神的岩画，鱼神吐出长长的舌头，在呼吸，也在放射出巨大的能量。

2.海神和人面像岩画

在北部森林地带从事狩猎和采集的原始部落民族，他们结成小型群体进行活动。他们的宗教生活处于最简单的自然崇拜阶段，信奉万物有灵，比如水神或水怪，往往被表现为四只脚的怪兽，有角、背部长着锯齿形拖着一条长尾巴。特别是被印第安人称作玛玛威斯的恶魔形象，常常成为他们崖壁画表现的题材，据说恶魔就住在河岸悬崖的背后，有时会突然冲出来抢走印第安人的渔具。在岩画点，我们可以发现供奉的圣杖、服装和烟叶等，说明现在的一些印第安人对这种崖壁画仍存敬畏心理。

加拿大不列颠哥伦比亚省的诸岛屿有数百个岩画点，那些遗存有史前岩刻的大石头，有序地排列在面向大陆的海岸线上。岩画中有数不清的神秘动物形象，在不断地向人们叙述前哥伦布时代发生在格里拉岛传说的故事的一些情节。印第安人在岩石上充分展现出极富浪漫色彩的想象力，并乐于张扬他们那些迷人的传统文化魅力。令人感兴趣的是，这里岩画描绘的神话有的和西伯利亚的岩画所记载的有其相似的内涵（图101~111）。

在加拿大不列颠哥伦比亚省诸岛屿与环太平洋的一些地区画着或刻着海神的岩画，其中以加拿大的不列颠哥伦比亚省纳纳摩岩画点最多，甚至在民居的木刻的图腾柱上也能见到。它们是强悍有力的神灵代表，是人类的保护神。这在他们的神话和传说中也经常提起，在当地耳熟能详，从古传到今。

在太平洋沿岸的部落中，至今仍制作类似人面像样式的木制的面具，用于祭祀的仪式或文娱的表演。相似的面具也在中国北方和西伯利亚东部岩画中出现。加拿大不列颠哥伦比亚省人面像岩刻的年代，联系到考古出土陶器上的人面形的装饰，当属于距今7000到5000年前的新石器时代文化。

101　加拿大湖畔岩画点

岩画能够遗存至今的只是其中的一部分，这些幸存下来能够逃脱自然界与人类破坏厄运的岩画，大都保留在人迹罕至的地方。许多岩画点多与群山为伍，河湖为伴。

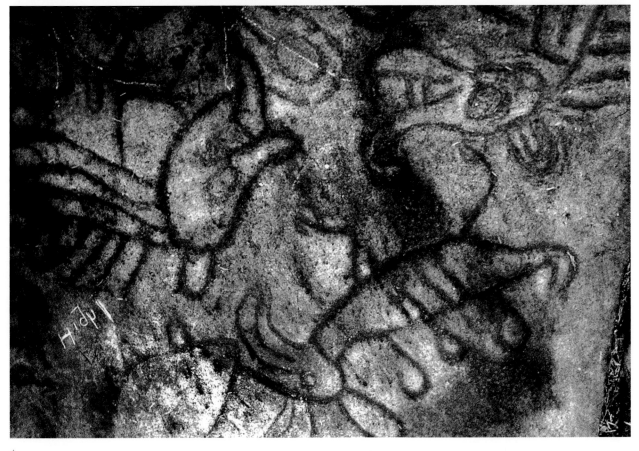

102 《神兽》 加拿大不列颠哥伦比亚省岩刻

　　岩刻表现了前哥伦布时代岛传说中的神兽。从造型上看，它更像是一只卧着的大鸟。令人费解的是画在这里的"神兽"形象，竟然出现在西伯利亚的岩画中。

103 《海怪》 加拿大不列颠哥伦比亚省纳纳摩岩画

104 《海怪闹海》 加拿大不列颠哥伦比亚省岩画（图片来源：B. & R. Hill）

　　海怪的造型与我国的龙图腾近似，集中了陆地与水中的动物特征于一身。虽然浮游于海中，口中还衔着鱼，但它们既有鳍，也有爪与蹄。多条海怪纠集在一起争斗不休，将沉寂的海底世界搅得喧嚣纷乱。

105 《鱼神》 加拿大不列颠哥伦比亚省岩画（图片来源：B. & R. Hill）

　　用粗重的线条勾勒出写实的鱼形。人也向往能够像鱼一样在水中自由地遨游。从鱼的嘴里吐出一条长舌头，标志着这条鱼的吞吐能量超群，被尊崇为鱼神是当之无愧的。鱼神上面出现了一个代表神灵的人面像，好像是鱼神的第二张面孔，显然有某种寓意。

106 《巨型海怪》 加拿大岩画

　　快速游动的几条海怪翻起浪花滚滚。它们都张开血盆大口吞食鱼类。岩画强调其凶猛强壮，象征以此为图腾的氏族也能够具备同样的性能。

107 《无轮廓人面像》 加拿大不列颠哥伦比亚省印第安人崖壁画（图片来源：Klaus Wellmann）

人面像岩画遍布于沿太平洋地区，加拿大的人面像多是无轮廓的。首先在阿蒂柯克岛发现，传播范围很广。根据当地爱斯基摩人的说法，创造这种作品的目的，是为了记录那些被杀死的猎物，也与猎鲸的祭祀仪式有关。

108 《无轮廓人面像》 加拿大皮托特莱湖岩画

岩画位于加拿大皮托特莱湖（Pitt Lake），同为无轮廓人面像，表情却不相同。前者平和，正举目凝远；后者双眉紧锁。

109 《人面像》 加拿大不列颠哥伦比亚省岩画

人面像与面具有密切的关系，与岩画人面像相似的面具有的用木材刻制，作为宗教仪式上表演之用，仅在几代人之前当地沿海的部落还在使用，延续着岩画艺术的传统。其作品除了兽面像外，就是多种神态的人面像。

110 《保护神》 加拿大不列颠哥伦比亚省岩画（图片来源：John Corner）

　　人生活在陆地上，鸟可以自由飞翔于天空。人们创造出将各自的长处结合起来的生物，作为本氏族的保护神。在神的保护下，氏族活动范围得以扩大，能量得以增强，从而可以获取更大的物质利益。

111　《躺着的人面像》　加拿大不列颠哥伦比亚省岩刻

　　它本该是刻在立于地面的条石上，似乎是人为搬倒。太平洋沿岸的人面像与祭仪或表演的木制面具类似。此类人面像岩画在中国北方和西伯利亚东部岩画中也能够找到。若与装饰在陶器上同类图形相比对的话，这种类型岩画制作的年代，推测当在距今7000年至5000年前。

有轮廓与无轮廓人面像岩画遍及环太平洋地区。在加拿大不列颠哥伦比亚印第安人红色崖壁画中，无轮廓人面像偏多些。其首先发现于阿蒂柯克岛，这种样式不仅传播范围宽广，也是该地区岩画一大特征。根据当地爱斯基摩人的说法，创作这种作品的目的，是为了狩猎巫术的需要和祭奠那些被杀死的猎物，这也验证了当地人相信被猎杀的动物也是有灵魂的，所以将之杀死后还要祭奠它们。万物有的灵的信仰仍然留存。这些岩画特别是与猎鲸之后的祭祀仪式有关[①]。

（四）美国岩画

古代的北美人创作了大量的岩画包括岩刻与岩绘，贯穿整个史前时期，有的还延续到历史时期。从整体来说，岩画的创作需要具备很多的因素，诸如地点、技术、材料，规格、题材、构图等等。同时，还要维系主题的一致性，也不管当时的人们是从事放牧或是采集，生活在何时，岩画作品都是他们世界观的体现。

格兰特（C. Grant）曾将北美的岩画划分为九个地区：①北极圈；②西北海岸；③哥伦比亚—弗拉塞；④大盆地；⑤加利福尼亚；⑥西南：⑦大平原；⑧东部森林；⑨北部森林。其中除了北方森林地区在加拿大境内之外，其余都与美国有关，所以说美国是拥有北美洲岩画最为丰富的地区[②]。

1.美国西北海岸岩画

从阿拉斯加东南部的亚塔特湾（Yakutat Bay）延伸到加利福尼亚西北部顶端的特立尼达，这块土地雨量充沛，森林茂密，河流纵横，海岛棋布。在这个世外桃源般的土地上，居住着八个部落。大自然给予他们艺术的天赋，用当地盛产的红杉树，从事雕刻，建造房屋，制作独木舟，建图腾柱，创作面具和生活器皿。就连红杉树的树皮，经过加工也能做成衣服。在他们自制的手工艺品上都无一例外地或雕或画，加以精心的装饰。装饰的图形经过从现实到幻化的过程，我们已很难辨出其原型为何物了。

大多数西北部的岩画与进入历史时期的装饰图案比较，显得粗糙简略。岩刻大都是制作在森林与沙滩的零星的巨石上，岩画只用单纯的红色涂绘。

人面像包括有轮廓和无轮廓两种，又因所处的地区不同而略有差别。西北部地区的人面像把刻划的重点放在眼部，仿佛锐利的目光可以穿透时代的阻隔，看到过去、今生与来世。

他们特别钟情于在岩画中描绘海上的哺乳动物及天空中飞翔的鸟类，充分展现酷爱自由的秉性。在鱼类中，他们选择大而凶猛的鲸鱼和形象别

① Corner, J. , 1968, *Pictographs in the Interior of British Columbia*（《不列颠哥伦比亚州内的岩刻》）. Way side Press,Lod., Vernon, B. C.

② Campbell Grant, *The Rock Art of the North American Indians*（《北美印第安人之岩画》）.Cambridge（CUP），1983.

112 **《托萨格拉拉头像》** 美国华盛顿州哥伦比亚河印第安人岩刻（图片来源：Jean Hills）
其为神话中的女统治者，系将人与动物形象组合在一起。两只熊耳在头顶竖立，眼睛套在三层椭圆形的圈子里与猫头鹰相似，鼻孔朝天，嘴为方形。

113 《猫头鹰与大角羊》 美国华盛顿州哥伦比亚河印第安人岩刻（图片来源：Howard Hughees）
图案化的猫头鹰展开双翅立于地面，与写实的羊和夸大数倍的蹄印交织在一起。

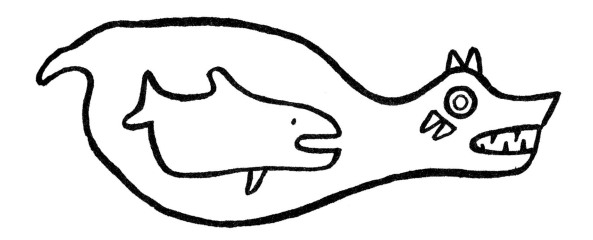

114 《野狼与海豚》 美国华盛顿州西北部岩画（图片来源：Meclure）
一头极其图案化了的狼，身体内套着一个小海豚，实际上是要表现二者紧密相随。人们可以注意到母狼那哭泣的眼睛，岩画中的这种表现方式是极为少见的，但却是西北部太平洋岸的一种因袭的风格。

致的比目鱼、鲑鱼，在技法上往往采取X光风格，把外貌与骨骼都画出来，与澳大利亚某些岩画相类似。超自然主义的动物形象也由他们创造出来，怪诞离奇，极富想象。完全抽象的图形由圆形、直线、曲线，以及螺旋形、同心圆、小圆穴等任意排列组合成为多种多样新颖别致的图案。

在岩画点摆放供品并不罕见，间接说明人们至今仍视岩画为圣物，岩画点为圣坛。而在举行祭祀活动时戴面具，以及岩画中X光风格的继续运用，都与萨满教的信仰有关，表达出对过去、今生和来世，以及祛病与再生的信念。逝世的人只剩下白骨一堆，在X光风格的岩画中，既表现外形又暴露骨骼，也就意味着死后能够复生。

许多人面像岩刻被当地的印第安人取了名字，并编进了他们的神话故事里去。有一个著名的例子，是一幅名叫托萨格拉拉（Tsagalalal）的人面像，她是一位神话中的女统治者。这幅作品琢刻于哥伦比亚河河岸的岩壁上。

位于美国华盛顿州哥伦比亚河岩画点有许多人面像岩刻，当地的印第安人视人面像为本氏族的成员。这个名叫托萨格拉拉的人面像，琢刻后还添加了颜色。据说，她是一位神话中的女统治者，因为被琢刻于哥伦比亚河达勒斯水坝附近的一块花岗岩上，所以长年居高临下监管着她的属民。又传她因多嘴多舌，喜欢搬弄是非，触犯了某条章法由她的上司库约特施法把她定格到岩石上。她的头上长出熊的耳朵，嘴唇上有枷锁，锁住她的嘴巴（图112）。

在北美西北部的岩刻，大都是先刻再涂颜色，并非仅以上这一个例子。在其他岩刻上也常发现残存的红色，足以说明许多北美西北部的岩刻传统的制作过程有与其他地区不同之处。现在看来没有颜色，是因为时间长了，风吹雨淋，颜色消退了[①]。

印第安人尊崇英雄武士，在他们制作的岩画中武士这一题材备受青睐。但是，在印第安人岩画中战争的题材却并不多见，大概因为原始部落民族相信交感巫术的灵验，惧怕互相厮打造成伤亡，战争的灾祸真的会降临到他们的头上。新墨西哥岩刻那种手执盾牌，牌上还刻有本氏族徽号，被称为"盾牌人物"的岩刻，在西部北美洲岩画中比较普遍，不过那只是表现战争的一种象征，仅仅表现防御的一个方面。最为重要的是，那些极尽装饰美化之能事，而又精致刻划的此类武士的形象，如其说是反映战争，毋宁说是炫耀武士的魁伟。其内涵表明对战争胜利的期待与对参战者英雄般的颂扬。

不同民族对同一种动物或禽鸟，譬如猫头鹰与大角羊，会有不同的寓意（图113、114）。中国对猫头鹰就有许多的不公正的说法。俚语："猫头鹰进宅无事不来。"意思有不祥的兆头。其实猫头鹰是益鸟捕捉害虫。在美国华盛顿州哥伦比亚河印第安人刻了一幅美轮美奂、展翅欲飞的猫头鹰，在它的身边还配有类似女阴符号与成双成对的大角羊。

2. 美国大盆地岩画

美国大盆地（Great Basin）所处的地理环境主要是沙漠地带，其他就是高地上有着矮松和杜松的森林。大盆地的范围包括加利福尼亚、犹他、尼华达等州的一部分或大部分。

大约10000年前，当最后的冰河时期结束的时候，雨水曾在盆地里汇成许多湖泊，有的还很大，所以，当时的盆地水草丰茂，树木葱郁。在湖岸上生活着一小群、一小群的印第安人，他们以渔猎为生。当时在这个地区还有现已灭绝的骆驼，以及土生的马群、大角羊、羚羊和鹿，这些都是印第安人进行狩猎的对象。

当土地开始干旱，印第安人的生活方式也逐渐发生变化。他们的文化样式也从湖沼文化变为沙漠文化，是一种以简单的狩猎和采集为基础的文化。他们最具特色的手艺就是编织和磨制石器。居住是不固定的，根据季节的变化或穴居，或在岩厦栖身。

大盆地的岩画大部分出现于农耕文化之前，抽象风格的岩刻是北美洲岩画中最为古老的，也是最为普遍的艺术传统。由于地理和气候条件的差异，大盆地的岩画分成多个特定的区域，但岩刻并未受到时间和地域的影

[①] Cain, H. T., 1950, *Petroglyphs of Central Washington*（《华盛顿州中部的岩刻》）. University of Washington Press, Seattle.

115　《大角羊》 美国加利福尼亚州大盆地岩刻（图片来源：David Whitley）

大角羊琢刻在格索（Coso）山脉的大峡谷。大山羊的姿态经过图案化处理，优雅温顺。制作方法是先刻出躯体的外轮廓，然后在轮廓内凿出密集的麻点。它们朝右侧奔跑，有一只低飞的鹰混迹其间。

响，岩画图形的差别不大，基本上是一致的[①]。

　　大盆地也是美国岩画最早进行科学研究和分类的地区之一。作为一种远古时代的文化遗产，它曾引起许多考古学家们的注意。因此，这一地区的抽象的几何形体的岩刻，不受时空的限制，已经成为分析其他地区岩画与之相对应的坐标。

　　至于谈到大盆地岩画艺术的特点，那些散漫的平行线和圆圈是用单一的红色画出来的。有的学者指出，那些线条与圆圈是指引人们成功狩猎与迁徙的路线示意图。我们据此有理由推断，岩画与岩画点是举行有关活动的典礼仪式的场所。岩画关系着人们进行狩猎与迁徙的吉凶祸福。岩画反映狩猎巫术的理念的不少，但作为标志性的图例却不多。这种对北美洲岩画的解析，数十年来深刻地影响着北美洲岩画的研究工作（图115~120）。

① Solveig Turpin, *Archaic North America*（《古代北美》）, David S. Whitley, *Handbook of Rock Art Research*（《岩画研究手册》）, Altamira Press, 2001.

116 《奔跑的大角羊》 美国加利福尼亚州大盆地岩刻（图片来源：David Whitley）
　　这个羊群性情格外敦厚顺从，把它们赶到牧场上，只要掌握好头羊，牧人便可以高声吟唱或和衣而卧，沐浴在和煦的阳光下。不过，一旦羊群中闯入一只狼，即使上百头羊，也会吓得逃跑，那奔跑的声音像轰鸣的风。

117 《抽象符号》 美国加利福尼亚州大盆地岩刻（图片来源：John Cawley）
　　精致的岩刻具有大盆地的抽象风格。刻划抽象的几何图形、脚印及人物和动物的各种活动的岩画，发现在加利福尼亚东部皮肖甫（Bishop）附近的地方。

118 《山谷保护神》 美国加利福尼亚州小岩刻峡谷岩刻（图片来源：Gampbell Grant）
　　这些戴华丽头饰的大型人物屹立于崖壁，职责似乎不仅是保护印第安人，还要兼顾守护着这个小峡谷内数以千计的岩刻。这些神人同形像发现于格索（Coso）山脉的一个名叫小岩刻峡谷的岩画点，表现的可能是萨满的形象。

119 《武士》 美国新墨西哥州岩画（图片来源：Campbell Grant）

在印第安人岩画中，直接反映战争题材较少，基于他们信仰的交感巫术，惧怕描绘战争，认为如若描绘了就会自食其果。他们往往间接地描绘，即歌颂被称为"盾牌人物"的武士，这也是北美洲西部岩画中普遍的题材。

120 《持盾牌的武士》 美国新墨西哥州岩画（图片来源：J. Clottes）

这位强悍的武士一手持装饰华丽而硕大的盾牌，遮住身躯，另一只手持拔出鞘的刀，似正在执行氏族守护领地的使命。

大盆地的岩画除了上述的抽象图形之外，也常常见到具象的岩画，主要是表现动物中的大山羊。它们往往是成群地出现。在格索（Coso）山区的岩壁上有多达数千只大山羊群体的图形，至使学者认为岩画与原始宗教活动有关，诸如动物崇拜、狩猎巫术、祭祀圣地等等。据传，大角山羊与雨水有关，它负载着气候偶像的美誉。一旦天旱少雨，萨满要到格索刻有数万只大角山羊的岩画点，举行求雨的仪式。在狩猎需要时也要到岩画点搞活动，大山羊是神灵的助手，能够协助萨满获取神力，最大限度地发挥出交感巫术的作用。

大盆地的岩画中最具浪漫色彩的，要属神人同形像的岩画名气最大。他们被精心装饰过，周身布满用线条组成的多种图案，其中有方形、三角形、圆形，不一而足，就连头部的五官也由图案代替。有的人头上长出野兽的角，有的头如同太阳般放射出光芒，有的头部饰物繁多，耳朵上带着耳环。即使抛开巫术的内涵，仅从装饰艺术的角度观赏这些多种样式的神人同形像，也极为赏心悦目。

大盆地岩画的断代是一个不小的难题，即使迟至今天，许多答案还是带有推理性质的。相对的年代可以根据岩石的色泽变化的程度，或图形的叠压覆盖层次的多少推断出年代。学者们曾经提出，从岩画的风格、描绘的对象来看，大盆地岩画的年代是非常古老的。在内华达（Nevada）一个岩厦里的文化堆积层经过碳十四测试，断代为公元前1000年到公元1500年。那些抽象的凹槽和小圆穴的年代要早于具象图形，可以达到公元前3000年。大约在公元1000年，由于干旱少雨，生活难以为继，世代居住在格索山区的印第安部落无可奈何地开始放弃祖先的领地，向北向东转移。转移的原因也是多方面的，譬如人口的增加、大角山羊的减少、过度的放牧与开垦、土地沙化及白人的侵入等。后来，这个地区被称为"死亡之谷"，只有极少数的印第安人仍旧固守在此地。

3.美国大平原岩画

大平原（Great Plains）是北美洲的心脏，这片广阔的大平原，北部与加拿大接壤，西部有岩石嶙峋的山脉，东部与落叶乔木林区毗连。数千年来，不同的族群和来自不同地区、不同文化背景的人们，在这块大平原上来来去去，进进出出，繁衍生息，过着自给自足的生活。我们从岩画中也可窥见一二。早期岩画，从狩猎野牛场面之激烈，到大批野牛被驱赶至悬崖，濒临绝境之险恶，足见狩猎者的强悍。中期岩画出现了马匹。自18世纪马匹引入大平原，人口也随之迁入，往日人与自然的平衡逐渐被破坏了。从岩画上反映出大型动物逐渐地减少了，人类居住的帐篷日益增多了，甚至

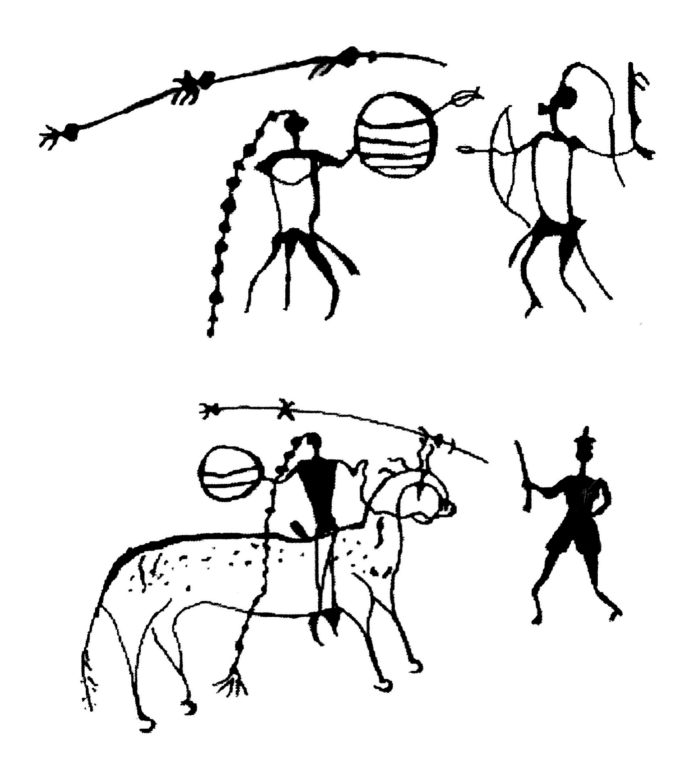

121 《太平原上的骑者》 美国德克萨斯州德维尔河岩画
　　岩画描绘德维尔（Devils）河上印第安人的传说。表现个人的勇敢和自我强化是美国大平原印第安人岩画艺术的主题，特别是骑在马上的时候，更显出威风凛凛的样子。

122 《马和骑者》 美国阿尔贡印第安人岩画（图片来源：Conway）

　　这幅岩画表现了阿尔贡（Algonkian）印第安人的传说，其特别之处在于，萨满变成一个虱子出现在马和骑者之前。

123 《神话故事》 美国新墨西哥州岩刻（图片来源：E. Anati）

　　岩刻描绘一个古代的神话故事。用符号标明的神灵，被描绘在画面下部左侧，他正送别祖先上路。祖先在画幅上方，手握牛角，腿旁有自己的代表符号，代表符号是柯柯皮里（Kukupeli），一位美国大平原地区的正面的神话神灵。他正在吹芦管，可能是在叙说故事。

124 *《神灵崇拜》* 美国大平原丁俄德岩画（图片来源：David Cebhard）
岩画位于丁俄德（Dinwoody）维德（Wind）河岸。作品中拟人化的鸟与兽，被塑造成为异乎寻常的样子，特别是穿戴用线条组合成的美丽服饰。它们是印第安人心仪的神灵，经过神话故事传播，再辅以绘画形象置于岩石上，天长地久就成为崇拜的偶像。

人类饲养的狗、马拉的车辆、语言符号也在岩画中出现了。后期，适宜于平原生存的动物都灭绝了，岩画也就停止制作了。

平原文化在此地持续了二百年，平原文化是建立在狩猎、放牧、饲养牲畜的基础之上，野牛与驯鹿的皮毛与肉，提供给大平原的居民大部分生活的需要。除食其肉外，兽毛可以捻线制毡，兽皮可以制衣做靴、缝制箭袋、自制盾牌和生活器皿等等。他们也创作岩画，制作祭器。中期的印第安居民，创造了在各种气候条件下都住得舒服且安装与拆卸又很方便的活动式的尖顶帐篷。

大平原的许多艺术来源于北方，由于人口的迁徙而传播开来。同时，各部落之间的相互影响也是一个因素。他们的首饰使用几何形体的样式和一种坚硬的材料，羽毛也是他们喜爱的装饰品。裙子长袍和帐篷上的图案与图画，反映出与史前和历史时期的岩刻与岩绘具有同样的文化价值（图121~124）。

最早的岩画风格是一种琢凿的岩刻，创作者是距离现代十分遥远的古人，可能是现在居民的祖先。岩画的风格因地区的不同而有所区别，在阿尔伯塔（Alberta）和蒙诺纳（Montana）的岩刻和岩绘中，都有许多经过装饰的盾牌和手持盾牌的武士。在蒙塔纳一地的九十个岩画点中，手持盾牌的武士就有三十二个。这一现象虽然也在其他地方发现过，但却从来没有像大平原的中部和北部那么突出。这种岩画典型的样式是人物的躯干部分，用装饰纹样丰富的圆形盾牌所遮掩，手持的武器无论是一支矛或是一根棍棒，都被画成从左肩或右肩上伸出来。其他携带武器的武士，躯干部分有的呈长方形，或附加一些斑点。

岩画还表现战斗场面，以及来福枪、圆锥形的帐篷、熊和熊掌的印迹、野牛、鸟、女阴和蛇。岩刻是最为普遍的，它们凿刻在松软的水成岩巨石上。在岩厦处则有神人同形像的崖壁画，颜料有红、白、黑三种。另外，还有一些动物，是用手指画的，很粗糙。

大平原印第安人岩画集中表现狩猎和战争两个方面的题材，岩画点也常常出现平行的线条，可能是记录杀死野牛或捕获马匹数量的符号。

带有斑点的人物形象，是用来记录传染病天花的流行。这种病在 19 世纪时曾是毁灭性的，生活在大平原某些部落因染此病而消亡。

那些周身都布满装饰线条的人像，可能是表示萨满或超自然的神灵像[1]。

4.美国西南部岩画

这里所说的美国西南部包括犹他州的东部、科罗拉多州（Colorado）的西部、亚利桑那州的全部，以及新墨西哥州的大部分和其他周边各州的一部分。在这个区域内，拥有河流、森林、雪峰与沙漠等多样的自然环境，以及丰富多彩的史前文化遗产（图125~147）。1980 年，斯恰斯玛（Schaafsma）曾把美国西南部这个地区的岩画风格分成二十六种类型[2]。

亚利桑那州东部有一幅由普洛印第安人创作的雷电岩画，同样的图案在他们自制的篮子、陶器和毛毯上也可以见到。原始民族面对自然界的风雨雷电的巨大威力，既无法遏制又十分恐惧，但在生活中又无法避开。他们在无可奈何的心绪下，只能顺从它们，祈求它们，甚至颂扬它们，把它们的图形呈现在岩画上，装饰在日常用品上，刺绣在衣服上，一味讨好，多方谄媚。

美国亚利桑那州图巴城附近的巨石上有一幅特殊的岩刻，可以辨认出多达二十七个具象与抽象的符号，诸如熊、云朵、玉米、兔子、花草、蛇形、箭镞等。这些符号代表着不同的氏族，是氏族的标志和徽号。

印第安人的神话故事多是以口头文学的形式流传于民间，其中也有一部分内容出现在崖壁画中，或是他们的日常用品与服装上。

① Campbell Grant, *The Rock Art of the North American Indians*（《北美印第安人之岩画》）. Cambridge（CUP），1983.

② Schaafsma, P. ,1980, *Rock Art of the Southwest*（《美国西南地区岩画》）. School of American Research, Santa Fe, and University of New Mexico Press, Albuquerque.

125 《鱼》 美国新墨西哥州岩画

　　鱼在水中游动，水的波纹被图案化了。

126 《雷电图形》 美国亚利桑那州那东部岩画

　　此图与澳大利亚阿纳姆地岩画《雷电兄弟》题材相同，但表现形式迥异。后者把威力强大的自然现象拟人化，但普洛印第安人将雷电现象图案化了，旁边还画了一位祈祷形的人物。类似的图案在他们使用的篮子、陶器和毛毯上也可以找到。

127 《繁复而重叠的图形》 美国亚利桑那州东部岩刻

　　3000 年来这里是西南部美州印第安人的家园。这幅岩刻所描绘的是普洛印第安人生活物品、动物手印及抽象图形等等，约为公元 800 年的作品。

128 《骑马图》 美国亚利桑那州崖壁画（图片来源：Alain Briot）

　　这幅《骑马图》位于一处岩厦下。岩画的制作年代可以从马匹被引入美洲的时间推算出来，最迟到 16 世纪。

129 《氏族符号》 美国亚利桑那州岩刻

　　在图巴城附近的巨石上，有许多氏族符号，人们可以辨认出二十七个氏族符号，诸如熊、云朵、玉米、兔子等等。

130 《同一方向排列的手印》 美国亚利桑州岩画（图片来源：Alain Briot）

　　岩画位于美国西南部亚利桑那州的一个深山峡谷的岩厦下，有众多的手印朝同一方向密密麻麻地覆盖了整块岩壁。这块岩壁无疑是美洲土著民族聚会祭祀的圣地。

131 《散落多样图形》 美国亚利桑那州岩刻（图片来源：J. Clottes）

　　这是形象繁多、内容庞杂的一组岩刻，其中有蛇、长着翅膀的人物、一只长出两个羊头的羊。

132 《野猫》 美国亚利桑那州岩画

　　岩画塑造的野猫头部转向前方表情滑稽，尾巴拉长向上弯曲，与身体平行，四只爪子夸张得比头还大。

133 《同心圆图案》 美国亚利桑那州岩画

134 《树木之神》 美国德克萨斯州岩画（图片来源：David Gebhard）

这是一幅巨大的红色岩画，表现一位树木之神正在接受人们的祈祷。岩画中表现植物题材并不多见，将树木尊崇为神的更少。这幅树神岩画可能是古老神话传说的图解。这幅岩画已有1000多年的历史。

135 《**萨满升天**》　美国德克萨斯州岩画（图片来源：M. Rowe）
　　用单纯的白色画成的萨满，正在炫耀其法术。周围的人离开地面腾飞起来，陷入灵魂暂时与躯壳分离的状态，翱翔于超现实的空间。

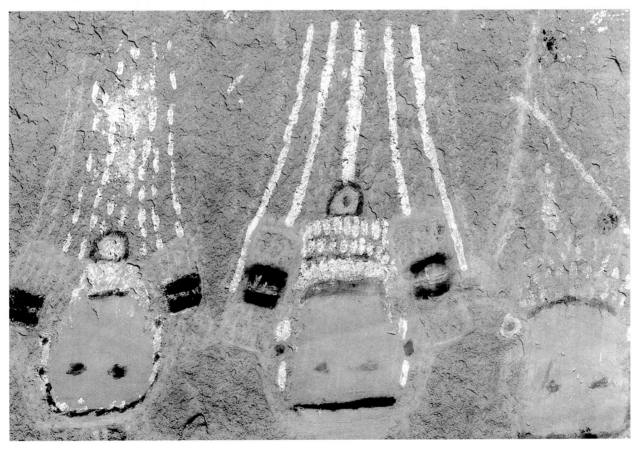

136 美国犹他州南部岩画点
     位于中央犹他州的南部，夕阳残照下，形似城堡的山丘金光灿烂。

137 《雨神》 美国犹他州岩画（图片来源：Alain Briot）
     这幅岩画保存在美国犹他州国家公园内。画中姊妹们至今已有七百多岁了。当地土著之所以创作这样一幅崖壁画，目的是求雨，
     为此她们衣服的样式都摹仿雨水，使用竖直的线条画出，祈盼雨神能将雨水降临到这片干旱的土地。

138 《三国王》 美国犹他州岩画（图片来源：Don Martin）
     这些典型的弗里蒙特的形象，为先雕刻再涂色，现在仍有一些赤铁矿的颜料留存在上面。右侧的形象是采用浮雕的手法制作的。

139 《神人同形像》 美国犹他州东南部岩画

这些神人同形像高达2米，大约是公元700年至1200年早期的作品，只表现正面的躯干，有的连胳膊都没有。他们成队成群地站在一起。后期的神人同形像才有表现侧面的形式。

140 《圣像》 美国犹他州崖壁画（图片来源：J. Clottes）

由于放牧的牛群食草范围逐渐扩大，竟到达有崖壁画的地方，牛吃饱了用岩壁蹭痒痒，造成岩画的下部被磨损了。幸存下来的成排的圣像位于岩壁的上部，大约制作于数世纪之前。崖壁画除遭受牛的侵害外，也受到不少人为的破坏，如射击岩面留下的子弹痕迹。

141 《猎首者》 美国犹他州岩画

猎首这一野蛮的行径，一直伴随着人类，从史前到现代的原始民族。在世界范围内的岩画中，我们经常可以见到，胜利者手持敌首炫耀胜利。

142 《人物与动物、植物、工具杂陈的画面》 美国犹他州岩刻（图片来源：Alain Briot）

这一系列令人叹为观止的岩刻，距今已有1500多年了。岩刻刻制在砂岩的黑色岩面上，其中有吹奏芦管的乐师、头戴新月形头盔的武士、男欢女爱的交媾场面，以及手脚巨大的特殊人物。更具刺激性的场面还有带角动物被长矛刺中、被惊扰的蛇反咬人类等等。

① Schaafsma, P., 1975, *Rock Art in New Mexico*（《新墨西哥州岩画》）. University of New Mexico Press, Albuquerque.

② Schaafsma, P., 1971, *The Rock Art of Utah*（《犹他州岩画》）. Peabody Museum of Archaeology and Ethnology, Harvard University.

美国新墨西哥州岩刻①向人们讲述了一个情意缠绵的古代神话故事。故事中，神灵总是不可或缺的重要角色，并往往起主导作用。这幅岩画中的神灵在送别氏族祖先上路，临行前还要嘱咐再三。情节围绕着本氏族保护神这一主题展开。

岩画中被尊崇的对象除神灵、祖先之外就是国王了。在弗里蒙特的岩画中，典型的国王形象盛装出场时一般都有陪侍，姿态越呆板越显示出国王仪态的庄重。图形是先雕刻再涂上彩色，现在仍有一些赤铁矿的颜料残留在上面。右侧的形象是采用浮雕的手法制作的。

这些画在犹他州东南部神人同形像有的高达2米，大约是公元700年至1200年的作品②。这种风格独特的神人同形像广泛地分布在四个边远的地区，即犹他州南部和亚利桑那州东北部。这种风格属于早期神人同形的图像，为正面的身体，有的连胳膊都没有。后来发展成有许多形式，有的只

143 《巫师》 美国犹他州崖壁画（图片来源：Alain Briot）

    岩画中的蛇和鸟往往被认为是富有力量的精灵，尽管它们一个能爬行钻入地下，一个能飞上天空，是截然不同领域的神灵。巫师施法后使人与天地相通。这幅岩画就是将巫师的作用形象化了，巫师头部插着鸟的羽毛，手中舞动着蛇，即意味着他已经将天地沟通起来了。

144 《构图》 美国犹他州岩刻（图片来源：Don Fartin）

　　这是一块能够满足种种愿望的风水宝地，所以人们持续地在这块岩石上制作岩画，经年累月地画，反复地积累，逐渐形成这么一幅庞杂密集、具体与抽象混合、人物与动物、脚印与符号相间的画面。

145 《猫头鹰》 美国犹他州岩刻

　　猫头鹰在不同的民族的心目中占有截然不同的地位。我国俗语称"夜猫子进宅无事不来"，认为看见猫头鹰，是个不祥的兆头。可美洲印第安人不仅歌颂它，还将其奉为神灵，祈求它的保护。

146 《幽灵之谷》 美国犹他州岩画

　　这些呆板直立的神灵像，除最前面的大型神像表现出面庞、眼睛与胡须外，其余都是剪影式的。

147 《人鸟同形像》 美国犹他州塞伯（Seyber）山谷岩刻（图片来源：J. Clottes）

人与鸟结合，头冠上镶嵌鸟形，饰以鸟羽，手与脚都以鸟爪代替。人类盼望超越陆地的局限，能够像鸟一样自由飞翔。在复活节岛有鸟人雕刻，但造型上各有千秋。不同地区的先民们都把鸟奉为图腾。飞鸟普遍联系着萨满升天，升天的力量又因为头上插着羽毛而增强了。

用颜色涂绘，有的只有轮廓线勾勒，有的装饰着圆点或线条的纹样，有的还戴项链，或长有犄角，或戴羽翼头饰。这些神人同形像只有躯体，没有胳膊，或没有双腿，或没有头部，或用长矛刺穿身体，成群结队地站立在一起。后期的神人同形像表现出更多的动势，也有侧面的。女性形象很少见，男女之间的区别从发饰和生殖器两方面可以辨认。

这是位于美国得克萨斯巨幅的红色岩画，约2.5米，表现一位树木之神。它反映人们"万物有灵"的信念。氏族成员坚信世界万物皆有灵性，万物不仅有物质的形体，还有隐藏在形体之内的魂灵。即使人的肉体消亡了，人的灵魂还在，树木也同样。灵魂是非物质的，它游离于人世间，当人们处于常态下，既看不到，也摸不着，可它又无处不在。树木往往是要被人砍伐使用的，但人们在砍伐之前必须先向树神请罪，砍伐之后还要再举行祭祀活动安慰树木的灵魂。

树神的形象一般是以人的身体躯干作为树神的躯干，手臂为树枝，再披挂上枝条嫩叶，加上复杂的线条。岩画中表现植物题材并不多见，表现树木的更加少见，而把树木尊崇为神更是少之又少。岩画中的树神可能是古老神话传说的图解。这幅树神被画在岩石上，大约距今有1000多年。

5. 加利福尼亚岩画

直到18世纪80年代，当北美开始殖民地化的时候，美国加利福尼亚还是一个被狩猎和采集的人群所占领的地方，其中有一些人延续着他们传统的生活方式，一直到19世纪的中叶。正如全世界的狩猎者和采集者那样，他们也积极地创作岩画。这些岩画，其中大多数是涂绘的崖壁画，是印第安人世代相传的优秀的文化遗产，同时也是民族学上的重要文献。在许多方面，这些数量巨大的岩画，使加利福尼亚成为世界上研究岩画的一个理想的地区。

加利福尼亚的历史文物保护机构，在1988年编纂的材料里，就已著录了1823个岩画的遗址。崖壁画在一些地方是很普遍的，而那些不大普遍的小圆穴，或称杯状穴，却有着重要的意义。它们在岩石表面上形成浅浅的凹穴，有时排列成行，有时则是可以辨认的图案。

对于加利福尼亚岩画，研究者们花了很多气力来进行分类。有的学者考虑使用文化或历史的风格来进行分类，但是在学者之间还没有得到一致的意见，而且对如何使用分类学的概念也还需要商榷。目前，一般是根据地区来划分的（图148~153）。

比如，沿着加利福尼亚东北部边界地区，大多数涂绘的崖壁画集中在露天的崖壁上和岩厦里。其往往是以多种颜色涂绘而成，主要以带角的或

148 美国加利福尼亚州大岩刻峡谷岩画点

　　大峡谷由玄武岩的巨石组成，谷间有一条小溪流过。峡谷中有上千幅岩刻遗存，断断续续，绵延可达 5 公里。

149 《人物、动物和图案等多次覆盖的图样》　美国加利福尼亚州大岩刻峡谷岩刻

　　这里曾是文化交流的十字路口，多次覆盖的图形证明了这里有相当长的历史，作品的年代可上溯到 2000 年前。

150 《神人同形像》　美国加利福尼亚州大岩刻峡谷岩刻

　　这里的神人同形像十分俏丽，头饰形如日月，光射四方，衣着华丽，可能是讲肖肖尼语的印第安人绘制的萨满。

151 《保护神》 美国加利福尼亚州大岩刻峡谷岩刻
　　这个令人过目难忘的人物，站立在格索山脉的两个洼地的连接处，高度约 1.5 米。

152 《女性人像》 美国加利福尼亚州大岩刻峡谷岩刻
　　表现女性的形象在美国岩画中较为少见。这个人物约有 1 米高，描绘出女性殖器，应与生殖巫术有关。

153 《女阴图》 美国加利福尼亚州岩刻（图片来源：J. Clottes）

女阴符号是生殖崇拜的象征，能极大地满足人们对于人丁兴旺、子嗣繁衍的愿望。

曲线的符号为特色。同时，对人物的题材也有所表现。

在南部塞拉尼瓦达的南端和洛杉矶北部沿海岸线的山脉处也发现了大量的崖壁画，其中包括北美岩画中非常特殊的作品。崖壁画制作在从山体上滚落下来的巨石上或岩厦里，并经常发现在发掘出人类居住的遗址附近。崖壁画以多彩涂绘，有具象的图形，也有抽象的几何图形。

洛杉矶南部和延伸到墨西哥的巴雅·加利福尼亚的北部，是一个多种岩画艺术的交汇点。这里既有几何形与普通的几何符号岩刻，也有精密细致构成迷宫般的图样，更多的是人物和动物的装饰画。

加利福尼亚大岩刻峡谷岩画点由玄武岩的巨石组成，一条溪流从中流过，峡谷内有成千幅岩刻，绵延约5公里。这里曾是文化交流的十字路口，岩画相互多次覆盖过说明这里有相当长的文化史，有的作品的年代可上溯到2000年前。其中神人同形像十分动人，可能是讲肖肖尼语的印第安人的萨满，或是猎人们的伪装。最使人难忘的是站立在格索山脉的两个洼地的连接处的讲肖肖尼语印第安人的形象。女性形象在美国岩画中是较少见的，这个形象的高度约1.5米，描绘出完整的女性生殖器。这些巨大的讲肖肖尼语印第安人的形象，似乎在守护着这个峡谷，与这里的数千幅岩刻共存、共荣。

6. 柯玛斯印第安人岩画

人们曾将加利福尼亚的印第安人岩画划分为四种风格，唯有柯玛斯（Chumazh）印第安人岩画处理同样的题材内容却有不同的表现形式，大有另辟蹊径、独树一帜的新鲜感。我们认为它不仅仅在北美洲岩画中出众，在世界岩画中也别具风采（图154~158）。

这种岩画艺术风格的特点是以其极富想象力的构思，创造出与众不同的既抽象又荒诞离奇的神人同形像与变形奇特的动物形态。特别是靠近海岸线一些地方的岩画作品，用单线勾勒且涂以浓烈色彩。岩画最为突出的主题是同心圆和圆形周围附加多种锯齿形，艺术处理手法是采用颜色的对比。另一种艺术处理手法是突破人物与动物结合的神人同形的框架，加入水中生物的形象创造出新的形象。其看起来既像鱼又像动物，背上有一条鳍。多种水陆物种杂陈，在其岩画中组合成一体。到了内陆地区，作者将昆虫类的形象也增加进来，大大丰富了形象的形式美感，也增强了形象怪诞离奇的多样性。在艺术手法的使用上也有许多创新，图形上增施一些用复线勾勒的精致的轮廓，与图案结合，使形象格外鲜活、生动。有这样一个例子，艺术家运用强烈对比色的二十六条色带——红、黑、白、黄、蓝、绿色线重复勾勒轮廓，使那些简单的基本主题变得繁缛厚实而又耐人寻味。

154　《动物与盾牌图案》　美国加利福尼亚州印第安人岩画
　　集人物、动物及盾牌式的图案于一块石面上，动物写实，人物概括，盾牌式的物体更像是含义复杂的符号。

155　《美丽的图案》　美国加利福尼亚州印第安人岩画（图片来源：Campbell Grant）
　　古代的人们对不同颜色的使用，仿佛受到某些观念的支配，不同的颜料含义不同。美国加里福尼亚州的皮勒托·克里克（Pleito Creek）岩厦下的这幅岩画，使用了黄、红、白和绿等多种颜色，特别是绿色，在其他地方的岩画中极少使用。现在还不知道这些颜色使用的意义，所以此画的内容至今仍然是个谜。

156　《对称的图案》　美国加利福尼亚州印第安人岩画（图片来源：Campbell Grant）
　　画在柯玛斯印第安人举行宗教活动的洞窟中，据说是由萨满在迷幻药的作用下，用红、黄、黑等色彩绘制出来的。具象和抽象的图形组合赏心悦目。

157 《多彩且繁缛的图案》 美国加利福尼亚州印第安人岩画（图片来源：Campbell Grant）

将一些爬行动物使用夸张、变形、整合等手法，创作出多彩繁缛的图案。这幅岩画本应该受到刻意地保护，但却遭到野蛮的枪击，现已经残缺不全且伤痕累累。

158 《盾牌式的图案及其他》 美国加利福尼亚州大岩刻峡谷岩刻
几何形的图案在这个地区成为主要的题材，属于古老的时代。它们实际的意义和确切的文化关系至今仍未被破解。

根据最新的研究，这些图形的创作并非仅仅体现的是作者个人的才华，往往又与萨满施法有关。当岩画的创作者——萨满在施法前服用了迷幻药物之后，就会产生幻觉，出现思维混乱无序，所视的物体便开始变态、变色。彼时彼地、所思所想、所见所闻留在萨满的记忆中，出现这种奇异怪诞的岩画也就是顺理成章的事了。

与美洲别处的印第安人一样，柯玛斯部落的人们信仰个人灵魂拯救者的存在。他们认为没有灵魂拯救者的帮助，人就会一事无成。因此，每个人都在寻找自己的灵魂拯救者，也就是保护神。萨满可以帮助人们在各种梦境中寻求到灵魂的拯救者。

寻找拯救者的方法有多种，但最常见的是服用一种能引起人们麻醉的植物制剂，服后就能够看到死去人的灵魂，甚至还能与灵魂对话。他们还可以目睹梦寐以求的超自然的造物主，能够找到遗失或被窃的物品，见到时空倒置的物象，接触到停滞不前的动力，以及浓缩变态的奇形怪状，会把相距遥远的地方和不相关的事件联系起来，使现在与未来能够同时并存等等。获得这些幻觉形象的人们，也会与萨满一样，将它们搬上柯玛斯印第安崖壁画[①]。

对印第安人来说，梦境和幻觉有着重大的意义。它也是男孩们举行成年礼仪式的一部分，先给男孩们服用一种迷幻药，再将他们放逐到森林中去，等他们精神陷入梦境的幻觉状态时，才有可能寻找到属于他们自己的灵魂守护神。

印第安人创作岩画时，会服用幻觉剂类的药物，最近这引起有关方面学者们的注意，并已经开始进行研究。他们描绘的图形与精神恍惚时所产生的印象是极其相似的。除此之外，在德克萨斯州的下佩斯河地区，也有人提出印第安人的岩画是在精神恍惚状态下完成的事例。

在一个并非居民居住的洞窟里，据说是萨满在迷幻药的影响下，在窟内用红、黄、黑等色彩画了许多图案，所画的内容有各种具象和抽象的图形。洞窟是一个宗教圣地，柯玛斯印第安人在此举行宗教活动。一些几何形的图案在这个地区占主要地位。据说，这些岩画属于古老的时代，但它们实际的意义和确切的文化关系仍未被人所知[②]。

三　拉丁美洲地区岩画

拉丁美洲（Latin America）指美国以南的美洲地区，包括墨西哥、中美洲、西印度群岛和南美洲。早在殖民者入侵前，印第安人已在当地创造了相当高度的精神文明和物质文明。15世纪末以后，其沦为西班牙、葡萄牙和英、法、荷等国的殖民地，大多数国家通用源于拉丁语的西班牙语、葡萄牙语和法语，故被称为拉丁美洲[③]。

这里所说的拉丁美洲包括中美洲和南美洲两个部分。最近的资料显示，人们对于拉丁美洲岩画的兴趣在20世纪末有明显的增长，提出了许多新的观点。然而，对此地区繁荣的史前文化的研究，还没有重大的突破。

研究兴趣增长的标志是许多新岩画点的发现和深入的田野考察。在墨西哥，已登记的岩画点数量近几年来有成倍的增长，在拉丁美洲的其他国家也有相似的情况，几乎到处都有岩画发现，有的地方甚至成为考古发现的主要内容。

人们一方面相信还有许多岩画点正在等待发现，另一方面，已知的岩画点的记录工作正在进行，但是现在记录下来的岩画还是不完备的。这种情况造成了比较分析的困难，甚至即使只在一个地区范围内的比较分析，

① Whitley, D. S. , 2000, *The Art of the Shamans: Rock Art of Calrfornia*（《萨满艺术：加利福尼亚的岩画》）. Salt Lake City: University of Utah Press.

② Grant, C. , 1965, *The Rock Paintings of the Chumash, A Study of California Indian Culture*（《科玛斯崖壁画——加利福尼亚印第安人文化之研究》）. University of California Press, Berkeley and Los Angeles.

③《中国大百科全书·世界地理》，中国大百科全书出版社，第341页。

也是不够成熟的。

　　另一个问题是关于史前文化的框架。拉丁美洲的考古学是以中央美洲的（Mesoamerican）高度发展的文明为中心，通常的模式是以国家的边境为界，这样就把这个地区分成三个部分。一是以中央美洲为中心，墨西哥的南部以及相连的部分。二是北部的外围，包括墨西哥北部一直到美国的边境。三是南部的外围包括其他的中美洲的一些国家。这个普遍使用的框架与岩画研究有关，因为每个不同文化的地区，常常归因于环境的因素，这种因素同时影响岩画的流行、分类和存在。然而，在岩画研究中，中心与外围的模式并不总是适用的，应该将中美洲或南美洲作为一个地理学上的整体来考虑。

　　最重要新的报告是巴雅·加利福尼亚崖壁画上碳元素的直接断代，结果是距今5290年。这至少可以确定中美洲的某些作品年代是古老的。在古代，在一个相当大的区域内，文化是相似的。考古学家们常常把中美洲视作北美与南美之间的一个走廊，如果早期和晚期的岩画在某一个遗址并存，学者们会用北美和南美两种模式同时去认识它们的关系。

　　在岩画研究中，不应受到当代政治边界的局限，因为边界只是近代的划分。例如，北部墨西哥的岩画是美国西南部岩画的延续。虽然如此，我们现在要去分析和认识这种连续性并不容易，因为存在着现代语言上的障碍，而且考古学团体分别隶属于不同的国家。同样，在拉丁美洲岩画研究中常常用到"中央美洲的影响力"这个术语，但这种观点起码与现在墨西哥南部的边界无关，甚至超出中美洲国家的界限。国家的边界限制了考古项目的制订，从学术的观点看这种情况是不正常的，甚至会歪曲了对问题的研究[①]。

（一）墨西哥岩画

　　在这块神奇的土地上，早在公元前2世纪就曾创建了光辉灿烂的文化。灿烂文化的创造者是通过白令海峡到达此地的印第安人。他们以惊人的艺术天赋、豪迈的气魄，在卡伐木达雕塑高3.35米、重28吨的石雕头像，在科潘遗址八十级台阶上放置英雄巨人的雕像。他们还雕刻了高达12米的石碑。在墨西哥南部一座古老山麓泉水边发现了巨型木雕半身人像，身上涂有红黑两色。这些艺术传统在洞窟的崖壁画中，有一脉相承的痕迹，都具有追求大型与红黑兼施的艺术特色。

　　"圣地"的说法是根据对玛雅地区民族学的研究得出的。中美洲南部那些装饰华丽的洞窟，是代替圣山作为玛雅人进行祭祀活动的地方。某些有着玛雅风格的崖壁画，表现了复杂的场面，显示祭祀活动曾在这里进行。

① David S. Whitley, *Handbook of Rock Art Research*（《岩画研究手册　》）. Altamira Press, New York, 2001.

同时，雕刻的铭文也可以使我们确定它们的制作年代。有些洞窟也是埋葬死人的墓地。有的学者曾指出，这与墨西哥的古印第安奥尔麦克人（Olmec）的洞窟岩画传统有关，遗憾的是有关的详情现在还未研究清楚，有的玛雅的洞窟艺术已遭到了毁坏。

早在公元9世纪，由于城邦之间争战频仍，加之自然灾害，导致人口锐减。玛雅遗址渐渐湮没于森林蔓草之间，被遗忘了近千年之久。

自从西班牙人用武力征服了玛雅，迟至18世纪末才有人开始对其进行发掘，20世纪后期发掘才完成。印第安人建造的那些宽大、厚重、高耸、庄严、肃穆的神庙，敦实冷峻的石碑、石柱、石棺，以及既有装饰风格又受到严格限制的沉郁凝重的雕刻、绘画和表情狞厉的面具等，才逐渐为人们所知晓，美术史也因此增添了夺目光辉的新的一页。

墨西哥不仅拥有辉煌的玛雅文明，也有丰富的史前岩画。

1. 墨西哥东北部岩画

墨西哥东北部发现的岩画遗址，数量最多的是在内陆沙漠的边缘。这里裸露的石灰岩山脊提供了适宜绘画和雕刻的环境。这一地区已发现一百多处岩画。这些岩画为这一地区的史前文明提供了研究依据。

除了为数不多的历史时期的雕刻以外，墨西哥东北部的岩画基本上是由史前的狩猎采集者完成的。他们以小规模的流动群体模式生活。所有这些群体到19世纪早期都因被同化或消灭而不复存在。就像其他的狩猎采集者一样，他们所留下的考古遗迹通常是朴实的，而且不引人注目。这些遗迹主要是一些古老的火坑，以及一些尖头投掷武器和其他的一些人工制品。从这里可以看出，他们当初的居住地和作坊。这些遗迹与岩画共同勾勒出所在地方的史前面貌。

所有的岩画都有两个内在的参照框架，即空间（岩画的地点）和时间（岩画的年代）。可直到最近，对墨西哥东北部的岩画仍然无法进行年代断定。在一些岩画遗址，叠加现象非常普遍。相关的年代测定还证实了不同的岩画风格断断续续产生于同一地区。

墨西哥东北部的岩画说明，最古老的传说与观天象者的说法一致。他们标志出明显的地形与上方天空的关系。在博卡岩画点，这种传统在该地区的岩画中占很大的比例，它们的分布建立了该地区的空间范围。岩石断层表明，有一些岩画的年代肯定是相当古老的，而且是该地区最古老的居民凿刻而成的。

观天象者们的全部图形局限于常常称为是抽象的几何图形，也许用"模棱两可"这个词来形容更恰当。许多圆圈图案可能代表着太阳或月亮。它

159 《图案与人物》 墨西哥卡沃尔卡岩刻
在墨西哥卡沃尔卡岩画点发现了五千个以上的岩刻，这些岩刻的图形可以粗略地分为具象和抽象的几何图形两种，而且往往把具象图形和抽象图形组合在一起构成画面。

们和凹点的形状都很常见，还有一些曲折的线似乎代表着东部起伏的山脉的轮廓。

该地区最显著的特点是六千余幅岩画都是面朝东方地平线，尽管山峰的背面有大量的岩石很适宜制作岩画。当我们将这些岩画看成是更大且更复杂的时空标志系统时，就要对这种喜好作出解释。从岩画刻划的地点看，博卡的东部地平线有1020公里在锯齿形山脊的东部。那些岩画曲折的轮廓记录了太阳一年的周期变化，相当准确。在大约距峡谷口5米处，几乎所有的岩画都是圆圈。从上面看，山峰本身增加了一个近处的地平线，太阳在昼夜平分时从峡谷口升起。

160 《植物图案与人》 墨西哥卡沃尔卡岩刻

161 《双人与羊》 墨西哥卡沃尔卡岩刻

162 《三羊与图案》 墨西哥卡沃尔卡岩刻
　　两头母羊都怀孕了，肚子鼓涨下垂，特别是最前面的一只，肚子为三角形，附加许多麻点。

163 《对称的图案》 墨西哥卡沃尔卡岩刻

164 **《巫师》** **墨西哥奇瓦瓦岩画（图片来源：Campbell Grant）**

岩画位于墨西哥奇瓦瓦（Chihuahua）的谢拉（Sierra Kilo），用红色绘制。画中巫师头饰鹿角与簪插，身躯伟岸，神态迷茫。

稍微晚一些的岩画则更直接地记录了狩猎活动，表明一种不同的景象。那些生动的图像是描写性的。另外，还有岩画展示了白尾鹿的特殊的鹿角、鹿（有时是熊）的足迹，以及标枪、尖石头、带柄的利刃和相关的其他动物图案。这些岩画通常是清晰可见的浮雕风格，并且是大规模的，需要雕刻很长时间才能完成。这些作品叠置在观天象者早期岩刻上，显示出它们的年代相对较近。在这些岩画中，狩猎的武器是梭镖投掷器，器物为我们提供了另外一种断代的依据。这种狩猎工具的使用是早于约公元500年时引入的弓箭。

根据梭镖的有效射程（3060米）及与其他武器不同的操作特点，只有当我们在梭镖岩画发现的地点模拟当时狩猎的情形时，才可以重现使用梭镖狩猎的场景。实验显示，梭镖岩画必然出现在某一个岩画点中。那些身带梭镖的猎人能以多种方式最大限度地占据发挥其优势的位置，一般集中在投射的目标地区，例如泉边、河道及一些自然的关口。在那里利用有利地形，才能够成功地捕获猎物。

无论它们刻制于哪个年代，岩画遗址的空间关系与岩画呈现的场景非常一致。鸟瞰周围，它们基本上是沿着山脊悬崖被发现的，一般不是刻在最容易接近的岩石上，而是在半空中，并且集中在受到岩厦保护的崖壁的凹陷处和隐蔽的角落[1]。

卡沃尔卡（Caborca）岩画点位于墨西哥卡沃尔卡（Caborca）的西面10公里处，那里有两座小山，名叫策洛斯（Cerros La Proveedora）和卡勒拉（Calera）。岩画点发现了五千个以上的岩刻，本书发表的照片是在1981年至1983年之间拍摄的（图159~164）。这些岩刻的图形可以粗略地分为具象和抽象的几何图形两种。具象的图形包括人物和动物，动物图形有龟、蜥蜴、鸟和其他四足动物的图形。而那些抽象的几何图形则要复杂得多，包括天文的记号、迷宫和各种几何学的符号及其他各种复杂的符号构成。

2.巴雅·加利福尼亚半岛岩画

墨西哥的巴雅·加利福尼亚是一个遥远的半岛。从地理上说，它远离于现代世界文明的发展之外，但令人惊讶的是又发现了拉丁美洲最精彩的崖壁画。早在18世纪中叶，这些部分继承玛雅文化传统的岩画，开始引起耶稣会传教士们的注意。他们也曾向当地的土著民族（现已绝迹的卡乞米人）探询过，而其断然否定了与岩画之间有任何渊源关系。

巴雅·加利福尼亚半岛像一座原始的艺术画廊，这里保存着不同时期、不同风格的岩画，总数约有二百处。在半岛中部的崇山峻岭间，悄无声息地静立着一幅幅宏伟壮观的人物和动物的崖壁画。多少世纪以来，这批年

[1] 乌姆·布里恩·莫里《墨西哥东北部岩画概述》，《2000年宁夏国际岩画研讨会文集》，宁夏人民出版社，2001年，第431~435页。

代不详且不知出自哪一族印第安人手笔的崖壁画，一直受到峡谷与岩洞的保护，并得以存留至今。

17、18世纪，在巴雅·加利福尼亚地区沙漠的中心峡谷，人们发现了大量彩绘的巨大的神人同形像和动物的形象。这一发现在当时并未引起重视。后来，在许多洞窟中和岩阴崖壁处，又接连发现了大量的彩绘的崖壁画，主要是由直线组成的抽象的图形。此外，还有骑马的人、牛、鹿、鸟和一些弓箭手。最令人感兴趣的主题是只有图案化了的身体，而没有四肢的神人同形像。许多这样的形象占据着洞窟的整面崖壁，犹如悬挂着的一块大壁毯，具有很强的装饰效果（图165~170）。

动物的身上也往往有表示箭的白色线条穿过。箭也和某些人物形象联系在一起，在这种情况下，箭从人物身上穿过。崖壁画中所描绘的动物和人物都在一起，而且画得很精致。动物主要是那些狩猎的对象，也就是可供原始部落民族衣食之资的鹿、山羊、兔子、海龟和鱼等等。

这些崖壁画显然与狩猎的巫术有关，其目的是为了人们能够获得难以控制的这些自然界的动物，特别是那些被当成食物的动物，显然是具有明显的象征意义和交感巫术的因素。

被称为"画家族"所制作的这些雄伟岩画，只出现在四座山脉毗邻的地区，其中以圣弗朗西斯哥一地的岩画最为出色。此地的圣帕布罗河谷一带就留有许多杰作。每当来自太平洋的薄雾升腾笼罩半岛，海天一片迷茫，隐约可见远方现已休止的火山群峰变成了大海中飘浮的孤岛。往日从火山口喷射出来的有色岩浆石块，为绘制崖壁画所使用的红、黑、黄、白等多种矿物质颜料提供了来源。

圣帕布罗河谷有一处被附近居民称之为"画洞"的地方，有一幅长150米、高10米的巨大崖壁画横陈其间，生动描绘了人们举行宗教仪式的情景。画中人物多数有真人大小，甚或更高大些。无论男女都一律面朝前方，高举双臂。周围有鹿、兔、大角洛矶山羊陪衬左右，还有一种鸟类，既似展翅欲飞，又像是抖干翅膀上的水分，扇动双翼使整个画面增加了动感，也营造出喧闹热烈的气氛。

美洲的岩画和其他有些地区的岩画相似，绘制了许多的图形又互相先后重叠，这里面总有其特殊的立意。这样的岩画自然非一时一次完成，也可能由于作画的地点让他们感觉到有某种灵验，所以才一而再、再而三地在一处反复地绘制岩画。而墨西哥巴雅·加利福尼亚岩画最上层的画面常常是笔调无力，似乎是随意涂抹而成。令人感叹的是，大概由于受到外族侵略，正处在艰难的岁月，使其原有文化衰败，影响到岩画艺术创作也日渐凋零了[①]。

当16世纪西班牙人开始定居在巴雅·加利福尼亚的时候，他们认为当

① Crosby, H. , 1998, *The Cave Paintings of Baja California* (《巴雅·加利福尼亚的洞窟崖壁画》). Sunbelt Publications, EI Cajon, CA.

165　墨西哥巴雅·加利福尼亚岩画点（图片来源：J. Clottes）

　　巴雅·加利福尼亚洞窟有墨西哥最著名的岩画。其特点是以大型人物为主，亦有动物和禽鸟穿插其间。画面中还有大鹏展翅的
形象。作品色调多使用红黑两色。

166 《雄鹿与祈祷神像重叠》 墨西哥巴雅·加利福尼亚崖壁画（图片来源：R. Vinas）
　　墨西哥此类超大型的祈祷岩画造型独特之处在于用红黑二色拼接整个身体，风格沉郁、凝重。

167 《祈祷人》 墨西哥巴雅·加利福尼亚崖壁画（图片来源：Campbell Grant）
这幅岩画大约完成于距今 4000 年至 2000 年前之间。岩画中的祈祷人身高约 2 米。

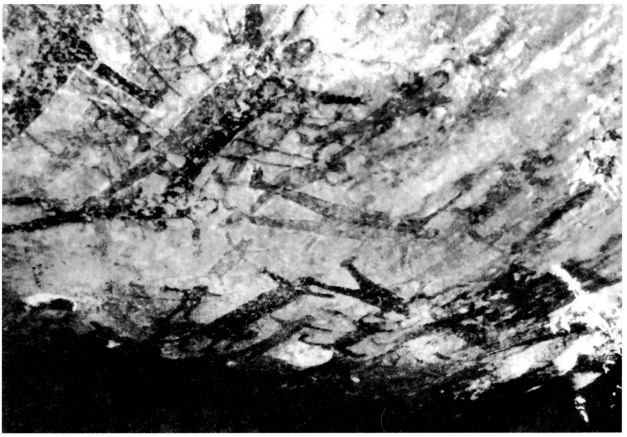

168 《巨大与渺小》 墨西哥巴雅·加利福尼亚崖壁画

　　洞中巨石横空，祈祷者擎手向天，居高临下。参观者恍如突然闯入童话故事中的巨人国，蓦然举首，愧觉自身渺小。

169 《诸神》 墨西哥巴雅·加利福尼亚崖壁画

　　高大的诸神，纵横无序，杂陈于岩壁。由于绘制的年代不同，叠压层次过多，有的清晰，有的模糊。画面上万箭穿空，更增强了动荡的气氛。

170 《两只大鸟》 墨西哥巴雅·加利福尼亚崖壁画（图片来源：J. Clottes）

　　一对展开欲飞的大鸟，双翅羽毛稀疏，像是刚从水中挣扎而出，其中一只似尚在鸣叫。

地的印第安人是世界上最单纯、最原始的人群。在这个半岛的中心部位有着巨大的崖壁画遗存，数以百计的被称为"大壁画"风格的岩画，散布于洞窟里、岩阴处，用红、黑、白和其他颜色构成长达30米的一个"艺术画廊"。许多作品与实物大小相仿，题材有鹿、山羊、人等。当那些入侵的西班牙人首次发现这些动人的画廊时，一度曾认为是某个比较先进的现已灭绝的古代原始部落民族的作品。因为他们无论如何也无法把这些大型艺术品和当地"野蛮"的印第安人联系在一起。

对巴雅·加利福尼亚崖壁画的科学研究，开始于近代。虽然西班牙的传教士们在18世纪就已发现了这些崖壁画，但并没有对其进行过任何记录和介绍，只是在某些岩画点画上基督教的十字架，以抵制他们一无所知的崖壁画所宣示的内容。

最早对巴雅·加利福尼亚崖壁画进行研究的是法国的探险家里昂·笛尼特，他在1895年和1899年出版了巴雅·加利福尼亚一些岩画点的图形，并进行了一般性的文字描述。在20世纪中叶又有了一些新报告发表。有关巴雅·加利福尼亚崖壁画的彩色图片最早是发表在两部墨西哥的出版物中。

十年之后，美国的神秘主义作家嘎特纳准备以巴雅·加利福尼亚为题材，写出系列游记和冒险小说。他乘坐直升机，沿着陡峭的峡谷内部飞行，从飞机的窗口观察那些巨大的、最为精致的崖画点。嘎特纳的照片是对一些岩画点的首次著录。这些照片发表在1962年的美国《生活》杂志中，也发表在嘎特纳出版的有关巴雅·加利福尼亚的游记作品中。

到20世纪70年代，对巴雅·加利福尼亚崖壁画的研究兴趣又重新燃起。这时出版了一些杰出的、带有插图的著作，其中有着大幅的彩色画页。

"大壁画"风格几乎完全是自然主义的作品，表现的是自然界存在着的物象。只有少数几何图形，主要是棋盘图样，这种风格仅局限于巴雅·加利福尼亚半岛的中心部分。如今已经有数十个岩画点广为人知了，新的岩画点也不断地被发现出来。

崖壁画以赭色为主，并有黄、红、绿、白、黑，共计六种颜色。作品的主题是各种动物图形，有的像犰狳，有的像马，还有骆驼科的动物。人物的活动有狩猎和围猎等。这是美洲大陆最为古老的崖壁画之一。有的学者认为，当冰河时期，陆续经白令海峡从东北亚来的印第安人，于公元前9000年左右，从阿拉斯加到智利逐步扩展，各地发现的艺术品从一个侧面反映了这一情况。

这些墨西哥的巴雅·加利福尼亚山区的岩画，大约完成于距今4000年至2000年前之间，具有鲜明地域特色。它们所描绘的被称之为祈祷人的岩画，身体约有2米高，其中一两个祈祷人的头部是用红色绘成，而从身体开始就分成红黑各半两种颜色，但又不是穿着由两色拼成的衣服。只能解释为绘身，一半涂红，另一半涂黑，或出于巫术。人物的动作是一致的双臂平伸上举，五指张开，戴头饰，饰品多用兽角和植物制成。画面场景中的人物正在祈祷，叠压在人物后边的是一头用红色画成的侧身张嘴鸣叫的鹿。这样的形象在周围地区也有发现，其中有一处还在旁边画了两条很长的蛇，可能是在用岩画形式表现某一个神话故事。更有可能高大身材的祈祷者是巫师，正在施行巫术或在仪式上绘声绘色地讲述传统故事[1]。

墨西哥巴雅·加利福尼亚岩画点已被列入世界遗产名录。

（二）阿根廷岩画

狩猎民绘制的崖壁画，在圣·莱蒙特·诺纳德发现很多距今10000年至5000年前的作品。例如，在玛特固连索（巴西）有10000年前的作品，在巴塔格尼亚（阿根廷）有距今9000年至7000年前的作品，在米纳斯各拉耶斯（巴西）有距今8000年前的作品等。

人们对阿根廷岩画的关注约始于19世纪末叶。在19世纪70年代第一次出版有关阿根廷西北部的岩画著作。从那以后，岩画研究成为科学考察的一部分，特别是考古学的一部分。

在20世纪上半叶，考古学的书目中有许多著作包含有岩画的内容，有的甚至是主要的内容。参加岩画考察工作的有国内的团体，也有国外的团体，那些内容丰富的调查报告在今天也是有价值的。到了20世纪的后半叶，整理和分析的工作往往采用考古学的方法论。1988年出版的书目中涉及超过1500个岩画点，几乎覆盖了整个国家。从以上简要叙述中可以看到，岩画研究已在阿根廷取得丰硕的成果。

阿根廷的岩画主要分布在西北地区，帕帕（Pampa）地区和巴塔格尼亚（Patagonia）地区：① 西北地区引起岩画研究者的注意是在19世纪末叶。这里有大量的地区性的风格序列，岩画可以追溯到全新世的早期。那些非具象的岩绘属于猎人和采集者的作品，印卡洞窟（Inca Cueva）崖壁画经碳十四年代测试，得到的年代是在距今10600年至9200年前。这个地区岩画序列结束于西班牙的入侵，即16世纪。② 巴塔格尼亚地区有70万平方公里，还不包括那些没有发现岩画的岛屿。各种各样的自然环境形成这个美洲大陆南部数百个岩画点。③ 帕帕地区位于巴塔格尼亚的北部，出现一种不同风格的岩画，特点是简单的几何图形，虽然在19世纪就有这些岩画点的报道，但并没有引起足够的重视[2]。

① Crosby, Harry W. , 1997, *The Cave Paintings of Baja California: Discovering the Great Muralsofan Unknow People*（《巴雅·加利福尼亚洞窟崖壁画：一个未知民族崖壁画的发现》）. San Diego: Sunbelt Publications.

② Maria Mercedes Pod esta, *South America: Yesterday and Today in Argentina's Rock Art*（《南美洲：阿根廷岩画的昨天与今天》）. Rock Art Studies News of the World Ⅰ（《世界岩画研究信息》Ⅰ）, pp.225~227.

171 **阿根廷洛斯 · 玛诺斯岩画点**

今日的荒原曾是岩画作者美丽的家园。他们世代繁衍生息于此，热爱自己的家园，全心全意将其心中的所爱、所思、所想，以岩画形式刻划在山崖上。

172 《手印、动物与曲线》 阿根廷巴塔格尼亚洞窟崖壁画（图片来源：G. C. Ligabue）

空心和实心的红色手印，上面则是红色的曲线，中间有一行用黑色画成的动物。作品有着多次的重叠，最早属于早期狩猎者。有三个层次可以看得出来，早期的手印、动物足迹，其次是曲线，后来是用黑色描绘的动物，那是安第斯山中的驼马，这种动物在南美的岩画中最为常见。

1.巴塔格尼亚的手印

巴塔格尼亚（Patagonia）延伸到科罗拉多河之南，覆盖的面积约有70万平方公里，还不包括那些没有发现岩画的岛屿。处于不同的自然环境里的数百个岩画点，在欧洲殖民者到达之前，那些驼马的狩猎者，在10000年之前就居住在这里。最早提及巴塔格尼亚岩画是在1879年，20世纪的30年代至40年代对巴塔格尼亚大量的岩画点进行了研究，这时岩画中的手印引起研究者的严重关切，并认为应属于驼马狩猎者的年代。洛斯·玛诺斯洞窟（Cueva de las Manos）经碳十四测试为距今9300年前。

洛斯·玛诺斯洞窟位于悬崖正面的中心，俯瞰着青翠的峡谷，大约9000年来，这里一直为人们所拜访、所利用（图171）。从干旱的高原到达岩画所在的洞窟并不容易，要在陡峭的岩壁缝隙中穿越到峡谷。洞窟中可

173 《同心圆与动物》 阿根廷洛斯·玛诺斯崖壁画（图片来源：J. Schobinger & C. J. Gradin）
这是一幅岩画的局部，整个画面有红色手印伴随着三个同心圆，中间是一个红色动物，上面则是黑色动物，这些动物都是产于南美安第斯山脉的驼马。红色的图形比上面用自然主义风格的黑色动物绘制的时间要早一些。

174 《刽子手》 阿根廷拉托尼塔崖壁画（图片来源：N.de La Fuente）

　　这位面目狰狞的刽子手，头戴华丽的头饰，一手握着掷矛和鱼叉，一手提着战利品——首级，耀武扬威。在作品里，我们可以看到玛雅文化的渊源。

能曾有过数千个手印，这些手印在祭祀的典礼中，发挥何种作用，我们现在已无法说清楚了。现在保留下来的约有830个手印，以及许多动物的图形，包括当地的骆马、人物和几何图形符号。洛斯·玛诺斯洞窟1999年被列入世界遗产名录[2]。

　　阿根廷巴塔格尼亚的岩画中表现手印的题材很多，也是阿根廷特色最鲜明的岩画。白色、红色、黑色等颜色的手印大量集中在一起，阴阳两种手印混杂，也不乏覆盖和相互叠印的现象。世界范围内有众多的手印岩画，阿根廷的手印岩画，由于色彩丰富，手印集中，手形多样，形成完整的构图，因此著称于世，我们在考古、岩画书刊中常见到它们，制作年代为距今11000年至9500年之间（图172、173）。

① Clottes, J. , *World Rock Art* 《世界岩画》. Los Angeles: The Getty Conservation Institute, 2002，p.69.

175 《神人同形像》 阿根廷岩刻（图片来源：J. Schobinger & C. J. Gradin）
清晰的神人同形像岩刻高悬在半山腰，神人俯看着的如今的山体已颓然坍塌，滚落下的碎石层层堆积。此地已寸草不生，人畜的生存难以为继，只能远走他乡了。

176 《群羊满山坡》 阿根廷圣胡安省岩刻（图片来源：J. Schobinger & C. J. Gradin）
绿水绕青山，牛满圈，羊满坡。人们陶醉在自给自足的田园牧歌式的生活中。

177 《牧畜兴旺》阿根廷卡塔玛卡岩刻（图片来源：D. Rolandi）
羊群中有的母羊身边尾随着羊羔，有的寸步不离，有的则蹦蹦跳跳在大羊间穿梭嬉戏。

178 《牧场》 阿根廷印卡岩画（图片来源：J. Schobinger & C. J. Gradin）
  画面里的畜圈只是示意性的，从这里可以看出饲养者与牲畜的密切接触。牲畜以南美洲的驼羊为主。

179 《盛装群舞》 阿根廷勃兰卡斯岩刻
  这是一幅变形舞蹈图，舞蹈者头饰华丽，美不胜收。有的形如羽扇，有的形如王冠，有的形如华盖状，花样繁多。其手臂动感
  十足。

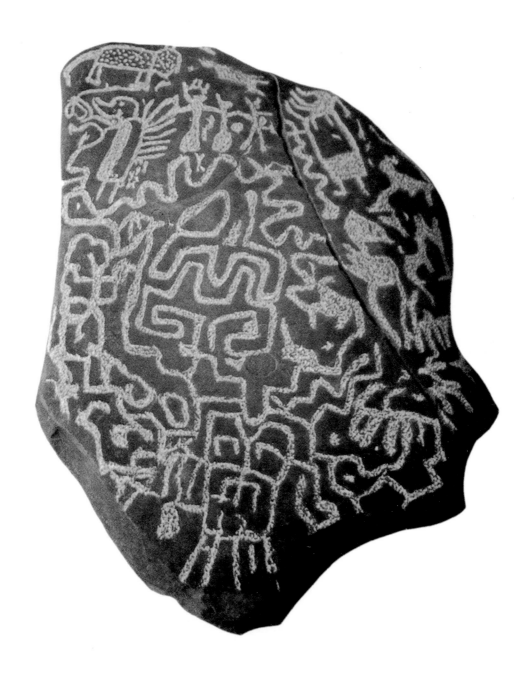

180　《美丽的图案》 阿根廷岩刻（图片来源：J. Schobinger & C. J. Gradin）

　　岩刻现存圣胡安大学考古博物馆。这幅图案仅就形式而言，显然是经过精心构思，应是萨满在迷幻中所视物象的再现。我们在其中尚能找到部分具象的物体，在岩刻的下部据说有一个戴面具的头像。

181　《仪式中的男人与女人》 阿根廷卡塔玛卡岩画（图片来源：W. Weiser）

　　阿根廷卡塔玛卡（Catamarca）西部岩画。当人们准备出席某项仪式时，都要精心打扮一番。男士的强悍有武器陪衬和盾牌装饰。女士则长裙拖地，仪态万方。

182　《动物神》 阿根廷托尼塔岩画（图片来源：W. Weiser）

　　猴子的动态，人类的脸庞。猴子在山林间可以攀爬跳跃，人类则拥有智慧，集二者之长，结为一体，尊称为神。

183　《舞姿绰约》 阿根廷托塔尼岩画（图片来源：N. Fuente）

　　巨大华彩的头饰，对称置于头部的两侧，短裙随风摇摆，双手上下挥舞。

我们也可以从岩画的叠压情况，大致判断出岩画绘制的次序。有一幅红色手印伴随着三个同心圆，中间是一个红色动物，这些圆形比上面用自然主义风格画成的黑色动物在时间上要晚些。黑色动物可能是产于南美安第斯山的驼马。

所有这些红色和黑色的形象都覆盖在早期浅红色的图形上面，早期图形承受自然的风雨侵蚀，颜色逐渐消减，从红色退化成浅红色，但图形主要是众多动物，还是可以辨认出来的。早期的手印和符号有些可能表示工具，晚期表现的动物主要是野牛和马（图174~183）。

2.手印及断指

阿根廷洛斯·玛诺斯洞窟的手印数千年来聚集在相同的地方，新的手印一次又一次地覆盖在旧的手印上，说明这些手印有着特殊的典礼意义或祭祀功能。

手印岩画遍及全世界，从旧石器时代欧洲洞窟壁画，到近代澳洲原始部落的岩画，都可以发现这一题材。

手印岩画几乎遍及整个澳大利亚，延续的时间也很长。澳大利亚有的学者认为它们可能是一种签名的形式，表示作者与特定地点的一种关系，或者到达某个特别的地方。大多数手印没有确切的断代，然而一种三个中指的手印是和澳大利亚的阿纳姆地最古老的岩画有联系的。澳大利亚昆士兰州北部岩画中手印也很普遍，有的还可以分辨出性别和年龄。

在欧洲旧石器时代洞窟崖壁画中有红色和黑色的手印，印在洞壁上。在美洲，同样也发现了许多手印岩画，这里我们介绍阿根廷的几幅手印岩画，岩壁上密密麻麻的手印，层次之多，数量之大，着实令人吃惊。

在中国的南方，仅云南的沧源和耿马两处岩画点中，就发现阴型与阳型两种手印。在北方，宁夏贺兰口岩画的手印刻得很写实，内蒙古阴山一个岩画点发现的宽阔的手印，凿刻的风格与宁夏贺兰口的相似。

阳型的手印是用颜色均匀地涂在手部，然后用力打印到岩壁上，某些保存得很好的手印，显示出拇指稍微有些倾斜，可以观察到数千年前人类的手指甲的影子。阴型的手印，颜色是吹上去的，把手放在岩壁上，将颜色用嘴或利用空心骨管吹上去，当把手移开，一只阴型的空心的手印则留存在岩壁上了。这种巧妙的技术揭示出两方面的创新，即喷雾枪作画和镂花模板。有的手印反复排成一行，重复是艺术的一种形式，作品标示水平和排列的意念，也呈现出形象之间的节奏，并孕育装饰的观念。

手印的意义是一个更为敏感的问题。手有巫术活动与祭祀仪式上的价值是毋庸置疑的。手印的意义有许多解释，达数十种之多，有的认为是驱邪的手势，另一些例子被解释为占有的符号，有的被认为是对神圣的手的歌颂，有的则被看成人物的签到等等。当它们被画在、刻在动物图形之上或旁边的时候，往往表示对这些动物的占有。例如，在中国新疆库鲁克岩刻中，有一只手盖住了动物的一部分。在西班牙卡勒勒斯洞窟也有两匹马，周围有五个黑色的阴型（空心）的手印。这些手印比起马的形象来年代是比较晚的。

云南耿马大岩房崖画画面显要位置上有三只大手印，一只手在上，是用左手蘸上赭石颜料印在岩石上的。下面左右各一只，左侧的一只是空心的，右侧的是实心的，也是蘸着颜料印上去的。在三只手印的中间是一幅围猎图，后面的一个猎人手执弓弩，前面一个猎人举手驱赶，中间是一头狂奔的野牛。这手印与围猎的关系是清楚的，作者意在借助模拟巫术的力量，以震慑凶猛的野牛。

另外，还有一件事也令学者们颇费思索，这就是许多岩画里的手印出现断指的现象。

在法国海底洞窟科斯凯崖壁画中，看到过断指的手印。西班牙的加加斯和第比拉两个洞窟，据统计，有两百多个手印，有男人、女人，也有孩子的。有的重复了好几次，而且许多手印是被切除了手指的，有切除一个、两个、三个的，有切除一节手指，也有切除两节手指的。这种断指的严酷和多样性，使一些学者把这种现象归因于疾病，特别是脉管的紊乱症。这种疾病的特点是侵袭四指指尖的骨头，而拇指部分则不会受到影响。这种疾病既侵袭大人，也侵袭小孩。当时洞窟里寒冷而潮湿，长期缺乏食物和维生素，使这种疾病迅猛地蔓延，或许这就是加加斯洞窟有许多断指手印的原因。

在中国新疆的库鲁克和昆仑山两处岩画点都有手印。库鲁克岩刻中的手印，手指都很短，当是表现残缺的手，但那里并没有寒冷而潮湿的洞窟。库鲁克有些手印只有四个、甚至三个手指，但是我们还不能明确，它们是否仅仅为了表现伤残的手。

有的学者认为三个手指或四个手指的手印只是表现一种手势，只有符号的意义。在欧洲旧石器时代崖壁画中，有的断指也是另有原因的，它是切除小拇指上两节指骨，并显示出清晰的直接砍掉的痕迹，看起来可以认为是仪式上需要的牺牲。

从民族学的资料看，新几内亚高地的原始民族部落，家中若有人死亡，家属中的妇女就要砍下一个手指，以示哀悼之意。砍手指时，先将石斧置于手指之上，由男孩高举木棍用力捶打。因此，家中死亡的人愈多，妇女的手指也就愈少。这个资料也只能是备此一说，很难说这种不良的民俗对于解释断指岩画，到底有无普遍意义。

（三）巴西岩画

经过19世纪，到20世纪20年代，巴西的岩画一直被认为是一种当地土著文字的初期形式，但从未进行过系统的研究。这种情况直到20世纪的后半叶才开始有所改观。

20世纪60年代，巴西南部的第一个岩刻复制品开始出现。20世纪70年代，法国—巴西联合考察团开始系统调查和分析了米纳斯·格拉斯（Minas Gerais）和帕乌（Piaui）的岩画。他们还记录了许多巴西中部和东北部其他岩画点的崖壁画。这次考察中的许多成果由巴黎人类学学院以小丛书的形式出版了。20世纪80年代，巴西的考察队调查和记录了许多别的州县的岩画点，并出版了他们的初步研究成果。这些岩画以前对学术界来说是闻所未闻的。同时，也出现了最早的对巴西岩画的综合性研究，分析颜料合成方面的研究也取得了初步的成果（图184、185）。

1. 研究现状

对美洲岩画的调查远未充分，前不久巴西皮奥伊州发掘出一批珍贵的史前岩画，这些岩画对研究美洲大陆的史前史具有重要价值，巴西报刊称为美洲大陆的第二次新发现。

专家们说，从南美大陆全域发现的风格多样的岩画看，最古老的作品可以追溯到距今20000年之久。它们是在本地区内独立发展起来的。岩画大致可以分为三个时期，即初期狩猎民时期、全新世狩猎民时期和农耕社会时期。

巴西岩画研究的现状可以从记录、断代、解释等方面来论述。

① 记录

在巴西记录岩画最常用的方法是用塑料薄膜蒙在岩石上拷贝岩画。最近，一些学者逐渐抛弃这种技术，开始采用照相和视频的方法来记录岩画。然而，在巴西中部经常有一些相互覆盖多次的岩画和形象模糊的崖壁画，细致的田野观察和手工复制可以得到最好的记录效果。红外线摄影的效果并不是很理想，用计算机阅读照片也不能解决所有的问题。

② 断代

1979年至1980开始建立以年代排列的顺序，通过比较岩画相互压叠的层次、岩石的色泽、地形学上的位置、X光射线物照片及考古学地层的年代等等方法来进行断代。有些岩画点对遗址进行过发掘，有的岩画点根据考古学家发掘地层的年代，推算当地的岩画的年代。

184 《密集的多种图形》 巴西岩刻（图片来源：A. Prous）
　　岩刻位于波塞东（Lapa de Posseidon）地区，作品属蒙塔尔维亚（Motalwania）复杂风格岩画，画面繁杂而难以辨识。

　　在拉帕·威梅哈（Lapa Vermelha）等地的岩画点，有三件地下发掘出来的物品，年代超过距今7000年至4000年。在帕乌（Piaui），有的学者在距今17000年的地层中发掘出岩画的碎片，可能是采用自然颜料制作的。同时，在一片岩厦的岩壁上发现有一百四十三个形象，虽然并没有明确的断代，但学者们认为其年代是相当古老的。有一位学者在1994年发表过一幅照片，据说是发现在10000年的古老地层中的岩画残片，但没有更进一步的报告。掩埋过的颜料出现在12000年前的地层中，不过难以证明它们就是用来制作岩画的。15000年前的颜料残块也有发现，但其实际用途都是难以肯定的。

　　有些学者根据岩画上出现特殊的主题来区别岩画传统的特征，有时也以此划分地区的或年代的风格。最重要的尝试是在巴西东北部的中央，在

185 《复杂多样的图案》 巴西皮鲁柯河岩画（图片来源：J. Clottes）

巴西皮鲁柯（Peruscu）河岩画点的岩画，多绘制在紧挨岩厦的岩壁高处，受到岩厦的保护。在高达7米的岩壁上作画，创作者需要登梯子。

这些地区，考古学家们也有一种对巴西岩画的通常划分。但一般说来，目前只在个别地区建立起明确的年代和风格的序列。

巴西学者通常避免对岩画作出解释，有些学者将古老的岩画与本地的历史传说联系起来。无论如何，有些岩画的主题是清楚的，如有些画面描绘战争、仪式和性交，以及采集、捕鱼和狩猎的活动。有些岩画点则被认为有天文星象方面的表现。

自从20世纪70年代开始收集了大量的岩画资料，特别是在80年代又经过有组织的收集，虽然考古资料欠缺，但在90年代对巴西西部和亚马逊河流域印第安人的岩画的认识已有很大的进步。

在米纳斯·格拉斯（Minas Gerais），学者们正在研究某些地区风格的不同，可能是有文化的、社会的和经济的含义。为什么有些岩画作者选择同一种类型的崖面或岩厦来创作而不是其他地方？当在相邻的岩画点出现风格和主题的不同，可能意味着文化、年代、社会、功能，甚至是性别的不同？这种空间的选择和画面的组织或者只是因为继承传统各异，还是可以分析出某种文化和经济的影响？

现代关于颜料直接断代的技术，使我们能够增强和改进地区的和风格的发展序列。某些风格可能是来自不同时期的混合形象，后来被统一起来。岩画和考古学的地层之间的联系也要搞清楚，这对于将岩画这种图像的表现纳入整个文化发展的历程之中，有着重大的意义。巴西的岩画研究，正如人们所看到的，是一门非常有活力的学科。

2. 皮奥伊州岩画

巴西东北部的皮奥伊州（Piaui）的东南部，有一座名叫圣·莱蒙特·诺纳托的城市，人口约5万，年降雨量为500毫升，是半沙漠性气候。其高原山区，由于风化被削为平地与溪谷，残存部分上面是平顶形岩块。地层至少有7亿年以上。绵延数百米呈盾状的绝壁上，绘有许多的崖壁画。

巴西皮奥伊州的史前史的考察活动始于1978年。由巴西和法国的考古学家、人类学家、民族学家、地质学家、绘图师和生物学家组成的联合考古小组历尽艰辛，在巴西的皮奥伊州南部圣·莱蒙特·诺纳托地区，进行了历时五年的考察，在一些从未有人知晓的洞窟中，发现大量史前岩画。这批岩画从不同的方面展示了当时人们的生活情景（图186~192）。

巴西和法国的专家们按岩画的工艺、风格、记录建立档案，对已发掘的岩画分门别类地进行了考证。专家们说，人类到达上述地区的时间至少有31000年，从而否定了人类到达美洲仅有12000年历史的见解。据部分考察报告说，首次抵达上述地区的是一批狩猎者，当时他们已经懂得把石头

186 《野地群婚》 巴西皮奥伊州崖壁画（图片来源：冈村淳）

　　睿智的巴西先民们创造了灿烂的诺鲁斯特文化，经过不断地创新发展，延续长达6000多年。他们创作的崖壁画，从氏族战争到性欲冲动的群体野合，都坦然隽刻在岩壁上。

187 《成功与失败的狩猎》 巴西皮奥伊州崖壁画（图片来源：冈村淳）

　　犰狳类动物在巴西崖壁画中描绘得不少，关系到氏族生活的方方面面。它的皮可以做乐器，肉可果腹，骨可制饰物。狩猎岩画情景真实有趣，不乏幽默感。

188 《长袖善舞》 巴西皮奥伊州崖壁画（图片来源：冈村淳）

　　画面由一人领舞，众人和之。男男女女裸露着下身，性器官凸显，各个长袖善舞，极易撩拨起异性的情思。此画已有7000年的历史，与此相似的舞蹈今天仍在印第安人中流行。这种体现性的仪式将部落的过去与现在联系起来。

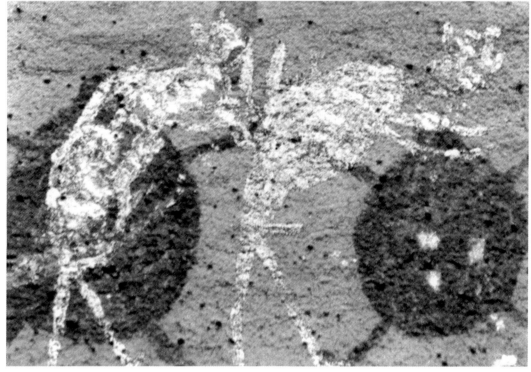

189 《难以捉摸的图形》 巴西岩画

　　巴西皮奥伊州崖壁画的年代缺少直接的证据，后来在皮鲁耶那I号遗址发现覆盖在岩画上的堆积物，经碳十四测定，距今为9500年前。有的学者认为巴西皮奥伊州崖壁画制作于距今12000年至6000年之间。

190 《乔装打扮的人物》 巴西岩画

　　这些乔装打扮的人物可能与祭祀活动有关。

191 《祈祷树神》 巴西皮奥伊州崖壁画（图片来源：N. Gguidon）
　　这群男子对树祈祷，信奉万物有灵的教义。他们认为，在砍伐树之前若不先向树神表达愧疚，致以歉意，则会招来灾祸。

作为武器，并能用石头制作一些简单的工具。

　　从南美大陆全域发现的风格多样的崖壁画看，最为古老的作品可以追溯到距今20000年之久。它们是在本地区内独立发展起来的。崖壁画大致可以分成三个时期，即初期狩猎民时期、全新世狩猎民时期及农耕社会时期。

　　最为古老的民族以追逐动物和采集挖掘野果为生，狩猎民们却保持着定居的生活习惯，以其固有而独特的方法使用石英石、砾石等石料打制石器，不曾受到其他民族的影响。

192 《回头张望的动物》 巴西皮奥伊州崖壁画（图片来源：小川胜）
动物被狩猎者包围，已难逃一死。它却在迷惘中回首窥视，其中不乏作者的幽默。岩画中的动物长约 45 厘米，发现于乌帕岩画点。

　　之后，他们与诺鲁德斯特文化联系起来，促使这个地域趋于兴盛。在距今 12000 年这个时期里，无论是石器制造的技术水平，还是在崖壁画绘制技巧方面，都获得迅速的提高。他们绘制崖壁画的时间竟延续长达 6000 年之久，创造出了灿烂的文化。当冰河消退，气候逐渐干燥，生活的环境恶化了，但他们却毅然勇敢地迎接各种困难的挑战，坚持着岩画的制作。

　　巴西皮奥伊州崖壁画反映了 7000 年前的舞蹈动作。舞蹈的产生与巫术密不可分。巫术活动需要群众性的欢歌狂舞烘托气氛，群众需要巫术活动来抚慰受伤的心灵，满足精神上的诉求。而在巫术的内容中，生殖巫术是最为重要的了。有关性的礼仪在岩画中得到充分地反映，在世界各地无论史前或现代原始民族中都很盛行，大都是群舞，凡男女都突出性器。女性的臀部与生殖关系尤为密切，在舞蹈中得到突出的表现。此类舞蹈在印第

安的班卡拉部族至今仍持续着。

狩猎是一种生产方式，也是史前人类延续生命的必需。巴西皮奥伊州崖壁画将狩猎活动戏剧化了，采用被狩猎的动物回首的一瞬作为创作的题材，这在世界其他地区是少见的。动物被追击时已是无暇左顾右盼了，只有拼命地逃命，但是巴西岩画中的猎物却在回首顾盼。

在南美的岩画中，对此种题材也有着同样的艺术处理方式，可能是延续了当地的艺术传统的关系。

《成功与失败的狩猎》是巴西皮奥伊州崖壁画。犰狳类动物在巴西崖壁画中描绘得最多，它的甲皮可以制成安第斯的民族乐器。此类动物的特征是尾巴高高翘起来，因此，猎人狩猎时用双手牢牢抓住其尾巴就会取得狩猎的成功，有的猎人不仅没有抓住，反而被尾巴弹倒的，这成功与失败有趣的生活插曲，形象化地反映在狩猎民们具有的幽默感的作品中了。

（四）玻利维亚岩画

1978年，玻利维亚岩画学会成立，开始进行系统的岩画研究，并出版一种年刊和一系列有关南美岩画的论文。

首先出版的是有关玻利维亚岩画调查情况的报告，报告中列出二百个岩画点。此后，岩画点的数目不断地增加，达到了三百五十个。目前，我们的认识还不足以了解玻利维亚岩画的全貌，只能对其重要的岩画传统作简略的介绍。

在玻利维亚的北方曾著录了一些岩刻，大都是沿着河岸分布。最近，玻利维亚岩画学会的一支考察队在那里发现了程式化的人物形象、巨蟒和其他的动物，其中包括猴子。巨蟒的形象可能与当地印第安人的神话传说有关。别的发现还包括刻得很深的女阴和神人同形像，当地的印第安人曾在这个岩画点表演过宗教祭祀的舞蹈。

到目前为止，玻利维亚北方的低地到还没有发现过岩绘，但在玻利维亚东部的低地却发现了大量的涂绘的崖壁画。有的学者还分析过两种几何图形的岩绘的技术，以及生动的自然主义的人物形象，包括狩猎、战争、交媾的场面，都在崖壁画中得以表现[①]。

1.安第斯山岩画

玻利维亚地形学上的结构包括安第斯（Andes）山脉。它从西北部进入玻利维亚的领土，将玻利维亚一分为二，西部的山区延伸到东部热带的低地平原，形成了许多山谷、河流和盆地。绝大多数的玻利维亚岩画点都在

---

① *Matthias Strecker, South America：Bolivian Rock Art*（《南美洲：玻利维亚岩画》）. Rock Art Studies News of the World Ⅰ（《世界岩画研究信息Ⅰ》）. Oxford: Oxbow Books, 1996, pp.221~222.

193 《猎人与鸟兽》 玻利维亚岩画（图片来源：Roy Querelazu Lewis）
   岩刻中相同的技术竟在玻利维亚相隔非常遥远的其他岩画点被使用着。这些岩画表现一个猎人和数只鸟兽。其位于阿尔特拉诺
   （Altiplano）的普尔吐玛（Pultuma）岩阴处。

194 《无峰的驼群》 玻利维亚崖壁画
   用白色描绘的横向五排、纵向无数的无峰美洲驼，几乎覆盖了整个崖面。一匹备好鞍蹬的马淹没在驼群中。

195 《图案化的人物》 玻利维亚崖壁画（图片来源：Roy Querelazu Lewis）
   在玻利维亚中部科恰班巴（Cochabamba）崖壁画中，人物被简化成类似门窗的铁艺，仅用生硬的直线组合，也算是另有创意。

196 《概念化的动物》 玻利维亚崖壁画
用红色画出三只无峰美洲驼，对比之下牧人又矮又小。尽管他张开双臂竭力驱赶，可美洲驼都不予理睬。

安第斯山区，最重要的集中点位于圣塔克鲁兹（Santa Cruz）的乞奎塔尼亚（Chiquitania）[①]。

玻利维亚有着极其复杂的地形，岩画点在安第斯山区的分布也很不平均，最近著录了八十个新的岩画点。从岩画分布的情况看，某些地区由于缺少山崖或岩床也就很少有岩画发现。然而，随着考察和研究工作的深入，岩画点的数量可能还会有不断的增加（图193~198）。

安第斯山地区拥有许多不同的岩画传统，早期的岩画可能属于前陶器时代，后来岩画的发展接受了陶器和纺织品的影响。岩画中错综复杂的几何形体有单色的，也有多色的，存在于不同的地区。一组相当多的岩刻描绘着动物形象，包括大小不同的骆驼，单个的或排列成行，有的还有人用绳子牵着，明确地表现出岩画点和古代交通线之间的关系。这种关系在秘鲁的塔纳和智利的北部都能看得见。

小圆穴存在于整个玻利维亚的许多岩画点。这种小圆穴在目前仍在被反复使用，奉献用的古柯叶（南美洲及西印度群岛所产的一种药用植物）

---

① Matthias Strecker, *South America: Bolivian Rock Art*（《南美洲：玻利维亚岩画》）. Rock Art Studies News of the World Ⅰ（《世界岩画研究信息Ⅰ》）. Oxford: Oxbow Books, 1996, pp.222~223.

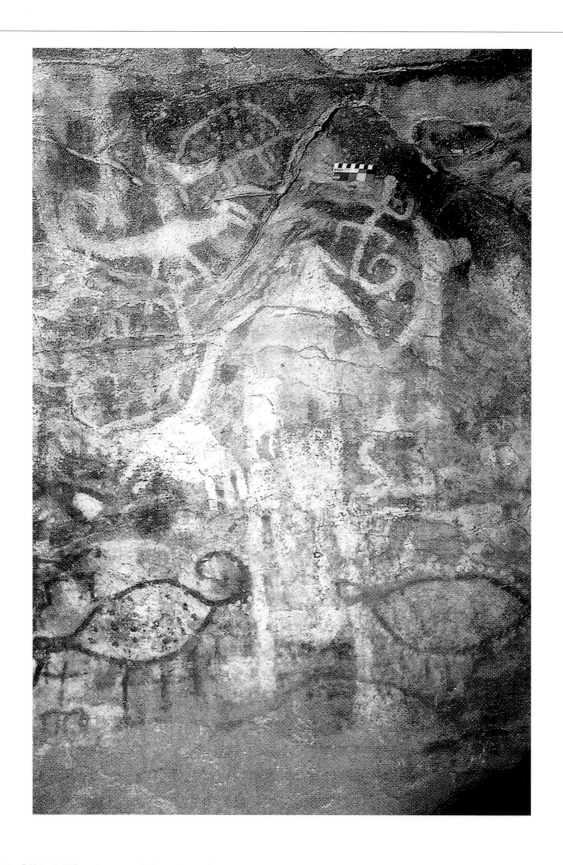

197 《梦幻世界》 玻利维亚崖壁画（图片来源：Roy Querelazu Lewis）

　　笼罩在灰白色迷雾中的萨满，素服裹身，手持法器。在他的召唤下，鸟、兽、虫、鱼等一时聚拢在他的周围，呈现出梦幻般的
世界。画面多次覆盖。作品位于科洛拉达（Paja Colorada）。

《斑驳的图形》 玻利维亚崖壁画
光怪陆离的一些图像已经支离破碎，仍残留在斑驳的岩壁上。

199 《人面像》 玻利维亚崖壁画
玻利维亚崖壁画上的人面像三角脸，目圆睁，与我国神话故事《西游记》中孙悟空的形象酷似。

就放在那上面。有的岩画点有大量排列成行的小圆穴，只是其年代至今未确定。

岩画的创作并未因为西班牙的占领而终止。事实上，许多岩画点是在殖民地时期直至共和国时期出现的，但水平往往不如早期作品那样高。基督教十字架被别有用心的刻制在某些岩画点，那是出自西班牙传教士的破坏偶像的活动。在殖民地时期及共和国时期制作这些岩画的都是当地的土著。

1988年对丘拉帕卡（Chirapaca）的调查发现，许多岩画表现教堂、舞蹈、战争、田园情景和进行在路上的圣地朝拜者等等。他们可能是根据口头的传闻描绘到岩石上去的。有的学者从这些岩画中分辨出七种不同的群众舞蹈，其中有的是安第斯山区农业祭礼活动的一部分，有的与宗教节日有关，有些舞蹈今天仍在当地流行。

安第斯山地区的帕尔玛托（Palmarito）岩画点，在19世纪和20世纪早期，基督教的圣徒也被画在崖壁上为当地信徒所膜拜，还在岩画点前举行仪式，奉献供品。圣佛朗西斯哥（San Francisco）岩画点据当地居民反映是二十年前画成的，在许多形象之中描绘了一位牧师和一个魔鬼[①]。

虽然岩画点是神圣的地方，但有时描绘今天活动的场面也会出现在古代的岩画点。一头作为牺牲而宰杀的公牛，血流满地，崖壁的表面仍留下大片的污斑，供品就摆放在崖壁画前面的空地上，而那崖壁画里则有着属于殖民地时期甚至共和国时期的内容。

2．南方的岩画点

在玻利维亚的南方，早在1985年至1992年，学者们对莫德斯托（Modesto）省的遗址作过考古学的考察（图199~201）。

莫德斯托省处在与阿根廷接壤的边境上，有两条重要的河流（塔里那河和索可恰河）都发源在这里，并沿着两个宽阔的山谷流入玻利维亚。这两个山谷很早以前就有人类居住过。

塔里那的岩刻和崖壁画位于恰沟村附近。岩画发现在洞窟中，制作在岩壁上和凝灰岩的石头上。索可恰岩画始于阿根廷的雅维，然后延伸到玻利维亚的领土上。1961年，阿根廷的考古学家克拉洛维卡斯研究过雅维的岩刻与崖壁画，并进行过放射性碳素的断代测试。同时，他曾试图对阿根廷和玻利维亚岩画的年代序列进行确定。

索可恰岩画点因靠近索可恰村而得名，克拉洛维卡斯和地质学家们对三个岩画点进行过认真的考察。他们不仅对岩石作过透彻的分析，而且还拍摄了航空与卫星的照片。其中有两种类型的岩刻，都是依据岩石的自然形态，制作在红色的砂岩上。然而在下游的一个名叫可斯可忒的地方，岩

① Roy Querelazu Lewis, *The State of Rock Art Research and Conservation in Bolivia*（《玻利维亚岩画的研究和保护》）. *The Future of Rock Art, a World Review*（《从世界的观点看未来的岩画》）. Stockholm, Sweeden, 2004, p.170.

200 《穿铠甲的武士》 玻利维亚波托西岩刻（图片来源：Alicia Fdrnandez Distel）
岩刻位于玻利维亚南部与阿根廷接壤的波托西（Potosi）省一个名叫莫里诺（Sococha Molino）的岩画点。武士戴头盔，身穿铠甲，与我国古代状元帽插花翎、身披蟒袍很相似，只是双手都高举着武器。岩刻由几个层次组成，有覆盖的现象。

201 《动物与图案》 玻利维亚莫德斯托地区岩画

　　此类图形经过当今医学研究，往往出自精神病患者之手，因为他们时时出现幻视的症状，若要将所见画出，即与此画类似。一位农妇突然就能信笔走龙蛇，画的内容与意境连她自己都无法解释，而且一发不可收，成为远近闻名以卖画为业的特异画家。这些例子足以说明，此画是出自萨满或其他人处于梦幻状态下的产物。对这些令正常人惊诧繁缛、多变而又不识其为何物的变形，人们虽陷入迷惘，但又为其图形的精美赞赏不已。

刻则大多数制作在白色的砂岩上，没有发现涂绘的崖壁画，但却有一定数量岩刻的题材内容与红色砂岩上的崖壁画存在着关联。

　　经过考察证明，大多数索可恰与恰沟的岩画是居住在当地的吉查印第安人所作，年代约为公元1000年，在印加帝国统治之前。恰沟地区的某些崖壁画则可能是游牧的猎人在数千年前制作的。在索可恰，有一组岩刻是在西班牙人到达之后创作的，有的甚至是现代的作品。

　　令人深思的是玻利维亚奥洛地区岩画中所描绘的猎人与鸟兽形象的表现技法，却被相隔非常遥远的其他岩画点延续使用着。

（五）秘鲁岩画

田野考察的资料对任何国家的岩画研究都是重要的。1986年，詹米尼兹（Jimenez）出版的四卷本关于秘鲁岩刻的巨著，是秘鲁岩画研究的里程碑。此后，拉维尼（Ravine）的重要著作概述了全秘鲁二百三十七个岩画点。然而，对于这些早期岩画的深入研究还不够充分。一些切实可信的报告分散在各种出版物中，重点放在个别岩画点的记录上（图202~205）。例如，一些小型样式化的人物围猎骆马之类的场面，显然与智利北部岩画相似。

1. 托克帕拉洞窟崖壁画

托克帕拉（Toquepala）洞窟在秘鲁最南端的塔库纳。塔库纳是秘鲁塔库纳州的首府，距塔库纳西北154公里处有一座铜矿山，距离矿山的街镇托克帕拉向西北方再行13公里即可抵达洞窟壁画的遗址。遗址位于克鲁德耶拉山脉的腹地，标高2700米。遗址的发现是带有偶然性的，时间退回到1950年末，是当地为架设高压电线施工时，被一个从美国来的工作人员发现。这一重大发现的消息在铜矿山中传播，并于1963年作过简单的试验性的发掘。

发掘的情况是令人乐观的。最古老的文化层经碳素测定为纪元前9580±160年间。同年，利马国立人类学考古博物馆的J. C.莫耶在临摹壁画时，对崖壁画所在地的堆积层进行了碳素测定为纪元前9490±140年，从而证明这些崖壁画的年代是很古老的。

这些美洲大陆最为古老的岩壁画以赭石色为主，还有黄、红、绿、白、黑等色，共计六种颜色。作品的主题是各种动物图形，有像犰狳的，有像马的，还有骆驼科的动物。人物的活动处于狩猎和围猎的场景之中。

当冰河时期，陆续经白令海峡从东北亚来到此地的印第安人，于公元前9000年左右，又从阿拉斯加出发长途跋涉到达智利后，仍旧没有停下他们前进的脚步而继续向其他地区逐步扩展。各地发现的岩画作品从不同的侧面反映了这个情况。

托克帕拉遗存的洞窟壁画的山丘，标高为2700米。遗址附近草木皆无，景象十分荒凉。近处有喜马罗那河，与高地相差约500米，河床已经干涸，就近没有水流。洞窟的入口处朝北，洞内地面向里延伸有6米，宽约4米。当到达深度约0.9米处，洞面突然下降，天井高约3米。岩壁画幅面7.9米，共有七八个画面，形象的尺寸都很小。

崖壁画上的动物用浓重的色彩描绘，是分几个不同时期绘制的。动物造型属自然主义，而人物图像中有一部分是样式化的。这些样式化的人物

202 《鸟兽斗》秘鲁岩画（图片来源：Linares Malaga）

一个是天上飞的鸟，一个是与地上跑的兽，本该是井水不犯河水，各有自己活动的天地。可能是为了争夺某种战利品，一场鸟兽的生死搏斗跃然于岩画之上，着实令人费解。可若是换个思维方式，将它们作为氏族的图腾，当氏族间发生争执，用图腾为象征，便可以讲得通。

203 《宇宙鸟》秘鲁岩画（图片来源：J. Pulgar Vidal）

这幅岩画发现于秘鲁中部的瓦努卡城（Huanuca），表现宇宙鸟飞翔于圆形的宇宙之内。对于前陶器时期的安第斯山狩猎采集者，岩画点都在很高的地方，从秘鲁中部到智利北部，一直延伸到阿根廷的西北部。

204 《乐手》秘鲁岩画（图片来源：Santos）

这个以鸟为图腾的氏族生活富足，心情舒畅，吹起乐曲自娱自乐，颇为惬意。作品发现于利各（Puerto Lico），描绘了一个人与鸟混合的形象，也可能是萨满吸食了药物之后装扮而成。

205 《乐队》 秘鲁岩画

这幅画是将秘鲁牙南（Yonan）岩画点各种不同的演奏乐器的形象组合在一起，其中有的有鸟爪，可能是鸟人。

大都出现在中石器时代以后。左侧的四角图形可能是表现围猎的场景。崖壁画中表现的人物形象凡手持弓箭进行狩猎的场面，作品的构图意识，已经不再属于旧石器时代晚期而是进入中石器时代，或是中石器时代以后了。

崖壁画的主题、构图、形象的大小尺寸等，与西班牙黎凡特中石器时代的崖壁画相似，属于公元前9500年至公元前7500年的作品。

2. 世界上最大的岩画点

秘鲁有一个岩画点被认为是世界上最大的岩画点。

安第斯山的南部在阿雷基帕（Arequipa）地区，曾作过如下的调查，发现二十一个崖壁画地点，五十一个小型艺术品遗址，六个地画地点和七十一个岩刻地点。其中最引人注意的是托罗·穆埃尔托（Toromuerto）岩画点。它覆盖了5公里，是阿雷基帕地区卡斯蒂亚省（Castilla）的乌格卡（Ureka）所管辖的一部分。

1951年8月，人们在当地农场庭院石砌的墙上，发现雕刻驼羊和蛇的石块。这种雕刻过的石块，在1722年建造教堂的院墙上就有发现，但大部分石刻都已经被有意铲去了。农村的房子也有用这种雕刻过的石块建成的，遗憾的是这种破坏古代岩刻的行为至今还在继续着。

最早的岩刻约制作于公元800年至900年。13世纪左右的时候，有三部分来自不同的文化背景的人群到达这里，他们对岩画点都表现出最大的敬意。

岩刻刻在柔软的火山石构成的岩石上，而在附近地区发现一些较硬的石头，那是来制作锤子或其他凿刻工具用的。

岩刻主要的题材为人物活动，特别是舞蹈的场景内还有动物和符号。主要的动物有驼羊、鹿科动物，大部分是在运动中。猫科动物躯体是侧面的，而头部往往是采取正面表现。同时，还发现狗、狐和蛇，蛇许多是长了两个头的。各种各样的鸟，其中有的鹰正如风卷残云般吞食猎物。岩画点还有大量的几何纹样（直线条、之字线、平行线、圆点、四方形等等），其他图形，则包括太阳和星星组成的图案（银河）。植物的图形有向日葵和枯树。有些图形已经开始制作，但还没有完成。

托罗·穆埃尔托岩画点被人认为是世界上岩刻最多的岩画点，每天都在遭受着破坏和侵蚀，对它的保护工作已是刻不容缓。同时，秘鲁的学者也希望尽快把它列入世界遗产名录中[①]。

3. 从飞机上发现的地画

在南美洲安第斯山数千米的高山峡谷间，已经发现不少令人惊奇的不解之谜，而纳斯卡帕鲁帕台地的地画又是谜中之谜。

人们从飞机上鸟瞰地面惊奇地发现了它。秘鲁南部纳斯卡帕鲁帕荒芜的台地上，竟然会袒露一幅幅超大的地画，令人惊诧不已。

地画年代为距今2350至350年前，是在黑褐色地层表面上，向下刻凿10厘米，露出黄白色的沙土，形成V字形的浅沟，犹如在宣纸上单线勾勒的白描。地画历经沧桑，经过风吹、雨淋、沙打、尘埋仍然能够保存至今，不能不说是一个伟大的奇迹。当然这与所在的地形、地貌，以及与创作者纳斯卡人事前就采取了预防措施有关。聪明睿智的纳卡人在勾勒的线条的周边，摆放着能够调节强烈温差变化与阻挡风蚀作用的小石块，正是这些小石块起了重要的作用（图206~210）。

纳斯卡帕鲁帕地画，画幅占地约500平方公里，面积之大，堪称世界之最。

如此巨大画幅的图像，若平视无论如何是无法窥其全貌的，只有在高空俯视才能一览其恢弘的画面。但若要再深入地分辨出图案的形状，辨清其内容，了解其内涵，则绝非易事。

① Eloy Linares Malaga, *The Largest Siteinthe World: Toro Muerto, Arequipa (Puru)*《世界上最大的岩画点：秘鲁阿雷基帕的托罗·穆埃尔托》. International Newstetteron Rock Art《国际岩画通讯》. No.6, 1993.

206　秘鲁纳斯卡的巨大地画

年代为距今 2350 年至 350 年前。制作在地表上的画，被统称为地画。挖除黑色地表外层，形成 V 字形的浅沟，露出底层白色，用线条构成图形。

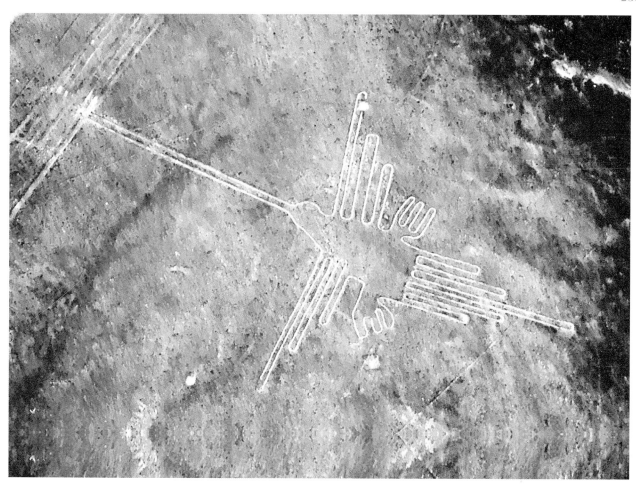

207 《蜂鸟》 秘鲁纳斯卡地画

在秘鲁南部这块荒芜的土地上，占地500平方公里，古代纳斯卡人独创了世界上"前无古人，后无来者"的人间奇迹——庞大的地画。人若立足于画中，无法辨认局部的线条表现的是什么内容，只有居高临下，鸟瞰地面，才能辨认出刻在地面上的图形是一只巨大的蜂鸟。

地画内容包括圆形、螺旋形、方形、梯形、三角形、波折形，还有交叉线、锯齿线及回旋纹等诸多抽象的图形，其中平行的直线形酷似飞机场笔直的跑道。

此外，部分图形较为具象，有长约90米的鸟类、鲸鱼、猿、蜘蛛，以及长约50米的类似人的手形，一只手长了五个手指，另一只却只长了四个手指。地画的右下方有一个貌似猴子的形象，前面双腿离地呈环抱姿态，两个前爪很像夸大的人手，张开五指，尾巴卷曲上翘，形成一个几乎与身体大小等同的圆球形状。这一形象比较怪异，似乎集中了人与兽的两种肢体特征。

地画造型奇特怪诞，线条柔韧遒劲，力度非凡。将多种形体汇集于一幅之内，竟无任何科技工具的帮助，仅凭古代人类的双手完成，令人难以置信[1]。

古代人究竟是用怎样的超人精力，用什么方法制成这样巨大的地画，

[1] Alalou, D. , 1990, *The Lines of Nasca*（《纳斯卡的线条》）. Memoir 183 of The American Philosophical Society, Philadelphia.

208 《蜘蛛》 秘鲁纳斯卡地画

　　这是地画中七个图像之一，位置在左下角。在地画里所表现的飞禽、走兽、鱼类、昆虫中，这幅蜘蛛是造型最为写实的一个。

209 《猴子》（摹绘） 秘鲁纳斯卡地画

猴子的造型偏于拟人化，不仅长了人手、人脚，而且身体也像弯腰驼背的老人。尾巴上翘，卷曲成层层叠叠圆形的球体，尾根处还拉出两条平行的直线向下垂挂，颇令人费解。

210 秘鲁纳斯卡地画（摹绘）

从这张白描图，我们能够看清楚地画的图形。纳斯卡地画至今仍是一个难解的谜。右侧是一只蜂鸟。左侧是一只猴子，双腿离地呈环抱姿态，两个前爪很像夸大的人手，张开五指。尾巴卷曲上翘，呈圆球形状。其似乎集中了人与兽两种肢体特征。

211 《*美丽的家园*》 智利阿塔卡玛地画（图片来源：Ph. Plailly）
在智利有数百个直接在地面上刻划的图形，地面上的岩刻形体往往是非常巨大的。这里有许多人物和几何图形，其中阿塔卡玛
（Atacama）沙漠中有两个。这幅地画中人物居住的房屋有方形、圆形、卷云形。其庭院外还有饲养的狗。

以及他们的制作目的是什么，这一切问题都有待进一步研究。尽管有关学者提出多种不同的看法，有的认为是印加帝国的交通路线图；有的认为是纳斯卡人为凭吊死者时行进的路标；有人说是外星人制作的，那些直线是他们乘坐的飞行物的跑道；也有人称与占星术和观测天体有关。最近，一位长期对地画进行测量、摄影、清扫、保护的女人类学家 M.拉赫指出，经她对多数直线的方向计算测量，其中有若干根线与特定的星座运行的方向是一致的。她认为，地画是一幅天体观测图，那些具象的动物形体是表示星座。这一说法也很难被接受，因为如此巨大的图形，必须从空中才能看全。以上各种说法目前都还未得到一致的认同，地画至今仍是个难解之谜。

4.其他地区的地画

地画是直接制作在地面上的画，完全不同于制作在岩壁上的岩画。地

212 《武士》 智利阿塔卡玛地画（图片来源：Ph. Eurelios）
地画中的人物被称为阿塔卡玛巨人，身高可达 100 多米。这位战士的头盔横插数条锋利的芒刺，胯与膝盖处也都安装有芒刺，锐气势不可挡。

画的巨大，形状的怪异，内容的难解，都引发人们强烈的好奇心。

地画的画幅有的达到数百米长，占地面积之大，超出人们的想象，仅直径就达到数百米之巨，非从空中鸟瞰而不能见其全貌。这对生活在数千年前甚至数万年前的土著民族来说，他们是在什么样情况下画成的呢？仅凭当时人的智力，完成如此宏大规模的地画是根本不可能的，即使是在科学发达的现代，若是不借助仪器的测量，想要完成这样的作品也不是一件容易的事，它的可信度有多少？疑惑之余，人们对于地画的作者也不禁产生种种猜测。有人说地画是外星人创作的。

地画也存在于从英格林兰至秘鲁，从西奈到加利福尼亚和阿利桑那，在如此广袤浩瀚的沙漠腹地，地画中的人物与动物及几何形体同在，具象与抽象结合，个体与整体有分有合，互相联系。地画的特点是既有庄严宏伟的气势，又有妙趣横生的造型特点。

地画不是仅存在于一个地方，风格也并不一致。其中在英格兰的乌菲通（Uffington）发现有青铜时代特征的长110米的马，也有在智利出现大小不一的地画。有十几厘米的小型地画，也有长达百米的地画，其中包括《阿塔卡巨人》的地画（图211、212）。它们中最负盛名的要属秘鲁的纳斯卡（Nazca）地画了。它的特点在于异常的庞大，形式上将具象物体与抽象几何形体融合在一起。另外，也可以作以下的设想，制作地画是一项巫术活动的组成部分，设计者与参与制作者都处于迷幻状态下，所视的物体与真实物象不同，使地画的造型离奇难解，虽经反复推敲，仍未能尽解其意。遥想当年，制作地画的年代及其创作过程，能够动员起这般浩荡的人力，有秩序地按图索骥，积年累月去完成，其中一定是蕴藏着一股狂热的宗教信仰与种族繁衍的欲望。但是，地画何以画得如此之巨大，形式之所以采取这种而不是另一种样式，则要取决于该氏族的文化传统了。

经过考察，世界各地制作地画的方法，有的只是用小块的石子排列出设计好的形体轮廓，如美国的俄亥俄州（Ohio）的地画，就是采用这种方法。据说，摆出来的那条蛇非常地长，竟然有200米。而在其他地区，有的将深褐色的地表挖出一个沟槽，露出下面新鲜的浅褐色的线条，利用地表与地层下部颜色差别，深浅的不同，色度的相异，显现出地画的图形。在美国加利福尼亚的一幅地画的制作方法更加简便省事，只是把地表上的石子翻个身，利用有石垢与无石垢石子的深浅不同组成地画[①]。

① Clottes, J. , *World Rock Art*
（《世界岩画》）. Los Angeles:
The Getty Conservation
Institute, p.70.

第三章
大洋洲岩画

　　大洋洲是一个广阔的地域，它的南北相距近 10000 公里，东西达 14500公里左右。它包括一个大陆（澳大利亚）、世界第二大岛（新几内亚）和新西兰诸岛，以及从南美到新几内亚之间的星罗棋布于太平洋上的群岛。毫无疑问，由于种族和地理上的原因，产生在如此浩瀚的地域里的艺术形式必然是百花争艳、丰富多彩的。这些艺术的创造者是土著民族和相继定居于此的移民。他们中既有东西方的混血人种，也有蒙古人种，还有黑色人种的后裔。这个地区文化与东南亚部落民族的文化关系密切。

　　史前的岩画艺术通过东南亚和附近的印度尼西亚向南传播，在新几内亚，已经有大量的岩厦岩画的报告。就题材来说，阴型的手印和脚印是岩画中最为古老的形式。就用色来说，红色要比白色更加古老。同时，还出现许多符号形的图案。

　　在大洋洲，事实上当第一批人抵达太平洋诸岛之后，岩画也随即出现了。在澳大利亚，科纳尔达洞穴最早的图像符号，其古老的程度可以归结到 20000 年以上。澳大利亚、新几内亚、俾斯麦群岛和帝汶岛，岩画的传统延续时间最长，一直到前一个时代仍在创作着，这就给学者们的研究工作提供了便利条件。弥足珍贵的史前时期的岩画可以与现在仍旧制作的岩画衔接起来，跨度如此巨大，历史这般漫长，资料如此丰富，为学者们的研究、记录、探访、调查这些岩画的创作过程、分析岩画风格的形成和发展提供了便利，并且为近代岩画与古代岩画作比较性的研究提供了重要的依据。

　　在整个大洋洲都有岩刻和岩画的发现，特别是位于中央和南部太平洋上的一些岛屿。夏威夷诸岛上有大量遗存的岩画点，与复活节岛上有情况相似，它们往往制作在古老的火山岩的岩石上。在这个地区的岩画尽管没有像复活节岛上巨石雕像那样著称于世，但拥有数万个岩画点，星罗棋布于这个辽阔的海域的诸多岛屿上，也是蔚为壮观的。

　　史前岩画艺术分布十分广阔，经过东南亚以至印度尼西亚，存在于岩阴处的大量岩画在新几内亚群岛也有发现。这些岩画看起来是新石器时代前期的作品，有许多四层重叠着的现象，在奥格岛（Ogar）和阿格尼岛（Argoeni）都存在。在邻近的塞拉姆岛，空心的红色手印早有报道。至于斐济群岛（Fiji Islands）的岩绘，应该是属于近代的。

考古发现村落遗址证明，早在旧石器时代大洋洲就曾有人类居住过，但很少有远古时代的艺术作品遗留下来。这可能缘于海洋性气候，也因为某些艺术品使用不能耐久的材料，如木头、树皮、羽毛和骨头等制作，不易保存。更有可能这些作品被创造出来之后，一旦完成当时的需要之后，绝大多数就被遗弃，甚至毁掉了。

大洋洲洞窟岩画一直到20世纪70年代还在持续发现。例如1970年在大洋洲特罗布里恩德群岛（Trobriand Islands）基塔瓦（Kitava）地方的伊纳基波（Inakebu）洞窟发现了岩画。这些岩画由于画在岩厦处，因此得到了保护。

在一块岩壁上曾留下了用"点画法"制作的三只手印，也和欧洲旧石器时代岩画中的制作手印的方法相同，都是用一种装了颜料的骨管吹喷到岩壁上去的。手印中也有断指，像是被砍断的，有两只手印没有大拇指，有一只手印没有小拇指。这些手印都被集中在同一块岩壁上，间隔仅仅2~3英尺。这些断指手印与澳大利亚土著民族的习俗相契合，这是我们在前面一章里提到过的。

洞窟中还发现两三个红色符号，每个约4英寸，其中一个作V字形，其他符号形象难以确定。有一些岩画形象是表现鱼的，描绘都比较简单。其中一条也许是锯鲛，也有可能是鲨鱼图形，或是蛇的图形，还有带箭或带鱼叉的鱼，这些岩画的意义与渔猎巫术有关，就像欧洲旧石器时代洞窟岩画中狩猎动物的巫术一样，体现人类心理上的诉求[1]。

就岩画点的数量来说，澳大利亚独拔头筹，就岩画的样式澳大利亚也是丰富多彩。其中主要的岩画地区位于澳大利亚东北部开普约克（Cape York）半岛的劳拉（Laura），西澳大利亚的金伯利（Kimberley）高原，还有澳大利亚中部的皮尔巴拉（Pilbara）和北部地区的阿纳姆地（Arnhem Land）。

太平洋地区的主要岩画点除澳大利亚以外，还有夏威夷的岩刻，新西兰的一些洞窟、岩石遮蔽处（岩厦）和露天的岩画点。有些保存得很好的岩绘与岩刻，是几百年前由毛利人创作的，与复活节岛刻得很深的岩刻和浮雕作品同属一个时代。

在大洋洲，很多重要的岩画点集中在澳大利亚，只有少数的岩画点分散于太平洋中星罗棋布的岛屿上。当第一批人到达太平洋诸岛之后，也将创作岩画的传统带到岛上。

[1] 陈兆复、邢琏《外国岩画发现史》，上海人民出版社，1993年，第339页。

澳大利亚已经鉴别出大量的当地风格的岩画,但要追溯岩画风格的演变过程还有一定的难度。事实上,澳大利亚岩画的每一种风格,都可以肯定地说,归因于所处的社会形态。尽管澳大利亚不断有来自各方的新移民,他们所处的社会形态已经进入现代化了,但是土著民族绝大多数仍处于狩猎社会的生活状态。这个大陆最早的艺术位于南方,那里也是最早开发的地区,但最精彩的岩画并不在南方,而是在北方。

澳大利亚的岩画研究工作成效卓著,对人们解读这个地区的文化发展,可以提供足够的帮助。

一　梦幻时代的人们

"梦幻时代"这个词是为了说明澳洲土著民族神话创造时期的专用词汇。对于这个时期,澳洲土著人使用不同的语言,也有多种称谓,但有一点是肯定的,那就是这段时期是土著民族文化的精髓、信仰的中心、艺术创作的源泉。

1.梦幻时代是英雄辈出的时代

澳大利亚为欧洲人所知仅二百多年,之前一直是人们无法想象的蛮荒之地。那些前所未知的动物、奇形怪状的植物和令人畏惧的景观,都是欧洲移民们从未见到过的。尤其是面对澳大利亚的土著居民被认为是完全不同的人种。因此,欧洲人使他们处于社会的边缘,不是被赶出他们的土地,就是使他们走向灭绝。开始的时候,许多人认为澳洲土著是游牧的,没有固定领土的,所以,当英国殖民者第一次到达澳大利亚的时候没有商量,没有协议,也没有战争,就宣称这是英国的领土了。

英国人到达以后,整个19世纪资助大量的探险队深入澳洲内地调查,并重新命名了各地的地名。通过这些调查,欧洲人认识到没有当地土著的帮助真是寸步难行。有的探险者死在沙漠里,而那些隐蔽的水源就在附近;有的饿死在丛林中,其实食物近在咫尺。不久,他们就认识到,了解这片土地的过去与现在是在这里生存下去的基本条件。于是,他们开始学习土著的历史,包括口头的历史,记述他们祖先的创造,以及冗长的典礼和仪式,这些都联系到土著祖先是如何到达这片土地和如何改造这片土地的[①]。

根据澳洲土著口头的历史,澳洲的远古是梦幻的时代。

梦幻时代是一部英雄史诗,是澳洲土著民族引以为豪的时代,正是在那个时期,祖先们开创了人类新纪元。英雄祖先或图腾精灵从四面八方汇

---

① Paui S. C. Tacon, *Australia*（《澳大利亚》）. David S. Whitley ed., *Handbook of Rock Art Ressearch*（《岩画研究手册》）, Altamira Press，2001，p.531.

集于此，有的从海上飘来，有的从天而降，有的从地里冒出。初来乍到这片混沌未开的土地后，这些英雄祖先或图腾精灵创造出山川万物，制定了法律，建立了生活秩序。澳洲土著为了纪念英雄祖先，把这些事迹记录在诗歌里，展示在仪式上，传诵在神话故事中，更为长久地则描绘在悬崖峭壁上，也就是我们现在所看到的岩画。

正值这个时代，祖先能使天空中白天有太阳升起，夜晚有月亮朗照。动物和植物也由祖先为它们塑造出千姿百态的外形，特别是创造了人类。英雄祖先或图腾精灵赋予人类以智慧，又使他们储蓄力量，同时还教导人类发挥组织能力，处理好复杂的人际关系，协调好与各种自然现象之间的关系，诸如与动物、气候、疾病以及冲击人类的自然灾害等。当这些创造活动完成之后，祖先的灵魂就归隐到岩画中去了，或深埋到土地里去，或飘流到浩瀚的大海中，或袅袅升上天空。也有的继续到遥远的地方去旅行，再创造新的天地。

澳洲土著岩画大都是记录英雄祖先的神话传说，梦幻时代的创世故事。澳洲土著能指认出西澳大利亚州的金伯利、北部地区的阿纳姆地等，那里有些岩画就是祖先亲手创作的宝贵原作。岩画点管理委员会的人员也会确凿地告知参观者，有哪些岩画自远古以来多次被加工过，又有哪些巨大的神人同形像是他们英雄先祖在完成了地球之旅后，归隐到岩石中留下的影子。

任何地区的岩画都不仅仅是一种艺术形式，澳洲土著民族的岩画是通过岩画的形式，来讲述创世的神话故事。其实有关创世的神话在原始民族中各具风采并不罕见，但唯有澳洲土著民族进行了创新的图形阐释，能够将他们的精神世界形象化，生动别致又奇特美妙地表现出来。他们为世人开创了一种崭新的且与众不同的岩画样式。

2.梦幻时代与创世纪

澳洲土著民族对于岩画的解释通常从世界起源开始。例如，澳大利亚西北部的乌纳巴尔（Unambal）部落人，关于太古时代是这样说的："从很早、很早以前创世的时候，天地已经存在。乌格特（Ungud）代表大地，它是一条巨蟒，也是一切创造力的源泉，从它那里创造出一切生命，即便死了以后还能复生。我们所看到的地面，实际上只是乌格特的脊背，树木等等都是生长在乌格特的脊背上。此外，水、时间和人们的心理活动等等也都与乌格特有关。天上住着的威拉格特（Walauganda）是天空的主人，他创造万物。起先，地球上一片荒芜，没有任何东西，只有乌格特住在地里面。威拉格特把清水倒在地上，乌格特把水引入地底下，同时还造了雨。因此，地球开始产生了生命。他们从不在白天进行创造，创造活动往往是在夜里，当他们进行创造时总是处在睡梦的状态，并转化为他们所创造的人类形象"①。

土著民族所画的"汪其纳"岩画，是表现人类灵魂的居所。他们要把这些岩画描绘在全澳洲的岩石上，是为了说明威拉格特和乌格特是万物创造者。这也就是在这片大地上许多地方都能发现"汪其纳"岩画的原因。

在澳大利亚中部和西北部，这种"汪其纳"岩画都具有神祇的意义，这来源于远古的神话，既可以转变成神话中伟大人物的创造力，也能在宗教仪式上扮演着重要的角色。它主宰着土著民族的精神，是土著民族生生不息的生殖力的源泉，也是土著民族图腾崇拜的对象等等。

澳大利亚艺术作品中的"汪其纳"形象，可以在岩画中发现，也可以在树皮画上发现。一幅作品描绘着汪吉纳的头部、头巾，眼睛和鼻子连接在一起，这是一种典型的画法，还画了肩部和手臂，都是画在白垩土的背景上。这种艺术形式发现在澳大利亚阿纳姆地和金伯利高原岩画中。它的意义曾被许多学者讨论。"汪其纳"岩画实质上与土著民族的万物有灵的观念紧密联系着。

土著民族认为"汪其纳"岩画代表雨后霓虹的大蛇。它们又被认为是表示永存的好季节，特别是能带来雨水和孩子们的灵魂。据传，"汪其纳"是最早的人类，来如风，去无踪，不断地在大地上漫游，是它创造出山川、河流等自然的风貌。最后，它来到洞窟或岩阴（岩厦），变成了崖壁画，但是它们的精神是永存的。澳洲土著民族每当发现一幅"汪其纳"崖壁画都能感受到力量。于是，岩画点也就成为澳大利亚土著民族举行典礼的场所了。

澳洲土著对于"梦幻时代"的说法，又定为几个不同的阶段，如梦时、梦境、永恒的梦等等。

他们描述"梦幻时代"的始祖生活在地球上的时候，经历过许多艰难险阻，做出过不少的冒险行动，人们演绎出许多动人的传说，并世代相传着。传说和神话专门叙述禽兽形体构造的来源。例如，在澳大利亚金伯利高原的神话中有叙述雄鸡获得五彩斑斓的羽毛的来历，负鼠又是怎样历经多少磨难才丢掉尾巴等等。另外，还有一些神话是叙述创世主通过内部的婚配，才逐步建立起复杂的婚姻法律。重要的神话故事以多种形式重复表现，有的编成歌曲和舞蹈，不断地演示那些神话故事的动人情节。

澳大利亚金伯利高原的土著民族和别处的澳大利亚原始部落民族一样，都认为从前的大地和动物都不是现在这个样子。在创世纪的时候，始祖们有着超自然的力量。当他们生活在地球上的时候，塑造了大自然的面貌。只是后来始祖逐渐停止了在地球上的活动，他们从有形变成为无形，成为一种精神上的象征。

---

① Andneas Iommel, *The Rock Art of Austnalia*（《澳大利亚岩画》），Hans-Georg Bandi, 1961, *The Art of the Stone Age: Forty Thousand Years of Rock Art*（《石器时代的艺术：岩画四万年》）Methuen-London, p.209.

3.最早的远古遗址

澳大利亚最早的遗址断代为距今60000年至40000年前。摩哥湖（Mungo）畔的墓葬遗址说明当时的人类是晚期智人。由于海平面的下降，人们可以离开新几内亚，横跨79公里的海峡，来到澳大利亚这片新土地。新几内亚的东岸有一个距今40000年的遗址，离澳大利亚东岸不远。

在阿纳姆地（Arnhem Land）出土过石斧和刮削器，与这些石器同时出土的还有涂绘红色颜料的碎片，被断代距今60000年至53000年前。远古时代的赭石颜料，有的用于身体装饰，也就是绘身，也有的用于描绘岩画。在金伯利高原，这些颜料的制造和使用可以追溯到距今39000年前[①]。

有的学者认为，在澳大利亚现存的最古老的岩画，是发现在巨石上和岩壁上的小圆穴，也叫杯状穴。这些琢刻和敲打出来的圆形凹穴，在巨石上的直径2~3厘米；在崖壁上的直径6~7厘米。数千个小圆穴依次排列覆盖着岩石的表面。最近，北部地区的金米努（Jinmium）在堆积物地层中发现小圆穴。经发光测试，其年代为距今75000年至58000年之间。

有一种被称作"指槽"的岩画遗迹，也是属于更新世时期的。在澳大利亚的北部，石灰石洞窟柔软的崖壁上有用手指刻划的凹槽，表现各种不同的图形和非具象的线条图案。在南部的末端，同样可以发现这种指槽的遗迹。从南到北，分布的跨度几乎超过3000公里。在澳大利亚，大部分这种指槽岩画断代为30000年至20000年前[②]。

在阿纳姆地岩厦里的岩画最早可以推到20000年前，那是一些手印和其他垂直的线条、鸟兽的足迹，甚至巨大的植物。

手印分空心和实心的两种，也是昆士兰州劳拉地区的早期岩画的题材，制作的方法则有涂绘（岩绘）和刻制（岩刻）的两种。除了手印岩画外，还有飞来器（boomerange），甚至还有蜥蜴等动物的形象。

土著民族不断地改造自然面貌，逐步使澳大利亚更具有文化和意味深长的地方。这个过程至少有6000年的历史。现存的约十万个岩画点，有岩刻，有岩绘，描绘着各种题材，有的手印使用当地的蜂蜡和树脂打印在岩厦的崖壁和窟顶上。在澳大利亚北部有些地方可以发现五种技法，有的相互覆盖，有的紧挨在一起，而且不断还有新的发现。

阿纳姆地有一种自然主义形式的巨大而复杂的岩画，有的图形达到3米，甚至更大，表现动物和人物用暗红色画出轮廓。人物的形象是多样的，最为普遍的一种是身体平卧、两臂伸开、双腿微屈的姿势。女性形象化的标志是将双乳画在两肋边线外、向两侧生长，有时也画出女阴。

[①] Jean Pierre Mohen, 2002, *Prehistoric Art*（《史前艺术》），Paris, p.92.

[②] Paul S. C. Tacon, *Australia*（《澳大利亚》）. David S. Whitley, *Handbook of Rock Art Research*（《岩画研究手册》），Altamira Press, 2001, p. 534.

二　澳大利亚岩画

在大洋洲，很多重要的岩画点集中在澳大利亚。

在18世纪末，考古学家已经发现，澳大利亚拥有世界上最重要的旧石器时代的艺术遗址；尤其是拥有许多岩画遗迹。早在20世纪70年代，已经得到人们公认，这里是世界上最丰富、最庞大的岩画艺术的画廊之一。

澳大利亚最早的遗址现在断代为距今60000年至40000年前。摩哥湖畔的墓葬遗址说明当时的人类是晚期智人。由于海平面的下降，人们可以离开新几内亚，横跨70多公里的海峡来到澳大利亚这片新的土地。新几内亚东岸有一个距今40000年的遗址，离澳大利亚东海岸的悉尼不远。

澳大利亚的岩画艺术已经发现了成千上万处。从西北部的金伯利高原，越过北部的阿纳姆高地一直到达约克角半岛。在南部库纳尔达的洞窟深处，发现许多蜿蜒曲折的石壁刻纹和直线V字形凹痕，可能已存在20000多年了。

在其他地区的遗址中，发现的赭色岩画残片，上面刻着一些直线和"鸟形"图案，可能是距今7000年至5000年前的墓葬品。

（一）地方性与多样性

在更新世的后期，澳大利亚一些地方的艺术也变得更加有地方性的特色。这种多样性包括风格、形式、技术和内容题材，当全新世到来的时候更加强化了。所以，当欧洲人接触到一些岩画群的时候，它们都是局限于某些狭小的地区，只从氏族或个人着眼，而没有考虑到更其广大的语言群体。在澳大利亚中部的皮尔巴拉（Pilbara）或悉尼盆地，岩刻是首选的技术，而岩绘则只扮演次要的角色。因此，我们在这个地区可以看到，采用范围广阔的题材和图案制作而成岩刻，而岩绘则较为少见，因为这里有较多的巨石和崖壁适用于制作岩刻的缘故。有人研究过岩画传统与自然环境变化的关系，澳大利亚岩画风格上的区别除了自然条件不同之外，更多地可以被解释为社会的封闭、人口的增长和人群拥有领土范围的扩大，这种领土范围与不同的艺术风格是相联系的，也是与社会生活的多样性相联系的（图213~215）。

整个大陆其岩画风格的多样性是伴随着题材内容范围的增加，反映出人们社会和居住环境的变化。在许多地区，它们在艺术上主要考虑的主题和关心的问题是可以分辨出来的，如在东南部的新南威尔士神人同形像是主要表现的内容，而在阿纳姆地（Arnhem Land）西部则有许多鱼类的描绘。

213　澳大利亚土著民族与岩画 （图片来源：R. Morrison）
澳大利亚是世界上至今仍保留着岩画制作传统的地方。这位老艺术家既擅长岩画创作，又是风格独特的树皮画的制作能手。他解释自己这幅作品的内容，是描绘他的祖先和两个姐妹坐着独木舟，在晨星的指引下，来到阿纳姆地东部的海岸。

环境的变化也直接或间接地影响着岩画，如海平面的上升就多方面地影响着岩画。

社会方面的影响，诸如猎人采集者的战争及各种宗教的兴起，对岩画的影响都是显而易见的。这也说明在历史的长河中岩画的制作是有种种不同的目的，因此，没有一种理论可以解释所有的岩画现象。事实上，今天我们知道不仅不同形式的岩画有一系列不同的功能、意义和目的，同时某些土著民族的不同成员，因其不同的年龄、性别、社会地位，也会从相同的画面上体会出不同的意义来[1]。

在北部约克角半岛，有一个被命名为"昆肯画廊"的洞窟，里面有数百幅描绘英雄和神灵的岩画。在中部地区艾尔斯山岩的浅洞里，绘有神话中的蜥蜴和一些半人半猿像的崖壁画。岩画中有以红、黄、黑、蓝色描绘的传说中的英雄人物和象征虹霓的巨蛇、袋鼠等。澳大利亚岩画是土著民族创作的。在他们的精神世界里，有关宗教信仰、生与死的观念等在岩画中都得到充分地展现。

从澳大利亚居民的人种和文化类型两个方面看，都与东南亚的关系更密切些。它的岩画艺术的样式并不单一。崖壁画遍及澳大利亚的整个地区，一般来说，自然主义的风格的岩画多集中在北部，而抽象符号风格的岩画

[1] PaulS. C. Tacon, *Australia*（《澳大利亚》）. David S. Whitley, *Handbook of Rock Art Research*（《岩画研究手册》），Altamira Press, 2001，pp.544~546.

214 《动物、人物与精灵》 澳大利亚阿纳姆地岩画（图片拍摄：陈兆复）

画面的中心是一只鸸鹋，为产于澳洲的体形大且不会飞的鸟。它的旁边后来添加了一个戴帽子的人和一个骑马的人，这些都覆盖在古老的作品上面。

215 《两个施巫术的精灵》 澳大利亚阿纳姆地岩画（图片拍摄：陈兆复）

两个精灵纠缠在一起，处于施法的状态。这一画面佐证萨满进入状态时，所看到的物象是混沌不清且相互纠结的。

集中在从新南威尔士州海岸到西澳大利亚。澳大利亚独具的"汪其纳"岩画，是一种神灵的形象，主要发现在西北部地区。抽象化和图案化风格的岩画，凿刻着圆圈、螺旋、梳形、迷宫图像和极为概略化的人物形象，多集中在澳大利亚的南部和中南部。

位于西北部的金伯利高原和北部的阿纳姆地两处的岩画，是澳大利亚北部最重要的岩画点。

在这些地方有许多动物图形的岩画，诸如鱼、龟和蛇，并且表现为 X 光线风格。同时，这些图形和许多人物形象描绘在一起。人物的姿态和动作恣肆放纵，冲破生理极限。其影响并波及南部和西部。

（二）阿纳姆地崖壁画

阿纳姆高原位于澳大利亚北部地区，像是一个由巨大的岩石组成的岛屿，西部和北部的边缘是在相邻的平原上面升起的绝壁悬崖，高原的海拔从 250~300 米，有的残留的岩石可以高达 500 米。高原山脉的外露岩层充塞在低洼的漫滩到高大的山丘，河水和小溪流淌过高原，切割出峡壁和山谷，形成了无数的水洞和瀑布。风化仍然在侵蚀着高原，断裂的崖层，悬崖的凹处，是澳洲土著用来栖身的庇护所（图 216）。

澳大利亚土著民族用岩画装饰这些庇护所，认为这些作品是米米精灵在梦幻时代创造的，他们教导一代又一代人如何去制作岩画。有些岩画是那些神话人物把自己的影子遗留在岩石上，他们的精神就存在于岩画的形象之中。

虽然所有的部落成员都参加岩画的制作，但有些人的技巧明显高于其他人，作品也更受到重视。他们不仅在自己的地方作画，也被请到别的部落去作画①。

澳大利亚的阿纳姆地崖壁画，众多的禽兽、人物、精灵、神话故事都能在崖壁上找到。禽鸟中有一只鸸鹋，这是产于澳洲的一种体形大而不会飞的鸟，在其他地方岩画中是看不到的。鸸鹋的旁边画了一个戴帽子的人和一个骑马的人，这些都覆盖在更加古老的岩画的表面。

我们在澳大利亚的阿纳姆地崖壁画中，找到一幅反映神话故事中的雷电兄弟，画在一块高达 60 英尺的大块岩石上。崖壁画将自然现象中的雷电人格化了，雷与电被绘成两个高 3 米的男子像，每人都显露出和腿一样粗的生殖器，末端涂着红色，可能是表示"下割"。

神话故事中的羽人被表现为戴着过分奢侈头饰的卡儿卡形象，在附近的岩壁上也有着一个完全一样的岩刻。它画在澳大利亚悉尔山脉德通山口

① Lewis Darrell, 1988, *The Rock Paintings of Arnhem Land, Australia*（《澳大利亚阿纳姆地的崖壁画》），Oxford（BAR）.

216　澳大利亚阿纳姆地悬崖 （图片来源：R. Morrison）

阿纳姆地位于澳大利亚的北部，山岩嶙峋，干旱缺雨，植被稀少，经济发展滞后。但对于澳大利亚土著民族来说，这是一个神圣的地区，是他们生命的源泉，所以他们一直居住在这里。这里的土著民族制作岩画的传统，也是自古至今从未间断过。当地岩画蕴藏量很大。

217 澳大利亚阿纳姆地米米风格的木柱雕刻 （图片来源：P. Tweedie）
这是阿纳姆地中央地区土著民族制作的米米精灵的木雕。

218 **《精灵》** 澳大利亚米米风格崖壁画（图片拍摄：陈兆复）

米米风格的精灵出现，往往是神话故事形象化的图解。土著民族因为没有文字，仅通过口头传播神话故事，但总不如岩画有形有色，而且不受时空的限制。

岩画点。在澳大利亚的约克岬一个名叫"岱顿妇人"的岩厦里，画着妇女形象的附近还有阴型手印和其他人物。

1.米米风格岩画

最古老的被称为米米风格的岩画[①]，发现的时间较晚，多为单色画，色彩退色严重，形象很难看得清楚。后来，在澳大利亚西北部重又大量发现米米风格的岩画。这种风格岩画的人物图像，形象古怪，头饰夸张，体形细长，大都着衣，运用优雅的线条，表现出特有的动势，手中拿着口袋。

如果说"汪其纳"岩画是以宗教巫术为目的的话，那么细长人物的米米风格则是一种已经灭绝了的种族的日常生活的反映。尽管比"汪其纳"岩画中的人物，从时间上说可能更为原始，不过这种细长的米米人物并不能使人产生神圣感，只是体现出对于艺术创作活动乐趣的满足而已。

米米风格是澳大利亚古老的岩画风格，人们可以发现它往往被后来的X光线风格崖壁画所覆盖。米米风格在早期最为普遍，延续的时间比其他风格更长。这种风格的作品虽然可以用其他颜色制作，但多以单色为主，色调从淡红到棕褐，甚至黑色。形象是非常符号化的，大多数是用优美的线条画成。

① Carroll, Peter J. ,1977, *Mimi From Western Arnhem Land* （《澳大利亚的阿纳姆地西部的米米风格岩画》）. Form in Indigenous Arted. by P. J. UCKO, AIAS, Canberra, pp. 119~130.

219 《狩猎》 澳大利亚米米风格崖壁画 （图片来源：E. J. Brandl）
　　米米风格的人物在奔跑，身体弯曲向前，步伐很大。他们过长的胳膊张开，正在投掷出一长矛或回力棒。

220 《出猎》 澳大利亚米米风格崖壁画 （图片拍摄：陈兆复）

221 《手印》 澳大利亚阿纳姆地岩画

222 《变形的精灵》 澳大利亚岩画（图片拍摄：陈兆复）

    土著民族将宇宙万物都赋予灵魂，再通过岩画使其形象化。这些灵物本无形，绘制者尽可以纵情驰骋想象去创造。三个精灵变成三朵类似葵花的花朵，又像是三把木勺子。

223 《白色精灵》 澳大利亚阿纳姆地岩画（图片拍摄：陈兆复）

精灵是演绎神话故事的演员，形无定律，态多飘逸。在这幅岩画的三个人中只一人头饰华冠，一手持箭，一手提着猎获的动物，
其余两人连手臂都没有，腿弯曲如弓。其中一人金鸡独立，以蹄代替了脚掌。

224　《女精灵》　澳大利亚阿纳姆地岩画（图片拍摄：陈兆复）
画面上的女精灵头饰与颈饰皆很丰富，其中一个人似正在叙述故事。

　　　画得最好的是那些活动中的小人，手里拿着各种工具似乎正在打猎、战斗，或是舞蹈，这些就是米米艺术的中心主题。人物始终在运动着，他们的身体弯曲向前，叉开双腿，迈着大步。他们过长的胳膊张开，正在投掷出一支长矛或回力棒。回力棒在米米风格崖壁画中占有重要位置，棒的形状有弯曲的，也有成角的，这种成角的类型在阿纳姆地现在早已不再使用了。在有些岩画点，几乎所有的米米人都戴着巨大的头饰，使人们看不清人物的脸。手脚很少画手指和脚趾等细节。男人在作品中出现得较多，但也有些画得很好的跳舞或奔跑的女人，如描写四个奔跑着的女精灵。此画是澳大利亚崖壁画艺术中的精品，常在刊物上转载。作品表现出和谐一致的向前飞奔的动态（图217~224）。
　　　米米风格也出现在树皮画上，表现一个妇女正在生产婴儿，另一个妇女在后面加以协助，使前面的妇女顺利地产下婴儿。

2.汪其纳岩画

"汪其纳"岩画前面我们已经说得很多，他们往往画在可以防避热带暴雨的悬崖下面，也有画在巨石下面。巨石的形状上宽下窄，很像一朵蘑菇，可以防止雨水滴落在画面上，这也是制作"汪其纳"岩画的理想所在。偶然也发现在崖脊上或河谷里，但是这些地方的岩画往往是很难发现的。

"汪其纳"崖壁画被画成人形，画得简陋而粗糙，有时利用岩石的隆起，以求得浮雕的效果。"汪其纳"崖壁画总是采取躺卧的姿势，脸部用红色或黄赭石色画出带状的边线，面部不画嘴巴与眉毛，只画眼睛和鼻子，身体通常是用白色直线勾勒，手和脚仅仅只是示意性的，脚却总要将脚掌向上翻转，犹如脚印（图225~229）。

在"汪其纳"崖壁画的上面，作为陪衬，通常还画些较小的"汪其纳"，仅以几个小小的头形表现出来。据说，这些小小的头形是大"汪其纳"的孩子们。与此同时，画面上还添加许多可食用的植物和动物，如袋鼠、鱼、鸟等等，表示这些动物是和"汪其纳"一起生长着的。此外，还有一些不明确的长形的图案也在画中出现，当地土著民族认为是蜂蜜，这种表现手法是纯属象征性质的。蜂蜜被认为是神圣的食物，涂在礼仪用的的圣杖上，以求神灵的保佑，帮助他们获得更多的蜂蜜，所以岩画中出现这种圣杖的长形图案，事实上也就是表现蜂蜜。

"汪其纳"崖壁画每年都要由部落首领重新画过，这是他们的特权。绘画使用的颜料为赭石、白垩土和煤炭等，因为所有这些颜料是用水调合起来的，所以画面很容易退色。当画面重新粉刷之后，艺术家沿用相同的样式，但也并非依样勾描，而是重画，所以人们往往可以发现原先的轮廓，也能辨别画家之间艺术才能的高低[①]。

笔者曾有幸被当地的土著带领着去参观这些岩画，也曾被阻止在山口等待，等待带领的人先去请示"汪其纳"，得到批准后才能进去参观。这是为什么，怎么请求，又怎么能知道同意与否，这一系列的问题即使他们自己也不能作出合理的解释。他们中的老人或者可以略加解释，那些年轻人对此毫无兴趣，甚至于不屑一顾。

在某些传统而古老的社会中是没有艺术或艺术家这些词汇的。艺术创作对他们来说，创作的过程比创作本身更为重要。我们可以举出澳大利亚土著群体创作岩画的例子加以说明。当他们在岩壁上涂绘令人神魂颠倒的图形时，作者的精神状态是处于迷幻之中，只想通过岩画表达群体的传统观念和思维方式而已。岩画的内容总是从祖先创世纪开始，表达对祖先的

① Crawford，I. M. , 1968, *The Artofthe Wandjina*（《汪其纳岩画艺术》）. Melbourne: Oxford University Press.

225 《雷电兄弟》 澳大利亚阿纳姆地岩画（图片拍摄：陈兆复）

　　这是神话故事中的"雷电兄弟"，为两个高3米的男人形象，屹立于澳大利亚北部地方阿纳姆地德拉米尔附近的岩壁上。巨大粗壮的生殖器，象征阳刚之气。

226 《保护神像》 澳大利亚阿纳姆地岩画（图片拍摄：陈兆复）

画面上几个已经不完整的神灵像都为男性。他们头部装饰着不同的饰品。

227 《悬崖下的汪其纳》 澳大利亚西澳大利亚州帕达岩画（图片来源：Walsh, G. L.）

虽然在阿纳姆地有许多汪其纳岩画的神话传说，但大量的汪其纳岩画点却发现在西澳大利亚州。这些在悬崖阴影下的汪其纳岩画，据说都是汪其纳自己的"影子"，或是英雄祖先的灵魂。

228　《粉刷过的汪其纳》 澳大利亚西澳大利亚州卡林奇岩画（图片来源：Walsh, G. L.）

卡林奇（Kalingi-Odin）岩画点位于卡克德（Calder）河上游。这个岩厦长达 150 米，一部分岩画已经损坏了。这幅汪其纳岩画经过重新粉刷后，现在保存得很完整。

崇拜、英雄的礼赞、神祇的敬畏，逐渐形成其独特的文化模式，代代相传，延续至今。

　　澳大利亚土著民族的岩画创作，与现代造型艺术的创作是相悖的，甚至是背道而驰的。它从本质上是扼杀艺术的灵魂，也就是艺术的创新与个性的表达。所以当我们观赏岩画也好，研究岩画也罢，都必须考虑到它的文化特性。处于特定文化氛围中，岩画艺术的创作，总会受到作者世界观的支配，必然留下传统文化的印迹，也会遗存传统的风格特点。这一切都被生活于现代而又继续制作岩画的澳大利亚土著民族的后裔继承下来。

　　尤其是那些表现精神世界的岩画，虽历经岁月沧桑，依然保留在他们的信仰中。他们坚信与其血脉相连的祖先，拥有超自然的神力，而祖先的神力就寄存在"汪其纳"岩画中。为了延续神力，保持传统，澳大利亚土著民族从古至今，一而再、再而三地重画"汪其纳"岩画。

　　至今在某些地区的传统文化中，岩画继续扮演着重要的角色，如在美

229 《汪其纳与袋鼠》 澳大利亚西澳大利亚州岩画（图片来源：I. Crawford）

国的西部、非洲和南美。在位于肯尼亚的维克托利亚（Victoria）湖的岛屿上，那里的人们为了避免久旱或躲过饥荒等，仍在岩画遗址处举行祭祀活动[1]。在玻利维亚有证据说明，现代的土著民族仍向岩画点祭献山羊和美洲驼[2]。即使到了20世纪80年代，尼日尔的叛乱分子为了战胜内心的恐惧，增强自信心，也向岩画求助，往岩画上粉刷白色和黑色[3]。在印度中央邦的皮摩波特卡岩画点的岩厦中，常年有人向岩画敬献供品。这些事例足以说明，岩画迟至今日仍有其特殊魅力，这就是澳大利亚的汪其纳岩画为什么不断被重画的原因。

3. X光线风格

"X光线风格"这个术语，曾被人们在论述南美印第安人岩画时使用过。斯宾逊在1912年收集到阿纳姆地的奥恩庇里地区"X光线风格"的树皮画，第一次对这种艺术风格作了详细的描述。在澳大利亚北部的阿纳姆地，这种被称作"X光线风格"的岩画，有动物，也有人物。它的特点是所画的形象像X光线的透视图。游鱼、走兽、飞鸟和爬虫，除了画出外部形象之外，还画出了骨骼、心肺和肠胃等内脏。也有一些人像，画出了五脏，意图在于表现那些正在舞蹈、狩猎或战斗的人们的内在精神状态。

有的学者认为，"X光线风格"崖壁画所表现的是那些被祖先神灵所猎获并被吞食的动物。又有人认为对"X光线风格"岩画，到目前为止，实际上并未能够清楚地解释它的含义。而另一些学者则坚持，"X光线风格"艺术有明确的含义，它与狩猎巫术有关，是为了修复死去动物的生命。据澳大利亚土著民族称，被杀死的动物可以因修补其某些致命的部位（骨骼和心脏）而复活。这似乎是萨满教的观点，也只能说是一种推测，因为目前我们并未得到"X光线风格"崖壁画的中心地区——阿纳姆地与萨满教有关系的证据（图230~237）。

以前，欧洲人曾简单地把这个地区的岩画分为两种风格，即古老的米米风格和晚近的X光线风格。米米据说是精灵人，他们最早开始岩画，后来又将岩画的技术教给当地的土著民族。现在当地土著看到古老的作品都会说这是米米制作的。事实上，在X光线风格之前已有相当多的不同风格，有的描绘大型动物或人像，有的表现一群人叙述某种情景，诸如狩猎、战斗、典礼等等，人物大都画成简单的棍状模样。所以，某些时期往往会同时出现不同的风格，难以一概而论。然而最为著名的是最近出现的大型多彩的X光线的作品。这种显示智力的现实主义风格是艺术家不仅描绘对象的外部形象，同时表现它的内部构造。人物和动物都表现出解剖学的特征和器官，一些没有生命的东西，如步枪，可能会将枪膛里的子弹画出来。这种风格

[1] O. Odak, in E. Anati, ed., *Preservation and Presentation of Rock Art*（《岩画的保存与介绍》），1981~1983（Paris: UNESCO, 1984），31.

[2] R. Querelazu Lewis, *Contemporary Indigenous Use of Traditional Rock Art at Yarque, Bolivia*（《玻利维亚雅克的当代土著民族使用传统岩画》），Rock Art Research II, No.1（1994）: 3~9.

[3] D. Coulson, *Ancient Art of Sahara*（《撒哈拉的古代岩画》），National Geographic, June 1999.

230 《三条白色 X 光线风格的鱼》 澳大利亚阿纳姆地岩画（图片来源：George Chaloupka）
澳大利亚的岩画形式，静态的多为重要的神祇，动态的多为精灵，X 光线风格的多为食用的物种，但也不排除表现人物。他们往往扮演的是渗透、通达的神灵。这幅岩画绘制在深色背景上，白色铺底、红色勾勒的三条鱼，鱼的脊柱犹如 X 光线透视出来，鱼鳍、鱼尾也都一一展现。

231　《精灵群体》 澳大利亚卡卡图国家公园岩画（图片来源：George Chaloupka）
　　这是一幅巨大岩画的局部。画面这些精灵群像，创作于 1964 年，继承传统的 X 光线风格。作品位于卡卡图国家公园的一处岩厦。
作者是颇具声誉的纳摩波尔米（Najonbolmi）和他的一些朋友们。他们不仅只限于在澳大利亚境内复制古代岩画，也从事新作
品的创作。他们不间断地接受邀请，到世界其他地区制作既继承传统又有所创新的岩画，构思大都来自神话故事。

232　《X 光线风格的人物》　澳大利亚卡卡图国家公园岩画（图片来源：George Chaloupka）
这是《精灵群体》岩画的局部。X 光线风格类似骷髅的女精灵高悬于画的右上角，下面一字排开的是盛装女人，动态优雅。

233 《X光线风格的妇女》 澳大利亚卡卡图国家公园岩画（图片来源：George Chaloupka）

戴着扇形的头饰，流着奶汁的乳头，身穿华丽服装的妇女，与X光线风格的鱼为伴。这幅岩画经过反复使用、多次的绘制构成一幅装饰性极强的大型岩画。

234 《X光线风格的人物与鱼》 澳大利亚阿纳姆地岩画（图片来源：E. J. Brandl）
画面中的人物身材高挑，橄榄球形的双乳，乳头向外。其头部未画五官。周围有多条 X 光线风格的大鱼穿梭游动。这幅作品
发现于阿纳姆地的德弗阿德（Deaf Adder）港湾。

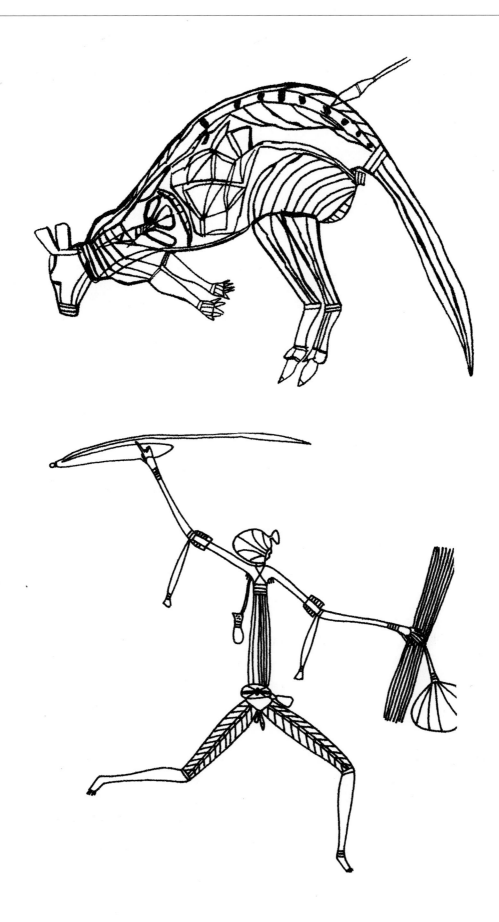

235　《X 光型风格的袋鼠》　澳大利亚阿纳姆地岩画（图片来源：E. J. Brandl）
由于画家特别熟悉这种动物，表现生动逼真。其透过皮肉画出脊柱，也有用图案花纹填充的。

236　《X 光型风格的勇士》　澳大利亚阿纳姆地岩画（图片来源：E. J. Brandl）
这位勇士全副武装，手拿、臂缠、腰束样式不同的器物，士气旺盛地向前冲击。从艺术造型上看，与非洲撒哈拉沙漠塔西里岩画《持弓箭的人》有异曲同工之妙。

237　《X 光型风格的美女》　澳大利亚阿纳姆地岩画（图片来源：J. Clottes）
X 光型风格岩画大都发现于阿纳姆地。这种岩画之所以被称为 X 光型，是缘自透过外形，将体内的器官也画出来，与医院照 X 光片子相类似，但并非像解剖图那般准确，也是一种艺术风格。

最好的代表是诺尔兰奇（Nour Langie）巨岩的崖阴岩画[①]。

诺尔兰奇的崖阴崖壁画有一幅X光型的妇女图像，她头戴扇形的头饰，胸部两侧有流着乳汁的奶头，上面则是两条X光型的游鱼。这是一幅大画的局部，具有装饰性极强的"X光线风格"，看起来画家已经丧失了对于内部器官解剖细节的兴趣，在身体上只描绘纯粹装饰性的纹样。

4.澳大利亚人面像

据说，近来澳大利亚岩画研究中最易引起争论的是，对岩刻《微笑的人面》的解释。它发现于北部地区的西部沙漠克勒莱德（Cleland）山，克勒莱德山是瓦特逊山脉的延伸部分，主峰名叫冬山。在那里绵延不断的沙丘像海洋一样，直至一个沉没下去的峡谷间，有一个被称为托姆斯水库的岩洞。这个岩洞水库的水量丰富，但也并不总是如此，带有季节性，雨季水多，枯水期蓄水就少了。

1902年，人们发现了这个峡谷间的岩洞，却没有提起洞内的人面像岩刻，只注意到了当地的土著民族画在附近的一些图画。

称为《微笑的人面》的岩刻，推迟到1961年5月的一个偶然的情况下被发现的。那天，在晨光曦微中模糊显示出人面的形象，刻在被水侵蚀得很厉害且布满石垢的岩壁上。当第一个人面像被发现之后，很快又接连发现了几个相似的人面像。这时，发现者才意识到这些人面像不平常，具有重要的意义。于是，他出版了拍得很不好的岩刻照片，并附上对这些岩刻的说明，当时并未引起人们的重视。直到1967年，才由罗伯特·爱特瓦特领导一支探险队前往岩洞考察。

爱特瓦特对这次亲自考察的收获惊喜不已，宣称它是澳大利亚史前最重要的岩画点之一。十六个人面像，各有一两米宽。他认为，这不仅在澳大利亚岩画中是最大的，即使在欧洲、北美、南非和别的大陆也是无可比肩的，可以说是举世无双了。经过许多刊物发表和各种意见的讨论，人们接受了《微笑的人面》这个提法。这些以沟槽组成的形象，代表着一种优秀的却已被遗忘的文化，有一种神秘的吸引力（图238~241）。

但是"微笑的人面"这种提法其实并不确切，因为虽然有的人面流露着一种高兴的情绪，但有的又表达出一种忧伤的感情。这些人面像与澳大利亚中部沙漠里那种复杂的符号艺术联系在一起，更引起了人们的关注。

所有这些人面像普遍的面貌，是采用紧密排列在一起的圆圈和圆点，或者同心圆，用以表现人面的眼睛。这种表现的方法也经常在沙漠地带的澳洲土著民族艺术中运用。或许这是一种符号，一般成对地出现。解释这种符号的说法有很多，有人说这种样式表现的是怪物或祖先或古代的英雄，

[①] George Chaloupka, *Burrun-guy-Nourlangie Rock*（《诺尔兰奇岩石》），National Library of Australia, p. 22.

238　《人面像》　澳大利亚克勒莱德山岩画（图片来源：Walsh, G. L.）
　　在 20 世纪发现在克勒莱德山的所谓"微笑的人面"引起了很多的争论。学者认为，他们代表一种特别古老的岩画传统，或可称为古老的人面像传统。

239　《人面像》　澳大利亚克勒莱德山岩刻（图片来源：Walsh, G. L.）
　　这些所谓"微笑的人面"是在偶然的情况下发现的。虽然他们表情并不都是微笑的，但人们还是接受了"微笑的人面"这种提法。

240　《人面像》　澳大利亚克勒莱德山岩刻（图片来源：Walsh, G. L.）
　　岩画中的符号是作者力图用最简单的方式，表达某种心愿的形式。圆圈、圆点和同心圆的符号，在人面像中表现眼睛或面部的轮廓线。对这种符号的含义尚有很多争议。

241　《人面像》 澳大利亚克勒莱德山岩刻（图片来源：Walsh, G. L.）
这个岩画点发现的人面像共有几十个，有的学者宣称这是澳大利亚最重要的岩画点之一。人面像各有一两米宽，不仅在澳大利亚岩画中是最大的，而且可以说是举世无双。

甚至可能包含一个完整的神话故事。

1933年有人记录了一幅澳洲土著民族的作品，与岩刻的图形很相像，所不同的是螺旋形代替了同心圆，连接着新月形代替了下巴和嘴的位置。据当地土著民族解释，图形是表现坐着的女人与其七个姊妹的神话故事。螺旋形代表她的乳房（在《微笑的人面》岩刻里则是眼睛），而广阔的U字形表示她的背部（在岩刻中则是下巴和嘴）。所以说，观赏岩画绝非可与观赏一般美术作品等同，岩画在形象的后面还背负着古老的传说与深重的巫术信仰①。

岩画在这个地区是非常图形化的，初看似乎很神秘，但当一部分、一部分加以分解后，作品就合乎逻辑了。这些人面像的构图代表一种特别早期的岩画传统，或许可以称之为"古老的人面像传统"。相同的风格在西部澳大利亚其他地区也有发现。

① Walsh，G. L.，*Australia's Greatest Rock Art*（《澳大利亚岩画大系》）. Bathurst: E. J. Brill-Robert Brown & Assoc.，1988, p.68.

（三）金伯利高原岩画

西澳大利亚州北部的金伯利（Kimberley）高原，集中了大量有传统宗教意义的澳洲土著岩画。特别值得一提的是，在澳大利亚金伯利高原上的人们，长期保留着不间断绘制岩画的优良传统，从远古三四万年起，近至20世纪尚在继续绘制岩画不辍，世代相传，令人惊叹不已。

1.汪其纳与巨蟒

金伯利的传统艺术联系着对创世者祖先，即汪其纳的崇拜。与阿纳姆地的汪其纳岩画相似，虽然有时他们被画成只有头部，却具有高度特征性的风格。他们是正面的，可能被画在悬崖的顶部从高处俯视众生，也可能水平地躺在岩石的边上。汪其纳岩画的风格特点十分鲜明，脸孔是白色的，大而圆的黑眼睛，煽动着长长的眼睫毛，嘴巴是没有的，半个头部围绕着放射形的线条。双腿是直的，脚掌总是向外翻转。虽然随着时间的流逝，汪其纳岩画的形象也会有许多变化，但其基本特征是有严格规定的（图242~252）。

澳大利亚金伯利高原的土著相信，个人的力量是从祖先创世者的力量延续下来的，通过一条线连在肚脐上，个人可以通过这条线进入到灵魂的领域，去发现新的歌曲和舞蹈，或者在那里，他们可以得到特别的见识，例如能见到制造疾病和死亡的幽灵等等。

蒙格洛玛拉（Jeffrey Mangalomara），一位金伯利高原北部的作曲家，就曾宣称他曾多次通过灵魂的脐带到精神世界中去游历，并为他的部落带回新的歌曲。还有人说，他们到精神世界中去，能够寻找到迷失在丛林中的死者，甚至还可以控制天气和雷电。

金伯利高原的土著普遍相信控制天气的力量。当暴风雨来临、风雨交加、电闪雷鸣的时候，土著老年妇女在雷电中挥舞着头巾，口中念念有词，恳求汪其纳用魔法召回暴风雨[1]。

巨蟒岩画在金伯利高原岩画中也占有重要位置，散布在整个地区的许多岩画点。

关于巨蟒岩画可以从澳洲土著民族创世纪的传说中追寻到一些蛛丝马迹。据说，远在梦幻时代，此地曾游荡过众多彩虹般的巨蟒，也正是这些巨蟒构成金伯利的灿烂风光和相关神话。那些神话的叙述往往总以水源、出水口、山口和山脊作为故事的开头，又少不了葱翠的树木、波光粼粼的

---

[1] Patricia Vinnicombe and David Mowaljarlai, *That Rock Is A Cloud: Concepts Associated With Rock Images In the Kimberley Region of Australial*（《岩石是一朵云：澳大利亚金伯利地区的岩画观念》），Kunt Helskog & Bjornar Olaeneds, *Perceiving Rock Art: Socialand Political Prespectives*（《从社会和政治的观点看岩画》），Novus forlag - Oslo, 1995, pp. 228~239.

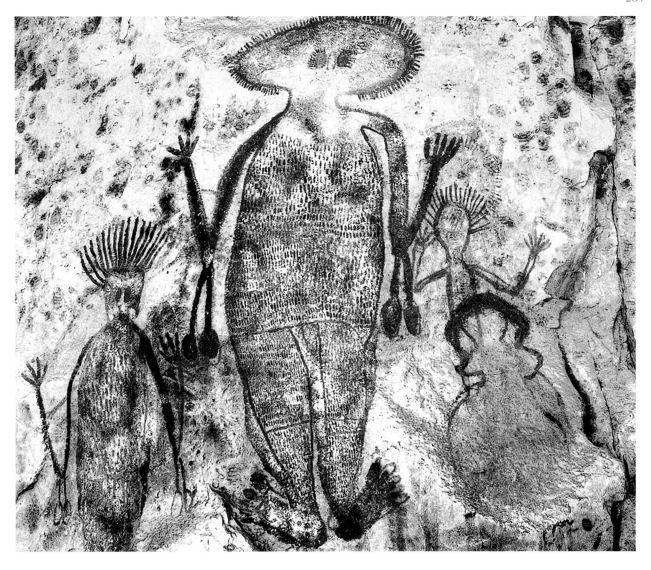

242　《**汪其纳**》 澳大利亚金伯利高原岩画（图片来源：J. Clottes）
　　汪其纳像是澳大利亚土著民族的祖先像。既是他们生命之源，又是死后灵魂的归宿之地。它的形态是静止的，又是一成不变的，要持续不断地重画。其目的有三：第一，树立氏族的归属感，强化凝聚力；第二，不断地注入活力，生生不息；第三，宇宙浩瀚，天地一家，心路无阻地坚持创作岩画的传统。

243　《**汪其纳**》 澳大利亚金伯利高原岩画（图片来源：Walsh, G. L.）
　　这是金伯利高原有关汪其纳最重要的岩画点。据民间神话故事说，这幅岩画联系着汪其纳与七个土著民族部落之间的战争。

244　《**汪其纳**》 澳大利亚金伯利高原岩画（图片来源：*Australian Tourist Commssion*）
　　岩画位于澳大利亚金伯利高原的恰勃连（Chamberlain）山谷岩画点。画的是全身男性的汪其纳岩画，肘部有装饰，这在汪其纳岩画中较为少见，而头部的画法仍保持汪其纳岩画的程式。

245 《汪其纳与巨蟒》 澳大利亚金伯利高原岩画（图片来源：I. Crawford）

　　根据金伯利高原的民间传说，巨蟒从东方过来，一路上形成了许多大河，后来它劳累过度，觉得很疲倦，它的孩子们又哭起来了，于是只得在奇伯（Gibb）河的一个洞窟里停了下来，将自己和孩子们都画在岩画上。

246 《巨蟒》 澳大利亚维多利岩画（图片拍摄：陈兆复）

　　蟒与蛇在土著民族的神话中，是象征力量掌握气候的神灵。它们多居住河海、岩边，居住地的土著民族多以其为图腾崇拜物。我国台湾原住民用蟒蛇形象装饰住房门楣、生活用具及服装等等。

247 《人物与巨蟒》 澳大利亚金伯利高原岩刻（图片拍摄：陈兆复）

　　澳大利亚的土著拥有丰富多采的神话传说。他们靠口头文学与岩画两种形式，传承其传统文化。

248 《亚当与夏娃》 澳大利亚西澳大利亚州岩画（图片拍摄：陈兆复）
从事岩画创作时，往往是各画各的，新的覆盖旧的。就这幅岩画看，主题并非是人与袋鼠，而是男人与女人。男人头饰鸟羽，
文身从胸部到下腹，十分招摇。

249 《人与袋鼠》 澳大利亚西澳大利亚州岩画（图片拍摄：陈兆复）

两只袋鼠画法写实，雄性动作矫健，雌性怀孕，身体笨重。两个矮小的男人迎面驱赶，但似乎并不能如愿。

250 《妇女正在生育》 澳大利亚西澳大利亚州岩画（图片来源：Walsh, G. L.）

"树干风格"是澳大利亚古老的岩画风格，大多数是用优美的线条组合而成。画中的人物往往处于飘浮游动的状态之中，动态潇洒奔放。

251 《**舞蹈的女精灵**》 澳大利亚西澳大利亚州岩画（图片来源：Walsh, G. L.）
　　这种被称为"树干风格"的岩画，人物的性器官都特别突出。这幅画中女性的性器官被极度夸张。岩画的舞蹈并非单纯的身心
　　娱乐，而是巫术仪式的插曲，渲染恍惚迷离的宗教气氛。

252 《**舞蹈人物**》 澳大利亚西澳大利亚州岩画（图片拍摄：陈兆复）
　　这是男性的舞蹈，狂放强烈。

河水、肥沃的土地和繁茂的植物作为铺垫。最后是每个土著民族在自己的领地上,如何跟随巨蟒的踪迹发现巨蟒的影子,之后又被画到岩石上了。

土著人面对巨蟒岩画皆肃然起敬,认为巨蟒既象征力量,还掌管着气候的大权,天旱时若举行求雨仪式,除必要的歌舞祭祀活动外,众人要面对巨蟒岩画履行一整套礼仪活动,重要的是还要抚摸画在崖边上的巨蟒蛋,雨才会淅淅沥沥地下起来。据说,很是灵验,甚至小孩子无意识地摸了巨蟒岩画,大雨也会骤然降临,甚至还会暴发水灾。

2.勃兰特肖风格岩画

澳大利亚金伯利高原的勃兰特肖(Bradshaw)岩画,在1891年就被约瑟夫·勃兰特肖(Joseph Bradshaw)发现了。当时那些居住在这个地区的土著民族说,这些岩画是"他们之前的时代"的作品。在土著民族的传说里,这些岩画是鸟儿所创作的,它们用嘴啄岩石直至流血,然后用鸟嘴和尾巴蘸着鲜血画出这些岩画[1]。

这些绘画作品的年代是如此的古老,能保存到现在极其难得,良好的环境条件当然是重要的,但在非常坚固的岩石上,我们仍然可以看到颜料退色的现象。

自1977年,格拉哈姆·威尔士(Grahame Walsh)致力于金伯利高原岩画的研究,汇编了资料库。他分析勃兰特肖岩画的起源与时间的序列,与当地土著民族讨论岩画的技术和所使用的工具,却没有发现制作这些最早岩画的必要线索。

这种岩画的底层往往画得十分精致优雅,后来覆盖在上面的则多半是一些图案化的作品。

格拉哈姆·威尔士自十三岁就开始记录澳大利亚的岩画。长大后作为一名摄影师,他拍摄了大量澳大利亚北部广大地区的岩画图片,并对其作了著录,这使他成为该领域的一位专家。

有人说早在50000年前,在遥不可及的蛮荒未开的远古时代勃兰特肖岩画就已经存在了。它们得以保存下来不能不说是一个奇迹。勃兰特肖岩画是因1891年在澳大利亚西北部的金伯利高原探险的约瑟夫·勃兰特肖首次记录下来而得名。

然而,勃兰特肖岩画是否是地球上最早的岩画之一呢?

当第一批移民定居在这里时,澳大利亚土著民族就宣告,这些岩画并非出自他们之手,是"他们之前"的作品,是一些"无聊的东西"。

这些岩画竟是如此的古老,颜料残留在岩石上已经斑斑驳驳,给用碳十四测定的方法来断定年代带来很大的困难。它们中最为古老的岩画已经

[1] Flood, I. , 1997, *Rock Art of the Dreamtime*(《梦幻时代的艺术》), Sydney: Harper Collins.

253　送葬木柱（图片来源：D. Conroy）

在沙滩上聚集着雕刻的木柱，每个都经过精心的装饰，涂上鲜艳的色彩。它们是为了葬礼的仪式而制作的，反映出土著民族对死亡和灵魂世界的认识，在葬礼过后往往就被丢弃了。

难以分辨了，不管原先使用的是何种颜料，现在作品上残留的大都是深紫红色，似乎变得不受其他因素的影响（图253~255）。

1996年，格拉哈姆·威尔士（Grahame Walsh）发现了一个鸟巢构筑在一幅勃兰特肖岩画上，覆盖了一部分画面，科学家据此进行了新技术的测定，断代为距今17000年。这个发现支持了格拉哈姆·威尔士认为这些艺术作品确实是非常古老的理论。人们可以想到，其古老的程度和法国南部的拉斯科洞窟崖壁画的年代是相当的。

1938年，英国探险家格里（Sir George Grey）描写金伯利高原是"他曾见过的最荒凉的地方"。近十六年来，格拉哈姆·威尔士在这样恶劣的环境里主要靠步行进行考察活动，发现了数千幅壮观的勃兰特肖岩画，并收集了岩画点的有关数据。

这些勃兰特肖岩画显示出令人震惊的复杂性，它们和法国的拉斯科、

254 《巫术仪式的舞蹈》 澳大利亚金伯利高原岩画（图片来源：J. Clottes）
　澳大利亚土著制作岩画的技能几乎与生俱来，岩画是他们心灵的火炬，精神上的支柱。他们作画时，不受制于客观形体的局限，
任意取舍，挥洒自如，造型妙趣横生。作品的初始意义仍有许多神秘色彩。

肖威特等旧石器时代的洞窟崖壁画有着同等的重要性。

　　著名的艺术史家罗斯金（Ruskin）总结艺术的重要性时说：伟大的民族
书写他们的自传有三种手稿，即行为之篇、文字之篇和艺术之篇。其中最
有价值的是最后一种。

　　正如克拉克（Kenneth Clark）在他的著作《文明》中所指出的常常在
艺术里发生不平常的事情。例如，法国的洞窟岩画、爱琴海基克拉迪群岛
的雕塑、中美洲奥尔麦克人的雕塑、意大利的文艺复兴及印象派等等。

　　我们认为勃兰特肖岩画是另类最不平常的岩石艺术。勃兰特肖的艺术
家们已经掌握了非常实用的技巧，与上面提到的大师们的创作有异曲同工
之妙。对我们来说，勃兰特肖的《舞蹈者》与马蒂斯的《舞蹈者》二者尽
管相距约17000多年，但同样是伟大而杰出的。它们共同具有的优雅、活
力和生命欢乐的律动，这些反映人性的本质，在伟大的绘画作品中得以体

现。下面引用马蒂斯的话来说明勃兰特肖岩画的重要意义：

"如何领会艺术品的意义，依赖于你是否还原作品制作时的精神状态去欣赏它。人们是以现在的眼光、现代的观念来考虑这些作品，还是用这些作品产生的时期，把它们放回它们自己的时代，以那个时代的眼光去看它们，并去了解作品在当时的重要性和对它们同时代人的意义？"

1992年，勃兰特肖基金会的理事们和格拉哈姆·威尔士一起，为寻找勃兰特肖的岩画到澳大利亚西北部的金伯利高原去旅行。这个地方的大小相当于瑞士的国土面积，由于地形的崎岖峻峭，要看遍整个地区，唯一的办法是用直升飞机。他们经常使用两架飞机，但从高处向下发现岩画点很困难，而步行又几乎是不可能的。

许多勃兰特肖岩画和一些较为晚近的"汪其纳"岩画，在同一个地区被发现，通常是在水源的附近，有的画幅很大，例如一幅在德拉斯达尔（Drysdale）河上的岩画就是如此。勃兰特肖岩画断代为距今至少17000年，作品大都是直接画在岩石上，极少数"汪其纳"岩画是几千年前的作品，大多数"汪其纳"岩画是近几百年的作品。

天堂池在洛河（Roe），在它的石壁上有许多岩画是未被记录过，每逢雨季来临，大量的雨水沿着石壁流淌。下面靠近维勒（Wren）峡谷的地方为热带雨林，有充足的雨水滋润着植被，苍翠欲滴的绿色装点着湿润清新的峡谷地区。

在这块美丽宜人的地区同时共存两种岩画，隐藏在悬崖之下的"汪其纳"岩画与金伯利高原的岩厦里的勃兰特肖岩画。

两个"汪其纳"岩画的头部刚好画在崖顶，走到近前抬起头才看得见。这些位置是很难被发现的，但如果运气好，也可以用望远镜看出来。勃兰特肖岩画尽管有一定的隐蔽性，但却比较容易到达。为了拍摄到这些岩画，许多岩画学家与摄影师们的膝盖都被擦伤过。这种类似蘑菇形状的岩厦是别致美观的岩画点，特别受到参观者的青睐，甚至有些"汪其纳"岩画包括整个家庭成员的头部都挤在一起，仿佛"汪其纳"的家族也同人类一样喜欢扎堆儿。

在某些岩石的下部，格拉哈姆·威尔士在出现"汪其纳"岩画的地方，同时发现人骨或藏尸骨的陶罐。另外，还有与人骨放在一起未被碰过的树皮小包。这种现象说明在不久前这个岩画点还有人继续使用着。

在爱德华河附近，与这些勃兰特肖（Bradshaw）岩画同在的，是一些有着特别巨大轮廓、肢体肥胖的形象，以及手印、脚印和小小的凹坑（小圆穴）[1]。

---

① Bradshaws, *Ancient Rock Paintings of North-West Australia*（《勃兰特肖：澳大利亚西北部的古代崖壁画》）. Geneva: Bradshaw Foundation, 1994.

255 《从地下冒出来的众神》 澳大利亚维多利亚河地区岩画（图片来源：R. Bednarik）
岩画画面约4米宽，从地下冒出来的众神头戴放射状发冠。

3. 在金伯利高原考察

自从离开柯努努拉后，我们这些来自澳大利亚、中国、美国和德国等不同国籍的十几位岩画学家，结束了在阿纳姆地考察的活动，于1988年12月5日又来到澳大利亚金伯利高原考察（图256）。

金伯利高原似乎比阿纳姆地更为荒凉，放眼望去，只有稀疏的树木，似林非林，有些还像着过火，树木都烧焦了。这里的公路很差，是碎石的土路，车行时颠簸得很厉害。有些岩画点又没有向导，需要按图自己寻找，辛苦不说还要走许多冤枉路。在气温高达摄氏40多度的中午，大家懊恼地躲在山脚稀疏的树荫下休息，最后只得沿着原路回去了。

我们一行就穿行在这积满落叶的山间小路去寻找"汪其纳"岩画。从早晨6点出发，8点10分抵达山上的一个大岩洞，一批人已在那里寻找，终于发现了大幅躺卧着的"汪其纳"，周围还有几个小人头像。"汪其纳"用红白两色画成，在白色的底子上，头发用红色线条勾勒完成。

此处岩檐凸出足有10多米，是一处非常理想的岩画点。从岩阴（岩厦）

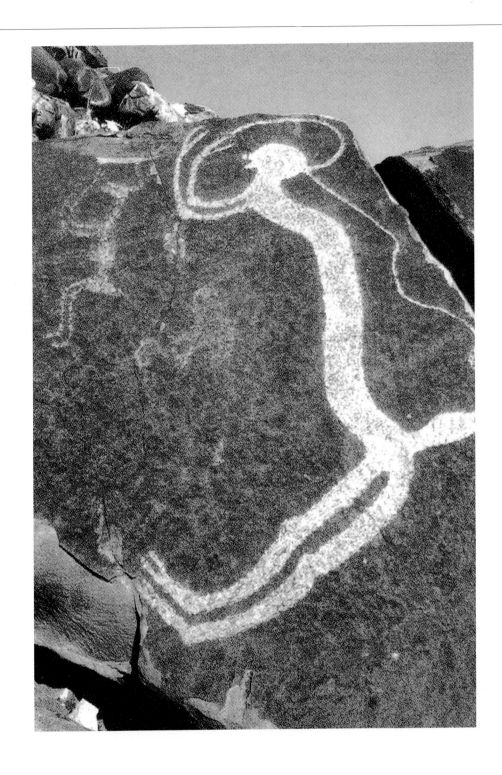

256 《人兽同形的精灵》 澳大利亚西澳大利亚州岩刻（图片来源：R. Bednarik）

画面发现于西澳大利亚州斯卑阿（Spear）山，是一幅凿刻在花岗石上的岩刻。画面上的神人同形像约1米高。

处望出去，对面是一片平川，远处山岭蜿蜒。我们一行在一处山边的岩阴处发现有崖壁画的痕迹，像是半个脸孔，其他部分都很模糊了。

除了"汪其纳"岩画之外，另一个岩画点还有许多动物，其中一幅长达数米的曲曲折折的蛇是用红色画成的。这个岩画点最令人感兴趣的是一些禽鸟的爪痕，这些岩刻数量不少，看起来非常古老。另外，还有排列成行的小圆穴，数量很多，也非常古老，其中有些可能是自然形成的。

通过这次对澳大利亚岩画的考察，我们最突出的感受是澳大利亚洞窟崖壁画和欧洲的洞窟崖壁画存在着很大的区别，前者有着儿童画般的天真灵动的随意性，却缺少欧洲史前岩画的深沉古朴的写实性，较后期的澳洲岩画多了些浪漫的气质，而欧洲和美洲印第安人的岩画则多了些奇谲怪异的形式美。但它们的共同点就是冲破写实的局限，着重于情感的抒发，通过岩画宣泄他们的意识观念，将无形的精神世界形象化地表现出来。

4.土著民族的参加

在金伯利高原，一批学者曾和土著民族一起在岩画点进行记录和研究的工作。

许多新近岩画点的发现，都有土著的长者、土地的所有者、管理人和岩画研究项目工作者等各方面的人员参加。自从20世纪80年代中叶以来，在澳大利亚工作的考古学家日益采用与当地土著社团合作的方法。土著们对参加调查很感兴趣，部分的原因是对于本民族遗产的关心。他们有探索和研究本民族文化的权利，当然这些岩画也是人类的共同文化遗产，既记录他们的过去，也影响他们的未来，应该为所有澳大利亚人所共享，不管是白人还是土著。

澳大利亚令年轻的艺术史家、考古学家最感兴趣的是这里为人们唯一可以看到原始部落民族的艺术家们现在仍在进行创作的地方。在这里，人们可以了解到传承原始部落民族的艺术家们，从古至今是怎样设计图样，以及他们的图样里包含着何种意义。同时，人们还可以观察到他们是如何使用绘画材料，以及如何运用艺术技巧来进行创作。

总之，从澳大利亚的原始部落民族的艺术家那里，人们可以得到许多第一手材料。他们的艺术几乎与外界的影响完全隔绝，并且已存在了一个相当长的时期[①]。

今天，澳洲土著的首领不仅要求管理岩画，同时还要求得到尊重，参与磋商和加入到研究工作中去。这就成为澳大利亚岩画研究队伍新的组合、新的准则和新的从事岩画研究工作的方法。虽然矛盾和争论是存在的，有时还会遇到棘手的问题，但这种土著和非土著之间的合作一直继续着。然

① 陈兆复、邢琏《外国岩画发现史》，上海人民出版社，1993年，第341页。

而，在澳大利亚某些被土著认为是神圣的岩画点，至今仍不容许人们去参观、拍照、研究、发表论著。

澳洲土著的管理人要求得到尊重，要求在研究中得到平等对待，也要求研究成果能保留在他们的族群中。这往往是澳大利亚之外的学者们难以理解的。每年都会有海外的同事或学生要求到澳大利亚去研究岩画，但他们没有想到事情并不那么简单，要获得土著团体的同意并不是容易的事。

一般的做法是要考虑到土著族群的需要，制作出插图精美又使用通俗英语的报告，举办学习班，训练族群中的年轻人摄影和岩画记录的技术。通常要帮助建立社团博物馆、文化中心和展览会等，田野工作的视频录像是特别受欢迎的。

当从事某个岩画研究项目的时候，研究工作者和土著社团一起工作会有许多好处，往往受益匪浅，包括人力的帮助、知识的帮助、经验的帮助及得到新的友谊。从土著方面来说也是如此，除了弘扬本民族的文化之外，还得到就业和经济上的好处。近年，在阿纳姆地、金伯利高原和中央澳大利亚都进行过这样的项目。

一个合作的例子是玛恩河（Mann River）岩画点的记录项目。它是1993年由巴维那格（Bawinanga）土著社团主办的。其结果是训练了一批土著的田野工作人员，使他们学到摄影、岩画史、记录技术等。超过一百个岩画点被记录下来。这个项目的成果，产生了一些报告、出版物、讨论会、流动展览会和社团博物馆的一个永久性展览，一些岩画点的保护方法，互联网上的报告，以及一个由社团保存的巨大数据库。随后，他们又作了一些图画和故事的记录和图像的分析。这些成果都由土著社团的成员负责管理，对这个地区更多深入的研究也在计划中。

许多年长的土著首领被邀请参观了那里，其中一位说：

"我被邀请参观那些岩画点，我们许多年长的土著人都担心年轻一代的土著人不清楚那些古代的地方，如果一旦在这片土地上开矿或发生别的事情，我们不希望这些有岩画点的地方会被破坏。我们到这里来是为了使年青人有更多的了解，必须记录所有的岩画点。我们不希望那些精美的岩画和它们叙述的故事会丧失，因为它们告诉我们有关祖先许多重要的事情。"

这个项目成功的原因之一是，许多土著民族的长者都渴望他们的生活方式、知识、艺术、历史和个人的生活经验不会永远地丧失。贯穿整个"北部地区"，土著民族的长者都一贯地认为岩画点是"历史"、"遗产"和"土著民族的历史教科书"。这种历史如同梦幻时代的创造、历经的转变和遇到的灾难，其不仅对土著民族的后代，同时对渴望解释澳大利亚的岩画的人们也是一样的重要[①]。

① Paul S. C. Tacon, *Australia*（《澳大利亚》）. David S. Whitley, *Handbook of Rock Art Research*（《岩画研究手册》）, Altamira Press, 2001，pp. 547~552.

（四）昆士兰州劳拉崖壁画

澳大利亚岩画共有三个主要的集中区域，即西澳大利亚州的金伯利（Kimberley），北部地区的阿纳姆地和昆士兰州的劳拉（Laura）。这三个地方我们都有幸亲自去考察过。

劳拉的地貌是被10000多平方公里的沙石带围绕着，宛若刀劈斧砍般的悬崖峭壁群中神秘地隐匿着许多的岩画点。它之所以保存完好，或许是由于地处偏远，或许是由于道路崎岖，或许是崖高坡陡难以攀登的缘故，也正是由于这些原因，其长期以来未被发现和记录下来。最大的岩画点是沿着劳拉河岸，遗存着岩画中最宏大而又多彩的人体艺术，这里也是具有劳拉岩画艺术鲜明特点的地区。

由于道路的开通，使一些主要的岩画点得以被发现和向公众开放。大多数记录下来的岩画，大都在150~450米以上的地方，需经艰难地攀登，越过崎岖的坡地才能到达。巨大的崖壁画往往画在石块开裂处，有的岩画又多制作在高达3000米断崖的边缘。

根据当地的土著人讲，一年内最好的时间是4月至11月期间，空气湿润，食物和水也很丰富，人们在岩壁的高处眺望远山，心旷神怡。

许多劳拉地区的岩画主题是神话故事，这也是他们进行巫术活动必要的偶像。大型动物是昆士兰劳拉地区岩画风格的另一个主要题材，根据当地早期人类遗址的发掘，劳拉地区最早的岩画年代距今13000年。1981年发掘出红色、白色和黄色的颜料，断代为距今8000年，从而说明某些岩画的制作年代相当于这个时期或者更早一些。

大多数的岩画点位于昆康土著民族居住的保留地之内。19世纪70年代欧洲人在这里发现了金矿，当地的土著民族很快地被逐出了自己的土地，只有少数土著家庭现在仍居住在劳拉附近的镇区。

近年来，劳拉地区艺术也被称为昆康艺术（Quinkan Art），当地有一座昆康山和昆康牧场。这名字是来源于土著民族的一种精灵，他们相信这些精灵居住在砂岩的断层之间，一般在夜晚才会出现。他们身材很瘦，细胳膊、细腿使它们能穿行在树林之间，也能隐没在岩石的缝隙中。昆康艺术中的人物有男有女，女性显示硕大的乳房，男性则显露生殖器。

1.岩画点与岩画

劳拉风格的岩画发现在澳大利亚东北部约克角半岛砂岩高原的广大地

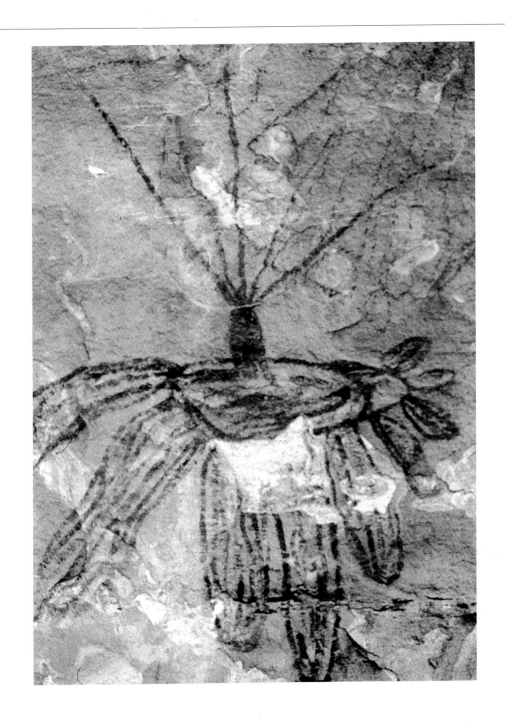

257 《化装的萨满》 澳大利亚昆士兰州劳拉岩画（图片拍摄：J. Clottes）
　　　　萨满的造型很像能够飞翔的蝴蝶，这符合萨满教的教义。萨满认为人的灵魂能与躯体分离，可以游荡于天地之间。

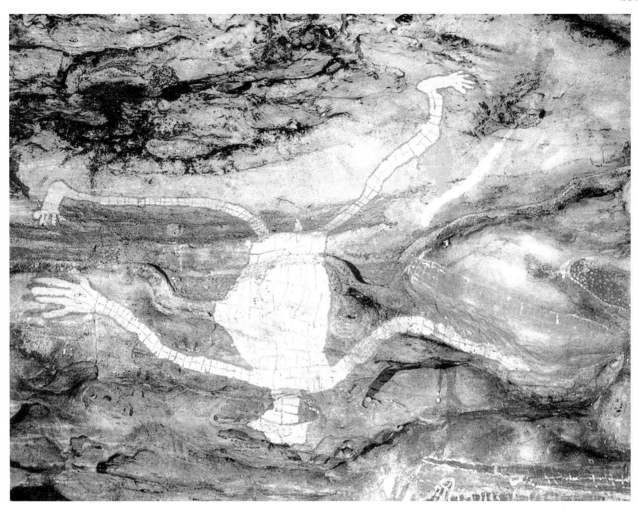

258 《倒置的人物》 澳大利亚昆士兰州劳拉岩画（图片拍摄：J. Clottes）

在澳大利亚昆士兰州劳拉岩画中，人物倒置，头部向下，往往表明此人已被巫师的魔法控制。画中出现的人物头戴欧洲式样的帽子，这在19世纪后期和20世纪早期，往往意味着这是白人的警察或别的有势力的人物。画中人物手臂与两腿任意拉长，通身涂白，并附有十字形纹样。这是一幅与现实社会生活有关的作品。

区，崎岖的断崖，高低不平的陡坡，从科克镇（Cooktown）的西部到西北部都有这种艺术分布。其南部的界限是帕尔玛（Palmer）河，也有的学者认为帕尔玛的风格只是劳拉风格的变种而已。虽然有数百个岩画点已被记录下来，但仍有数千个岩画点湮没在壮观的自然风景之中（图257~262）。

劳拉的岩画点有的只是小型的岩厦，有着少量的图像。有的则是大型宏伟的岩厦，有着数百个不同技法和不同内容的画面。大型岩画点岩画容量大，视野也很广阔，曾在一个岩画点记录下1310个图形。其中少数是抽象的图形，多数为具象的。有的神人同形像大到5米。有的岩画作品是重新画过的，或者后来加工或增添上去的。

澳大利亚土著民族创作以多种形式表现巫术的岩画，无论在岩画或现实生活中巫师都扮演着重要的角色。这种信仰和实践一直影响到当代的土

259 《米米风格的女精灵与一条鲶鱼》 澳大利亚昆士兰州劳拉岩画（图片拍摄：陈兆复）
　　女性形象在澳大利亚岩画中，以乳房为标志，正、侧面位置不同。正面形体将乳房置于躯体的两侧，像一只展翅的蝴蝶。这个
女精灵在鲶鱼面前，惊恐地向后侧身，下意识地举起双手。岩画演绎着我们尚不能了解的神话故事。

260 《人物、手印与鱼》 澳大利亚昆士兰州劳拉岩画（图片来源：J. Clittes）

澳大利亚劳拉地区加菲希（Gafish）岩画点的岩壁上布满了多种鱼及人的形象和手印。加菲希是一种长嘴硬鳞的鱼。在画面显著位置用红色画出游动的一条大鱼，占据空间较大，其余都挤在左下方。以白色涂绘的女性人物，正在振臂高呼，周围四五个大小不一的人物有的随声附和，有的倒立，有的横卧，并有多个手印和古怪的鱼的形象混杂在一起。学者分析认为，这是不同氏族的图腾形象。

著社会。

在大量神人同形类型的作品中，又有许多不同的变化。虽然一般的形象是标准化的，但有些形象经当地的土著鉴别为昆康的精灵，它们的出现赋予劳拉艺术无与伦比的趣味性。

后期的作品，人物采用正面描绘的方法，动物采取平面表现的包括鼹鼠、鲶鱼、龟、爬虫类等，以及侧面描绘的有澳洲野狗、马、猪和鸟等。大型动物是昆士兰劳拉地区岩画的另一个主要题材。

劳拉艺术有着广阔的题材类型，其中80%是具象的，包括人物、动物、植物、用具，或人物和动物的印迹。后期的岩画还包括警察、马匹等。但最主要的图形还是人物和动物。岩画描绘动物种类，诸如哺乳动物、鸟、鱼、爬行动物和两栖动物，显然是来自当地的物种。

主要的画法是涂绘，也有少量使用模板和岩刻的技术。虽然岩画上早

261 《女人、手印与鱼》（局部）澳大利亚昆士兰州岩画（图片拍摄：陈兆复）
  白色妇女四肢展开，夸大的双手五指伸开像两把芭蕉扇。在她的左右陪饰两个小人，其一与她一样。此外，周围还有手印、鱼
  虾和倒立的人。

262　专家拍摄澳大利亚昆士兰州岩画 （图片拍摄：陈兆复）
1992 年，笔者应邀再次到澳大利亚考察昆士兰州岩画。在低矮的岩厦下，同行的法国岩画学家克洛底斯（J. Clottes），1.8 米多的高大身躯，硬挤进石缝的空隙中仰卧拍照。

期使用的颜色是有限的，劳拉的岩画作品仍给人以强烈的影响，不管是单色的还是多色的。红色是最经常使用的色彩，其次是白色，黄色和黑色则较为少用。大多数劳拉岩画是单色的，少量是双色的，只有少数是多色的。根据地质学的分析，劳拉岩画的颜料取自当地的原料。

岩画可能展示多种颜色、形式多样的身体内部的图样。人物形象可能会有精心制作的头饰、腰带、下垂的装饰物，以及相关的瘢痕标志。一些巨大的岩画点集中描绘了许多图画，相互重叠拥挤在一起。

劳拉的人物有时画得非常大，在许多岩厦的中心占有突出的位置，但也有的画得非常小，只有几十厘米高。

劳拉岩画中某些静态的和整齐的外貌，尽管遵循着惯例，却有着创新，诸如多种多样题材的排列和种类的复杂性，以及那种出人意料的重叠布置，创造出一种充满活力和深度的情景①。

劳拉地区土著民族把岩画分为好与坏两种类型，好的岩画描绘古代英雄、图腾和祭祀的对象，坏的岩画包括上面说的昆康和那些魔法及巫术的

① Noelene Cole & Bruno David, *Curious Drawings at Cape York Peninsula——Anaccount of the Cape York Peninsula Region of Morth - Eastern Australia and Anoverview of Some Regional Characteristics*（《约克角半岛的新奇图画——澳大利亚东北部约克角半岛地区和一般地区特色的概述》）. Rock Art Research《岩画研究》，Vol.9，No.1，1992，pp.3~12.

主题。例如，描绘蛇的岩画，它们的头部靠近施法对象的身体，有时咬他们的身体或他们的手和脚，以此加害他人。

2. 人物身上的图样与瘢痕

劳拉地区的神人同形像中，有表现古代英雄的岩画。英雄形象被夸大以示尊重，往往画得比真人还要大，高达 2.5 米，甚至更高些，采取比较自然主义手法，与昆康精灵的风格化不同。这种人物被授以"保护神"的称号。他往往被画成双脚叉开、两臂伸张或水平状态，没有头饰，头部比全身显然是缩小了。"保护神"的岩画在澳大利亚其他地区的岩画点也有发现，大都是干旱地区的岩画点，位于重要水源处的山崖上。这些神人同形像的身上往往画满了图样。

劳拉岩画人物身上的图样，通常的解释是为了使画面具有装饰效果。这种看法是否正确？至少与某些现象不符，那就是岩画中描画在胸部和腹部的横线。根据民族学研究的资料可以说明，这种图样并非装饰，而是表示文身的瘢痕。

在澳大利亚别的地区，土著民族也曾提到岩画中人物身上的图样往往是表现文身的瘢痕。这种瘢痕在树皮画的创作中也有表现，还被刻在木柱上。澳大利亚土著民族身上的疤痕，不外乎战斗瘢痕、服丧瘢痕和装饰瘢痕，其中和这里我们讨论有关的，是前面提及的文身的瘢痕。虽然，它们往往被学者们认为是画面上的一种"装饰"，事实上却有着各种各样的目的。例如，它们可能是用来表示成年的标志，或属于某个社会团体的标志，对一个男人来说可能还是一种英勇的符号。

文身的瘢痕在男人和女人身上都有发现，主要是在胸部、腹部、肩部、手臂和大腿上，有时也会在背部、颈部、前臂和脸部。这些瘢痕是有规律的。为了使瘢痕明显，他们又在新鲜的伤口上擦抹一些东西，诸如黏土、黑灰或油脂。虽然劳拉地区土著民族中这些图样的意义我们还没有搞清楚，不过，从相邻的土著民族中我们可以获知一些信息。例如，昆士兰州北部的土著民族，就把瘢痕的图样划分为几种类型，各有其含意，他们自己是分得很清楚的。

岩画中人物身上的图样表示成年人的身份。另外，更其重要的是，在劳拉地区艺术活动与宗教有关，至少可以增强仪式的力量。这种与仪式有关的图样，结合不同的典礼，与民族学研究记录的材料有着惊人的相似，包括描绘在一些神人同形像上的点子与方格。显然，这些岩画上充填在人物身体内的图样也是有宗教意义的[①]。

---

① Bernard M. J. Huchet, *The Identification of Cicatrices Depicted on Anthropomorphs in the Laura Region Northern Queensland*（《昆士兰州北部劳拉地区神人同形像上瘢痕之认定》）. Rock Art Research（《岩画研究》），Vol.7, No.1, 1990, pp. 27~34.

263 《袋鼠》 澳大利亚昆士兰州劳拉岩画（图片拍摄：陈兆复）
在澳大利亚洲岩画中，有的袋鼠被画得很大，明显具有动物崇拜的意味。

3. 人鼠大战与袋鼠岩画

袋鼠是澳大利亚的特产，袋鼠的形象在澳大利亚岩画中也是常见的，其中尤以劳拉地区的袋鼠形象最为突出。

根据土著民族的传说，在梦幻时代就有过人鼠大战。拉钦（Lachian）河地区的部落有一个故事：在很久以前，许多人在河边扎营，天气很热，大家都一动不动地躺在那里，突然，一群大袋鼠发现了他们，很快把小孩叼走了，其他的人都躲进了丛林。此时，人们没有武器，无法对付它们。

之后，袋鼠又冲进丛林，毫不留情地用它们有力的前爪刺向土著人，部落里只有少数人幸存，其中首领还活着，召集起残余的人们商量对策。就在这个会上，人们发明了长矛、盾牌、棍棒和飞去来器等武器。这时，许多女人逃跑时丢掉了自己的孩子，就想到要编制背孩子的背篓。这种用树皮制作的背篓和前文提到的一些武器在澳大利亚许多地方现仍在使用。

人类有了武器可以抵御袋鼠，但是袋鼠仍时有出没。在这群人中，威洛瓦（Wirroowaa）是最聪明的，他想到还要祈求神灵的帮助，这就需要在自己的胸口用白色垩土画上灵验的图案。但这种白色垩土要到大袋鼠扎营

264　《大袋鼠》　澳大利亚维多利亚河地区岩画（图片来源：R. Bednarik）
这又是另一种装饰风格的袋鼠，大袋鼠长约3.2米，身下有两个受其保佑的人物。这幅作品大约是一个图腾形象。

的河床里去挖取。聪明的威洛瓦终于设法从河床中取到了白色的垩土，但他从河中出来后却冻得要死，就用两根棒子相互摩擦，由于神的帮助飞出火花点燃了草堆，熊熊大火把那群大袋鼠都吓跑了[①]。

在昆士兰州劳拉风格的岩画中，袋鼠图形在动物形象中是很突出的，出现了各种不同的艺术风格和不同的历史时期。最有意思的是它们之间像是克隆出来似的，图形大致相同，都表现了一种大袋鼠。通常体内充填进去一些线条，这种充填风格在当地艺术中应属于最近时期。

图形重复着特定的细节，好似它们的商标，或是象征的符号。特别是在西部地区的劳拉艺术。

初步调查显示，这些精确复制出来的作品，颇似出自某些多产的艺术家，或某些画派的艺术家。风化和毁损情况证明，这种画风已经流行了相当长的时期，并不仅是某一个画派的画家的作品。

这些图形更像是出于当地的文化传统（图263~273）。它们被约束在特定的大小范围之内，描绘出一定的系列，有着同一的面貌。这种情况与干旱地区的艺术和抽象化的风格往往有更多的联系。在那些地方，个别艺术

① Robin James & Sue Wagner (ed), *Australian Dreaming: 40,000 Years of Aboriginal History*（《澳大利亚之梦：40000 年澳洲土著的历史》）. Lansdowne Press, Sydney 1984, pp. 20~21.

265 《妇人与动物》 澳大利亚昆士兰州岩画（图片拍摄：陈兆复）

266 《水鸟》 澳大利亚昆士兰州劳拉岩画（图片拍摄：陈兆复）

267 《女人像》 澳大利亚昆士兰州岩画（图片拍摄：陈兆复）

268 《男人、女人与孩子》 澳大利亚昆士兰州劳拉岩画（图片拍摄：陈兆复）
表现的是祈求生育的场面。

 世界岩画Ⅱ·欧、美、大洋洲卷

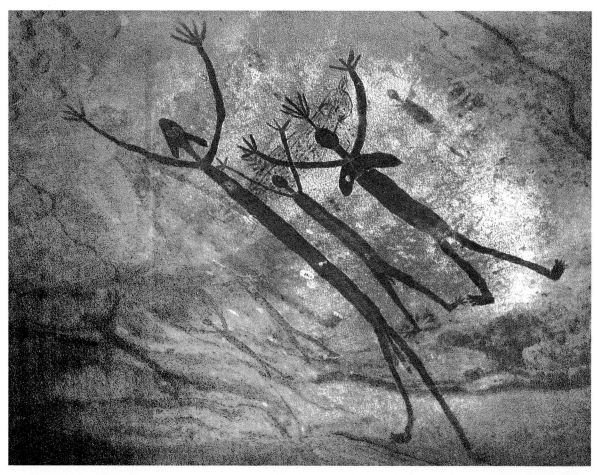

269　《**男女祈祷者**》　澳大利亚昆士兰州劳拉岩画（图片拍摄：陈兆复）
　　　　男人与女人一字排开，祈求借助某种超自然力，使之得以迅速从困境中解脱。

270　《**鳄鱼**》　澳大利亚昆士兰州劳拉岩画（图片来源：J. Clottes）
　　　　一条巨大的鳄鱼覆盖在更加古老的画面上，鳄鱼表面装饰有横竖线组成的方格纹。

271　《**羽人**》　澳大利亚昆士兰州悉尔山脉德通山口岩刻（图片来源：J. Clottes）
　　　　头戴高耸阔大羽饰的卡儿卡（Kalkadoon）男性岿然屹立在山崖之间。附近的岩壁上也有同样的岩刻。类似的羽人形象在中国
　　　　云南沧源岩画中也有发现。

272 《树神》 澳大利亚北部岩画（图片来源：R. Layton）

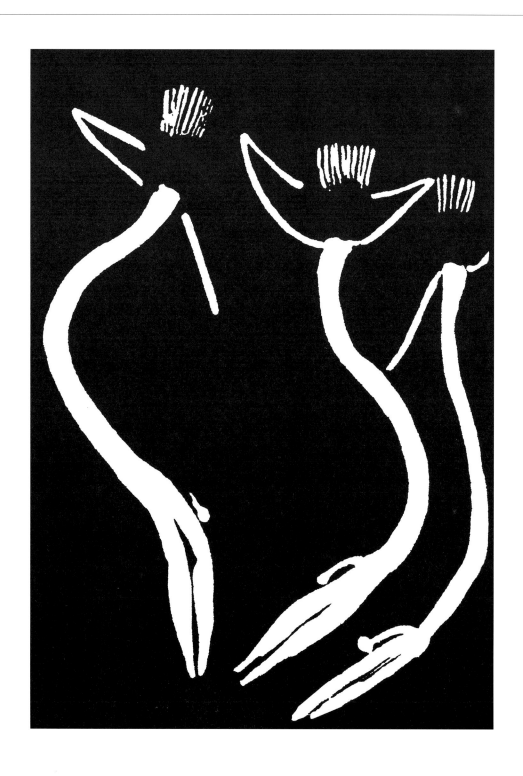

273　《三男蛇舞》 澳大利亚昆士兰州岩画（图片来源：J. Clegg）
　　　三个男性具有明显的生殖器，扭动身躯像是在表演一种模仿蛇的舞蹈。

家允许在一定范围内，对传统风格可以有些许的变化与创新。但看起来直到晚近时期的劳拉地区，对大型自然主义的袋鼠图形的创作仍然起着束缚的作用。

在劳拉的一个岩画点，一只用红色画成的袋鼠长约3.8米，一只用白色画成的袋鼠长约2.4米。这些岩画都显示出典型的姿态，从右侧的角度描绘袋鼠的四条腿，前腿只有后腿的一半长，尾巴和头部都水平向前后伸展，双耳并立，双眼画在头部的一侧。其他有意思的特点是在身体上画出纤细的等分线[①]。

袋鼠用后腿跳的特点，从右侧角度看过去是非常显著的，澳洲土著认为，这是鉴别小袋鼠和大袋鼠的钥匙。此外，图形的大小也是鉴别的一个方法。所以，这里不管从图形大小上看，还是从姿态上看，岩画中表现的都是大袋鼠。

岩画中袋鼠的四条腿都是下垂的，然而这种下垂的四条腿实际上是在表示动作，如同一个动物在全力跳跃，这又是鉴别袋鼠的另一把钥匙。某些当地的艺术权威认为，直腿的袋鼠通常身上体满纹样，与头上戴有头饰的神人同形像相关，是早期的袋鼠艺术。

进一步可以支持这个观点的，是一个名叫大袋鼠画廊（Giant Wallaroo Gallery）的岩画点，描绘了一对长约1.75米的大袋鼠（跟着一个小袋鼠），旁边是一条澳洲野狗，为用脚后跟追击的姿势。

1974年在劳拉早期人类住所的一次发掘，在距今13000年前的堆积物中发掘出岩刻。在同一个遗址又发掘出距今5000年前的岩刻。在20世纪70年代后期，在这个遗址广阔的崖壁上记录了396幅岩画，这不仅是劳拉地区最著名的岩画，同时也是全澳大利亚最大的岩画画廊之一。

（五）抽象主义的艺术——塔斯马尼亚岛岩刻

塔斯马尼亚岛发现的岩画点不多，最著名的岩画点在卡玛隆西山（Mt. Cameron West），位于该岛的西北海岸。暴雨和浓雾使这里有极高的降雨量，寒冷的西风又横扫没有任何遮挡的海岸线。岛上的岩刻最为普遍的是各种不同形状的圆圈，从几厘米到100厘米，甚至超过100厘米，包括同心圆、小圆穴及环形等题材。鸟爪的痕迹和人的足迹是唯一可以辨认出来的具象的图形，有的岩刻的线条，甚至达到深3厘米，宽5厘米，可能是在举行祭祀仪式时反复凿刻和加工的结果。这种作品与澳大利亚南部、中部和东北部的早期艺术风格相似，在有些地方岩刻的表面被红色的赭石反复磨光，甚至出现瓷器的效果，这是祭祀仪式流行的一种时尚。

塔斯马尼亚岛出现岩画点是令人惊喜的。它的发现有其文化和考古学

[①] Walsh, G. L. , *Australia's Greatest Rock Art*（《澳大利亚岩画大系》）. Bathurst: E. J. Brill - Robert Brown & Assoc. , 1988, pp. 44~45.

274 《图案》 澳大利亚塔斯马尼亚岛岩刻（图片来源：Walsh, G. L.）
澳大利亚塔斯马亚岛上的这些图形与澳大利亚南部和中部的岩刻相似，如小圆穴和圆圈等。1969 年进行过一次考古发掘，得到的年代是距今 1350±200 年前。

的意义。

塔斯马尼亚岛在冰河时期起就曾有人类居住过，不过，我们还难以证明这种岩刻的风格当时曾在澳大利亚流行。直到最后的移民通过大陆桥离开的时候，海水上涨形成巴斯海峡，塔斯马尼亚岛与澳大利亚大陆分隔开来。在超过 10000 年至 15000 年的时间里，塔斯马尼亚人创作的岩刻一直保留原有的岩刻的风格。

1. 抽象艺术岩刻

塔斯马尼亚岛发现的岩画点有其文化和考古学的意义，而从岩画的技术和主题的方面看起来，则并不是宏伟的岩画作品（图274、275）。

最初关于塔斯马尼亚岛土著艺术的报道是在 19 世纪初，当时报道的艺术作品是圆锥形帐篷内画在树皮上的黑色或红色的图画。塔斯马尼亚岛著名的岩刻，位于该岛西北海岸边的卡玛隆西山附近，草丛掩埋了这些岩画点，19 世纪 30 年代探险家罗宾逊（G. A. Robinson）在他的报告中就没有

275 《图案》 澳大利亚塔斯马尼亚岛岩刻（图片来源：Walsh, G. L）
　　这个名叫落日的岩画点，是塔斯马尼亚岛著名的岩画点。它的西北部延伸向荒凉的海岸线，那里有着许多岩刻面向大海。这一带海岸线承受着平均每年 1178 毫米的降雨量，茂密的植被覆盖着海岸直到海中凸出的巨石。

276 《图案》 澳大利亚维多利亚河地区岩刻（图片来源：Walsh, G. L.）

277 《图案》 澳大利亚维多利亚河地区岩刻（图片来源：Walsh, G. L.）

278 《放射线与同心圆》 澳大利亚新南威尔士州岩刻（图片来源：Walsh, G. L.）

在新南威尔士州干旱的西北地区，有着规模庞大的岩画点。这些岩刻就发现在这里，圆圈可能是表示太阳或轮子，直径约 3 米。
这种风格的图形也发现在澳大利亚的其他地方，同时在西班牙、葡萄牙和美国的亚利桑那也有发现。

提到过岩画点。第一次正式报道岩画点的是在 1931 年，那是梅斯通（A. L. Meston）从一个牧羊人那里得到的信息。

梅斯通在 1949 年组织了一个探险队去清除岩画点的杂草，又在岩画点前面进行发掘，岩石是一种质量很差的柔软石灰质的砂岩，在堆积物中发现了贝壳和木炭。后来，发掘工作又进行了几次，所得到的年代是距今 1500 年前，而这个岩画点大约是在距今 1000 年至 800 年前弃之不用的。

一个名叫落日点（Sundown Point）的岩画点是塔斯马尼亚岛上著名的岩画点。它位于岛上西北部寒冷的海岸线边，许多岩刻点都在这里发现。寒冷的西风和沉重的海浪是这个阴暗的岩画点常见的景象，年平均降雨量为 1178 毫米。布满植被的水边沙丘地，从底部露出地面的岩层，到从水中凸出的陆地，延伸向没有树木而杂草丛生的荒野。

岩刻发现在向下倾斜的粉砂岩上，露天的松散的石片仍在风化，其中刻有岩刻的一个石块，据说数年前已搬到塔斯马尼亚岛首府霍巴特（Hobart）博物馆去了。海岸线边露出地面的岩层的下部已半浸在海水之中，那上面正刻着岩画，风平浪静的时候它们是在水平线之上，但当暴风雨袭来的时候，风浪冲击着岩画的画面，经常袭击着整个无防卫的海岸线。当凶猛的暴风雨来临之时，大面积的泥沙被掀动起来，会将整个岩画点掩埋。

相似的题材发现在西北海岸，但技术方法却不相同。在这个岩画点是简单的琢刻，也有的岩画点是琢刻后再加磨研，也有反复刻制、相互重叠的。据1980年的调查，有的反复刻制、相互重叠的图形竟达252个之多。图形反复出现可能是这里岩画点的一个传统。无论从哪方面说，题材的范围是极其有限的，包括圆形、椭圆形、斑点及斑点之间的线条（图276~279）。

一组用圆点组成的线条、线型图案、圆圈和同心圆，超过45％的图形是椭圆形，大小在5~45厘米之间，而最大的圆圈直径达到60厘米，有斑点散布的面积约占33％。在塔斯马尼亚岛十二个已调查过的岩画点中，有九个主要的题材是椭圆形，也称卵形，说明这种图形在传统的岩刻文化中有特殊的意义。或许这些不规则的卵形原先是想表现圆形的，只因技术不精，坚硬的岩石表面难以把握才造成的，而在较为松软的石面上，圆圈就会规则得多了，正如人们在卡玛隆西山岩画点看到的。

至于对这些圆形岩画的解释，罗宾逊（G. A. Robinson）写道：

"有关圆圈的意义，有的学者说：在岛上的澳洲土著女性把骨制模仿太阳和月亮的圆圈状的饰品嵌入肉中，误认为嵌入后，便犹如太阳和月亮将伴随其一生，承受其放射的光芒，感触到赐予的温暖。有的学者曾目睹过一些女性的身体上有的嵌入四个，也有三个或两个的。她们都非常喜欢这些模仿日月的圆圈饰物，通常饰于腰部两侧，也有嵌入臀部两侧的。"[①]

罗宾逊后来提到，这些圆形的刻痕是有意移动的发光体。"这种发光体的力量，他们认为将发挥同样的影响"。一种强烈的天体崇拜在历史时期仍在塔斯马尼亚岛西北土著民族中流行。对日月的崇拜延伸为身体的装饰图案，并嵌入肉体。

日月的象征同样表现在岩画上，在岩石上凿刻日月可能也是这种崇拜的一个重要反映。

岩画点的位置接近潮水达到的高度，罗宾逊曾引土著民族的谈话，说到岩刻中的圆圈与月亮、风和气候的关系，这说明其原来的文化意义是与海岸线有关的，可能与月亮的潮汐有重要的联系。但无论什么目的，目前岩画点的位置表明，岩刻存在于海岸线已经稳定的时候，即最后冰河时代的末期，距今约6000年前。也可能早期的岩画由于海平面的上升而淹没了，现在存留下来的少数岩画点只能说明最近的例子，也就是在土著占据塔斯

---

① Walsh, G. L. , *Australia's Greatest Rock Art*（《澳大利亚岩画大系》）. Bathurst: E. J. Brill-Robert Brown & Assoc. , 1988，p.58.

279 《线条刻痕》 澳大利亚阿纳姆地岩刻（图片拍摄：陈兆复）
这些巨石或崖壁上的线条刻痕，在澳大利亚是属于最早的形式。

马尼亚岛以后的作品。

2.符号世界与艺术王国

在世界岩画艺术中，最具有诱惑力的是那些由几何线条组成的各种神秘的符号图样。符号图样几乎遍布世界各国的洞窟与露天的岩画点。

这些抽象符号有的是单独存在，也有的是为了配合具象的图形，起到辅助或阐明具象图形的作用。

可以肯定，岩画的符号和图案在原始时代并不只是一种随意、轻率、单纯的线条刻划，符号图样中隐喻着深刻的内涵。它在某种程度上类似于我们今天的语言。这些符号，或是原始的记事，或是配合说明某种事件，或衬托某种神圣的图形，以及隐喻某种观念等等。总之，在岩画上的那些抽象的图案符号，一方面是用于实际的记事，一方面隐喻着某种神秘的观念。

一些岩画点抽象的符号和具象的图形常是混合在一起的。如西班牙莱·比利塔（La Pileta）洞窟岩画中，写实的动物形象和抽象的点线就交叉

280 《神秘符号》 澳大利亚塞尔儿山脉岩画（图片来源：J. Clottes）
　　至今我们还不能完全解析岩画中的各种符号，包括这幅发现在澳大利亚塞尔儿（Selwyn）山脉的符号。

281 《指槽组成的图案》 澳大利亚南澳大利亚州柯纳尔达洞窟岩画（图片来源：Walsh, G. L.）
　　指槽图案制作在距洞口数百米的地方，完全处在黑暗之中。崖壁松软，即使最硬的地方也很容易用石头和树枝画出线条来。洞窟中的图形主要是用手指制作出来的，所以称作指槽艺术。

重叠在一个画面上。那些无规律的线条几乎排斥对它作出任何分析。动物形象与弯弯曲曲的波浪形符号混杂在一起,而且符号又与符号相互重叠,但有的曲线还是安排得相当整齐的,所以不能认为是无目的的涂鸦。

或许可以说,人在本质上也是"符号的动物"。人之所以区别于动物,重要的一点就在于会创造符号,并通过符号来进行交际,以沟通人与人之间的各种意绪、情感、思想、观念等等。对于动物来说,只有一个世界,就是物质世界。而人除了物质世界之外,还有一个属于精神范畴的符号世界。在原始人那里,符号世界往往也是一个艺术王国。

这一点很重要,符号世界往往也是一个艺术王国。岩画中出现的各种抽象的符号和图案,简单的只是弯弯曲曲的线条,有的是同心圆、正方形或星形,复杂一点的,如圆螺形、方螺形、菱形纹、旋涡纹、曲线纹图案等等,不一而足。另外,也有从具体形象演化出来的,譬如以动物的形象或神人同形的形象变化组成的图案,但我们现在已经很难辨认出其现实来源。因此,上述这些符号就不仅仅是配合图形说明某种意义了(图280、281)。

世界各地岩画中由几何形组成的抽象符号,有的是为了说明和配合周围的那些图形,其本身则非图形,只是以抽象的方法表达某种意思,或记载某些事件,但有的可能还有着更为复杂的内容。抽象的图形有它的象征的意义,但是,人们往往忽略了那些具象的图形也往往包含着符号的意义,隐喻着某种神秘的观念。所以,岩画及其他原始艺术中所表现的大量的抽象符号的主题和具象图形的主题,都不能限于就画论画。岩画能够给史前文化研究提供可贵的信息。它犹如原始的语言或起源的文字,有待逐步识别,直至能够读懂。在中国各地新石器时代的出土陶器上,已发现多种符号,如西安半坡仰韶文化遗址和山东大汶口文化遗址的彩陶,上面都有记事符号,意义至今尚未明确。岩画的符号较之陶器更为丰富,当然也更值得研究。它是反映人类思维内涵的一种形式,也为完整理解岩画艺术开启了一个新的天地。

三　太平洋诸岛岩画

大洋洲诸岛是指撒落在太平洋上的多个岛屿,包括世界第二大岛——新几内亚和新西兰,以及从南美洲到新几内亚之间在太平洋上星罗棋布的群岛。

在太平洋中,散落着千万颗珍珠般美丽的岛屿。这一万多个岛屿,自西向东被划分为美拉尼西亚、密克罗尼西亚、波利尼西亚三个群岛。由于种族和地缘上的原因,出现在如此浩瀚地域里的艺术形式必然是极其丰富多彩而又风格独具的。虽然在这里居住的土著人被浩瀚的大海分隔，但却拥有着相近的文化语言和对于美的追求的一致性。在这里，原始艺术繁盛不衰，各个地区既拥有独特的艺术风格，又有相似之处，显示出文化和传统的内在的一致性。

太平洋诸岛的土著居民与亚洲大陆曾有过密切关系。当时的地理环境与现在不同，大洋洲的许多岛屿曾经与亚洲大陆相连，南亚与东南亚当年的尼格罗热带黑人就是大洋洲最古老的土著居民。另一种是亚洲北方黄河流域的黄色人种，陆续来到大洋洲的一些海岛定居成为第二代土著人。

史前的岩画艺术通过东南亚和附近的印度尼西亚向南传播，在新几内亚，现在已经有大量的岩厦岩画的报告。阴型的手印和脚印大约年代最为古老的，同时也出现许多符号形的图案。新几内亚、俾斯麦群岛和帝汶岛的岩画一直到前一个时代仍有人在持续创作着。事实上，当第一批移民到达太平洋诸岛之后，也就出现了岩画这个传统。

总的来说，大洋洲的岛屿是人类最后征服的土地，它们是由亚洲人发现的。这些发现者来自印度尼西亚，约在公元前20000年。波利尼西亚东部的一些岛屿，直至公元800年才开始有人居住。欧洲殖民者入侵以前，太平洋诸岛上生活着许多土著的民族和部落，如毛利人等。他们从事农业、渔业、狩猎、采集，并发展了各具特色的文化。自16世纪20年代，葡萄牙和西班牙殖民者开始入侵，到1788年，太平洋诸岛绝大部分已沦为英国、西班牙、葡萄牙、荷兰等国的殖民地。在长期的殖民统治下，土著民族惨遭屠杀，毛利人和当地其他各族人民与外来侵略者进行了长期的斗争，直至20世纪20年代后，才开始逐步取得独立。

（一）波利尼西亚诸岛岩画

波利尼西亚（Polynesia）是中太平洋群岛，意谓"多岛群岛"，包括夏威夷群岛、萨摩亚群岛、汤加群岛、社会群岛等。对于玻利尼西亚艺术的研究，主要着重于土著民族的图案，很少涉及岩画。由此可见，在这个地区对岩画的研究远远落后于其他艺术形式的研究。这可能是因为波利尼西亚的许多岛屿上本来就没有岩画，也可能是人们还没有进行过系统考察。

在波利尼西亚，石头构造的祭祀场所很多。对于马拉耶（索西夷特诸岛）和黑伊阿乌（夏威夷诸岛）来说，祭祀活动十分频繁，诸如首领的诞辰、青年人的成年礼、国王即位登基、重要人物的病亡、日常的祛灾除祸、战争爆发与获取胜利等这样一些重大事件发生时，都要在祭祀场举行仪式。另外，在索西耶特诸岛祭祀活动还与年历联系在一起，1月至2月是丰收季节的开始，为感谢大地赐予果实要进行祭祀活动；7月至8月树叶变红，若诸神未至，也要在这里举行祈求和催促的仪式。

举行仪式的祭坛样式，因地区和时代而有所不同，大致是用巨石垒成的方形，也有用石头围成方形的。另外，还有在一端建成一至十一层的阶梯状的石坛，以及用大石板并立而构成的祭坛。

特别著名的是复活节岛的巨石人像，相似的石像（偶像）同样在马鲁提兹、索西耶特、奥斯托拉诸岛上也有。于是，这些石像在波利尼西亚群岛之内形成一个巨石文化圈。

波利尼西亚群岛岩画数量很多，而且主题、风格与澳大利亚及美拉尼西亚岩画都有一些差异。埃欧内（Eiaone）岩画共有六十多个形象，以剪影式手法描绘了人物、鲨鱼、鲸、龙虾、鱼、狗、独木舟及几何纹样等。人物大都为双腿叉开的正面形象，头部用一个圆圈表示，风格化特征很明显。

荷瓦奥阿岛（马鲁提兹诸岛）希瓦奥阿的岩阴彩画遗址，因1985年7月希瓦奥阿岛的山顶突然发生塌陷，山洞中深藏的崖壁画才暴露出来，总共发现六十二处。作品是剪影式风格，用褐色描绘在灰色崖壁上，有人物、鲛、鲸、鱼、犬等图形。其中以90厘米长的鲸鱼为最大，16厘米的人物为最小，色彩已显著地退色，形象也失去了往日的光彩。

希瓦奥阿岛（马鲁提兹诸岛）的人物与动物的彩色岩画，人物固定为两腿叉开的样式化的姿态。另外，还有和某些特定种类的动物。作品形式与夏威夷诸岛岩刻的人物和动物酷似，但多了马鲁提兹其他诸岛未曾有过的狗，而且狗的形象在这个岩画遗址中得到了引人注目的描绘。

在波利尼西亚，主要的研究工作始于20世纪90年代，是在夏威夷和新西兰进行的。

1. 复活节岛岩画

复活节岛是南太平洋远海的孤岛，1772年荷兰人罗赫芬在复活节的那天发现了它，因此命名为复活节岛。

太平洋智利复活节岛上的石雕人像是将村落首领神灵化的雕像。巨石人像眉弓隆起，双眼深凹，并嵌入白色石制的圆卵形石片，眼球的中央部位再嵌进红色凝灰石制成的瞳孔。这种有着石制眼睛的人像，在古代部落之间的战争中，胜利一方经常把敌方的石像搬倒，并肆意加以破坏，所以遗留至今的石像已为数不多了。

复活节岛上最引人注意的当然是这些巨石人像，但巨石雕像只是复活节岛上古代遗存的一部分，岩画的遗存数量也很多，只是由于对外介绍不多的缘故，未被更多的人所知晓罢了。全岛的许多地方都有岩画，最集中

282　复活节岛岩画点 （图片来源：Georgia Lee）
这是一个贫瘠荒芜的长仅 20 多公里、宽不到 10 公里的小岛，但在千年前，这个岛曾生活过数万人，发展了风采独具的文化。
由于氏族间杀戮不断，终至消失，连骸骨也湮没在荒烟蔓草之间，唯独石雕人像和岩画仍然保留下来。

的地方是滨海处和靠近圣坛人们进行宗教活动的场所。岩画点大小不等，从只有个别图形的孤立石块，到集中大量图像连成一片的崖壁。岩画图形的类型是多种多样的，诸如"鸟人"类型的岩画集中在欧洛哥一带，显然是与祭祀活动有着特定的关系（图282~290）。

复活节岛上的岩画是为祭祀仪式而制作的。同时，它在祭祀活动中也扮演着重要的角色。关于这种艺术尽管还有许多未解之谜，但它的纯粹之美仍然打动着观赏者。它代表着一种充分发展的美学，它的曲线之美，它的和谐与雅致，正如岛上那些沿着辽阔大海排列着的巨石雕像一样，艺术水平也是非常高的。

复活节岛岩画，正如岛上的那些巨石雕像一样，也是独立发展，并成熟起来的文化载体。复活节岛岩画艺术以其丰富的想象力取得象征性和可视性完美的统一。在当时的宗教活动中，岩画无疑扮演着非常重要的角色。随着岁月的流逝，岩画会变得模糊起来，但它体现的那种充分发展的美学意识和由柔美曲线构成的均衡、优雅的艺术形式，以及梦幻般朦胧的美仍

283 《飞翔的鸟》 复活节岛汤格塔洞窟崖壁画（图片来源：Georgia Lee）

　　汤格塔（Ana Kai Tangata）洞窟位于复活节岛的西海岸，也是该地区洞窟崖壁画保存最好的一处。画面描绘海鸟在窟顶盘旋飞舞。

284 《鱼》 复活节岛岩刻

285 《抽象图形的岩刻》 复活节岛岩刻

286 《"鸟人"浮雕》 复活节岛岩刻
　　复活节岛有多种人与鸟、人与兽结合的图像。其中人与鸟结合被誉为"鸟人"。"鸟人"不仅在岩刻浮雕中艺术再现，而且生活中的"鸟人"也最受当地青年人的羡慕。海鸟与人体动作糅合在一起被赋予灵性，体现万物有灵的观念。

287 《鱼》 复活节岛岩刻
　　在一条大鱼的体内又加刻一条小鱼，加之周围游动着的其他的鱼，意在期盼渔业丰收。

288 《多种海洋生物》（摹绘） 复活节岛岩刻（图片来源：Georgia Lee）
　　这些是沿着复活节岛周围描绘的种种海洋生物，许多岩刻的图形比真实的还要大。

289 《海龟》 复活节岛岩刻（图片来源：Georgia Lee）
　　在复活节岛的北部发现描绘海龟的岩刻。物以稀为贵，海龟只有岛上的国王才能食用。

290 《鸟人雕像上覆盖着女性生殖器图形》（摹绘） 复活节岛岩刻（图片来源：Georgia Lee）
　　这是复活节岛欧格拉祭祀场地一块巨石上的雕刻，鸟人身上覆盖着女性生殖器的图形。

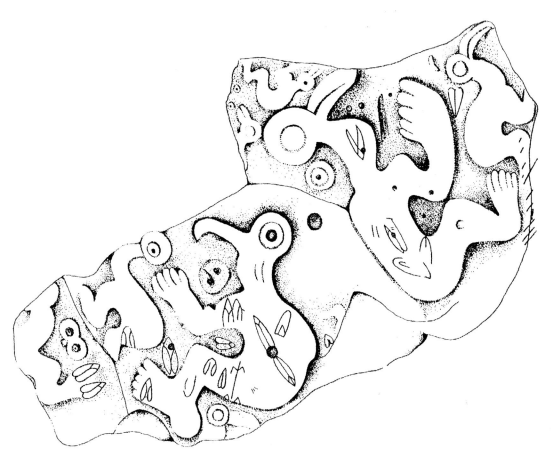

留存于世，成为重要的文化遗产。

复活节岛上有许多描绘鱼类的岩画，但"鸟人"岩画更为普遍，仅在欧洛哥一个岩画点就有五百多个描绘"鸟人"和马克马克神的岩刻。复活节岛最为盛大的宗教节日，也与"鸟人"有关，那时正值鸥鸟来此筑巢[①]。

根据复活节岛上的宗教信仰，人们创造出"鸟人"与马克马克神。据说马克马克神最早是从鸟蛋里产生出来的。为了祭祀马克马克神，每年需要举行重大而神圣的仪式来推举"鸟人"，所以复活节岛上发现许多鸟人的岩画，有刻的，也有画的。"鸟人"浮雕是复活节岛上"鸟人"崇拜的偶像，与岛上的许多巫术活动紧密相关。它也有助于解释某种特定的艺术风格。鸟人崇拜与海洋文化有关，又与岛上的人种和历史相联系。举办一年一度的推举"鸟人"的祭祀仪式，首要的是确定谁有资格成为"鸟人"这个特定的角色。"鸟人"必须从众多的参赛者中选出，但选拔的过程是有一定苛刻的规定和程序的。参赛者带着食物和水聚集在欧洛哥圣地，在统一的号令之下从欧洛哥的悬崖争先跳入大海，游到位于复活节岛的西南角，一个名叫莫托的小岛上，谁有好运气取回在该岛上栖息的乌燕鸥的第一个鸟蛋即可得到奖赏。当他游回爬上悬崖的时候，他（或他的赞助者）就荣获当年的"鸟人"的称号。

荣获"鸟人"称号不易，作为新的"鸟人"更非易事，先要改变形象，剃掉头发、眉毛、睫毛，并把自己画成白色，然后经受一年的离群索居，忍耐孤独寂寞的考验，直到来年产生另一个新的"鸟人"来代替他。

岩画中也有"鸟人"图案出现，是一种神人同形像，有着热带猛禽的特征，长长的嘴和粗壮的喉囊。鸟和人的结合的图案，在世界上许多地方都发现过，包括波利尼西亚和南美洲，但从没有像复活节岛上这般受到人们的崇拜，而且这种崇拜一直持续到19世纪60年代，此后才逐渐衰减了。

在该岛的西海岸发现汤格塔洞窟崖壁画，崖壁画保存最好的一处是描绘海鸟在窟顶盘旋飞翔的画面。在岛屿的北部顶端，有描绘海龟的岩刻。海龟在这个岛上属于稀有动物，对于一般岛民是禁忌的，只有岛上的国王才能食用它。

复活节岛的岩画，除了"鸟人"主题之外，还有别的许多有趣的主题。以人和动物结合的图案来说，有人和章鱼的结合，有人和鸟和鱼的结合体。有的像是某种生物，但很难辨认出具体的物种。在北部海岸的阿纳克纳（Anakena），发现一幅人与海豹结合的形象。作为人类智慧的结晶，复活节岛上的岩画鲜明地反映出某种特定的海洋文化现象。

① Poutledge, K., 1917, *The Bird Cult of Easter Island*（《复活节岛的鸟崇拜》）. Folklore 28（4）: 338-55.

2. 新西兰岩画

1990 年，一个对南部新西兰岛的岩画进行调查的计划开始实施。这个计划从北奥塔各（Otago）出发，开头岩画的记录是用照相，后来采用点对点描摹的技术，力图去保存所有残留下来的岩画。到了 1992 年末，完成了一半北奥塔各的岩画记录的工作。这时，南部毛雷岛岩画点记录的计划也着手进行，岩画点已经严重地受到侵蚀，颜色也消退得差不多了。工作进行得很缓慢，人们需要经过两三次去辨认处于不同光线条件下，才能确定的那些岩画的图形。估计若要完成所有岩画点的记录工作需花费十二年，甚至十五年的时间。

新西兰岩画有岩绘、岩刻（有些是浅浮雕）和素描，木炭素描是最普遍的，约占南部群岛素描岩画的 90%。红色的赭石也使用，白色则用于石灰石的表面，其他则是一些我们尚未破解的似乎是乱涂、乱刻和浅浮雕的东西[①]。

在新西兰，许多岩画点破坏很严重，有些岩画点用围栏圈起来以防止游人和动物的侵扰。有些岩画被从岩壁上切割下来，收藏在博物馆里。

几乎每个岩画点都有一部辛酸史，1929 年就曾报道过，在维克山口，家畜蹭损了崖壁画，再加上游人们在上面乱涂乱刻，岩画受损极其严重。为了保存岩画，人们在上面进行重画，但图形已经走样，后来试图用红外线穿透的方法恢复，但没有成功，现在我们已经不知道原画究竟是什么样子的。

较早的古典时期（公元 80~1400 年），在新西兰的岩画中，有某些样式化的形象，包括几何图案的主题，有着大而粗的带角的风格。在早期，南岛与北岛就有相反的风格。北岛岩画的年代可能晚于南岛，是更个性化的，并有更多的岩刻。后期南岛的岩画沿着山崖，使用强有力的红色曲线勾勒，与后来毛利人精心制作的曲线形和螺旋形的主题非常相似。至于那些可辨认的形象，则有人神同形像、狗、鱼、鸟（包括一种现已灭绝的新西兰无翼大鸟）、独木舟和曲线的抽象图样等等[②]。

在新西兰，95% 的岩画分布在南岛。在南岛的坎塔贝里和北奥塔格的石灰岩地区常常可以见到岩面上的图像，这里的岩画不是绘在岩洞深处，而是在石壁、凸出的岩面和崖凹处。南岛的岩画有一些是用刷子蘸颜料涂绘的，但绝大多数还是用黑色的干颜料直接绘出。图像的表现已趋于程式化，特别是只靠剪影式的轮廓来描绘，人和动物的形象一律被处理成四肢分开的样子。常见的动物形象是狗、鸟和鱼，这也从侧面反映出了当时采

① Trotter, M. , and B. Mc Culloch, 1971, *Prehistorio Rock Art of New Zealand*（《新西兰的史前岩画》）. A. Ⅱ. and A. W. Reed, Wellington.

② Bahn, P. G. and A. Fossati, eds. , 1996, *Rock Art Studies: News of the world* Ⅰ（《岩画研究：世界的信息 Ⅰ》）. Oxford: Oxbow Books, pp. 163~164.

291 《群猎图》 夏威夷比格岛岩刻（图片来源：J. CLottes）

岩画刻在火山岩的岩层上，位于夏威夷比格岛（Big Island）的帕巴（Puapo），年代距今大约有 600 年。

292 《无数圆形的组合》 夏威夷岩刻（图片来源：J. Clottes）

按照夏威夷的风俗，当婴儿降生后剪掉的脐带要放进小圆穴中，以保证婴儿一生幸福安康。类似的小圆穴与小圆圈岩画，广泛散布于世界各地，但含义却不尽相同，往往需要与民族学、民俗学结合来解析。

集经济的生活状态。南岛的岩画与波利尼西亚其他岛屿上的岩画风格很相近，甚至与距离较远的夏威夷岛上的岩画也有很多共通性。

3. 夏威夷群岛岩画

夏威夷群岛是波利尼西亚诸岛之一。

夏威夷的努乌阿努·奥阿弗岛上的人物与狗的岩刻，位于努乌阿努河沿岸的岩阴处，人物双臂横展，自肘部下垂，两腿叉开，自膝部收拢，这种样式在夏威夷诸岛的岩刻中也很普遍。

最重要的有关夏威夷岩刻的资料发表于1970年，但早在1924年就出版过一个报告提到岩刻，并有插图和许多相关的照片。虽然那些岩刻点是著名的，许多年来为游客们所熟知，但直到1988年才有科学的调查报告出现。

夏威夷岩刻的内容是神人同形像、狗和几何图形。另外，还包括杯状的圆穴。早期的典型人物是棒状形象，非常接近于南太平洋的马克萨斯群

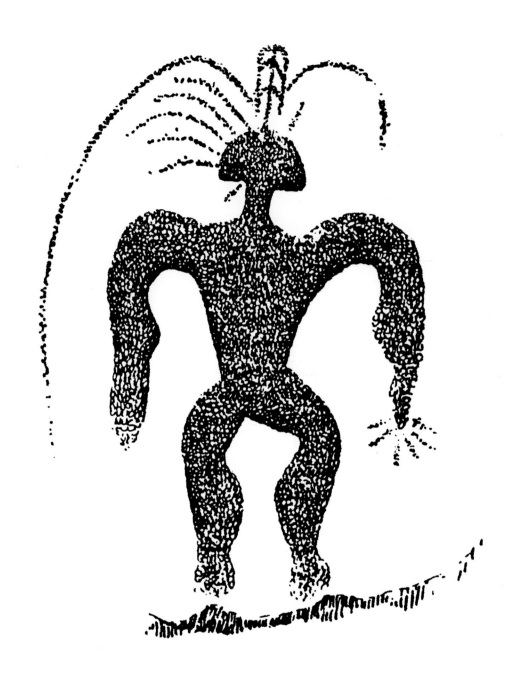

293 《权重至尊的神像》 夏威夷卡普里哈岩画（图片来源：Georgia Lee）
　　此为阿柯阿神像。其头饰长羽，身躯伟岸，似踏地有声，彰显权贵的地位。

294 《祭祀舞蹈》 夏威夷卡普里哈岩画（图片来源：Georgia Lee & Edward Stasack）
　　男士高举船桨，挥舞生风，双腿踏地，威震四方。

295 《丧葬》 夏威夷卡普里哈岩画（图片来源：Georgia Lee & Edward Stasack）
　　两个人扛着一根长木棍，木棍的下面吊悬着一个人，想来是表示扛着死人去埋葬。这在夏威夷岩画中极为罕见。

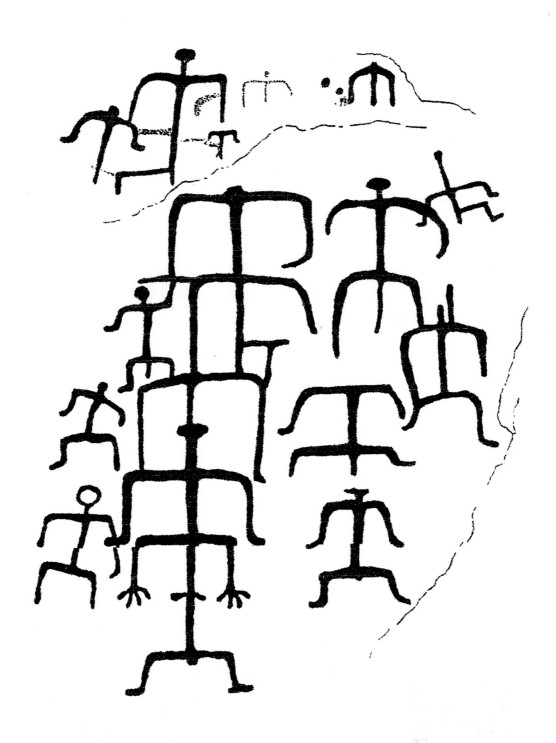

296 《家族集会》 夏威夷大岛岩画（图片来源：Georgia Lee）
　　一组棒状人物通过树叉形的线条连接起来，似乎表示人物之间是一种家族的关系。

297 《鱼儿就要上钩》 夏威夷卡普里哈岩画（图片来源：Georgia Lee & Edward Stasack）
　　垂钓者头饰羽毛，放出足有 2 米多的长线，真可谓"放长线钓大鱼"。

298 《人物覆盖在其他图形上》 夏威夷卡普里哈岩画（图片来源：Georgia Lee & Edward Stasack）
　　在卡普里哈岩画点，海洋生物互相覆盖的情况很普遍。这幅岩刻可能是海龟的图形上面覆盖着人物。

299 《风筝》 夏威夷卡普里哈岩画（图片来源：Georgia Lee & Edward Stasack）
　　　　风筝题材在世界岩画中极为罕见，但却出现在夏威夷与新西兰的岩壁上，形状也颇为相似。

300 《线刻人物》 波利尼西亚土布艾群岛岩画（图片来源：Georgia Lee）
　　　　人物大头小身子，头形与当地家居的茅草房类似，手与脚都呈树枝状。

301 《祭坛中心人面像》 波利尼西亚马克萨斯群岛岩画（图片来源：Georgia Lee）
　　　　这种样式的人面在环太平洋区域内，甚至在世界各地皆可以见到，是比较简略的神人同形像。

302 《人与动物》 波利尼西亚马克萨斯群岛岩画
动物、人物及棒状、点状的形体混杂在一起。人物动态均呈庄严的祭祀状。

岛的图形，还有狗的形象也是如此。不过，在夏威夷岩画中的人物形象另
有三角形的躯干和肌肉发达的身体。后来，这种形象在雕刻中也出现过，
往往制作得非常漂亮。此外，船只、鱼和人面的描绘也有，但数量不多。
作品通常是小型的，人物常常成群出现，似乎是表现一种氏族或家庭的关
系。另一个令人吃惊的发现是"鸟人"，与复活节岛的作品非常相似（图
291~303）。

经夏威夷民族学家研究，还发现杯状凹穴与截断婴儿的脐带有关，这
或许可以解释为什么在有些岩画点杯状穴（小圆穴）特别多。然而有些杯
状穴刻得太浅，可能只是作为一种象征。有些则有自己的轨迹，又可能与
组成某种图案有关。目前，夏威夷的岩刻总数超过28000个。

夏威夷群岛的卡普里哈（Kaupulehu）岩画点最近进行过调查和记录。
那里至少有324组岩刻，其中有些图形是在夏威夷新发现的，有的相当大，
也有少数可组成场面。

卡普里哈岩刻突出阿柯阿（Akua）的形象，这是些超自然的或上帝的
形象，戴着华丽的头饰。岩刻中出现大量的阿柯阿形象，仿佛有什么特殊
的事情在这里发生过。有关独木舟、航海和捕鱼及某些复杂的岩刻组合的
出现，是为了表现某些神话和传说。

303 《举桨人物》 夏威夷卡拉阿洞窟崖壁画（图片来源：Georgia Lee）
画面上层为举桨人物，下层为蹲踞人物，仿佛举行与出海有关的誓师性的群体活动。这个洞窟曾是墓地，洞内的崖壁画必然与丧葬有联系。

风筝在夏威夷岩画中出现可能与茂伊（Maui）有关。传说中，茂伊用风筝拉他的独木舟，又有的传说谈到用风筝将他送上了天，去解救被魔鬼圈套住的灵魂。这里的风筝和新西兰岩刻中的风筝在形制上非常相似。

　　一幅表现丧葬的场面，由三个棒状人物组成，其中两个人抬着一个吊悬在木棍中央的第三者。这是一幅很好的图画，可惜在制作一个橡胶模型时，已经被毁坏，岩面只残留着白色的树胶。另一幅描绘两个人神同形的形象，双手举着船桨，这可能与航海有关，也可能是表现战斗或典礼仪式。

　　卡普里哈岩刻代表了夏威夷群岛一些最好的岩画形象，这个岩画点非同一般，岩刻是为了特殊目的而制作的，与神话和典礼有关①。

① Georgia Lee & Edward Stasack，*Hawaiian Rock Art: The Kaupulehu Site*（《夏威夷卡普里哈岩画点》），International Newstetter on Rock Art（《国际岩画通讯》），No. 6, 1993.

（二）美拉尼西亚诸岛岩画

美拉尼西亚（Melanesia）和密克罗尼西亚（Micronesia）是由许多复杂的岛屿组成。美拉尼西亚包括新爱尔兰（New Ireland）、新几内亚（New Guinea）、新赫布里底（New Hebrides）、新喀里多尼亚（New Caiedonia），以及斐济（Fiji）群岛等。其中有些岛上有岩绘，其他则有岩刻。它们之间在岩画的主题、面具的装饰、长鼓的图案等方面都有明显的联系。美拉尼西亚的手印岩画从新几内亚到斐济都有发现。

美拉尼西亚是西南太平洋上的岛群，意为"黑人群岛"。在美拉尼西亚诸岛的崖壁上，有许多岩刻和洞窟崖壁画。另外，还有巨石纪念物、环状列石、祭祀场等。在西纽基尼亚、托罗布利安、所罗门群岛、新赫布里底群岛、斐济群岛、纽卡罗德尼亚岛上，都有洞窟或岩阴的壁画和岩刻，在纽基尼亚、托罗布利安群岛、新赫布里底群岛上也发现不少。

太平洋诸岛的岩画不管是波利尼西亚、美拉尼西亚和密克罗尼西亚的岩画都是当地土著民族的文化遗产。其中托罗布利安群岛（Tnoloiand）的基达温岛的伊那克布洞窟，洞窟向下斜伸，最深处达90米，宽约30米。洞窟崖壁画中具有巫术意义的作品与渔猎活动有关，其中有彩色的被渔叉叉住的鱼形，以及阴型的手印。另有一部分彩色崖壁画已被钟乳石覆盖。总体看，这个洞窟内的崖壁画的内容除了巫术意义和渔猎活动外，大都是表现古代的神话故事。

1. 新几内亚岩画

有关新几内亚岩画的资料出版得很少。近十年来，考古学家和业余爱好者记录了一些岩画点，但很少引起注意。这并不是由于新几内亚没有岩画，现在我们已知有四百余个岩画点，发现于从特莫（Timor）和伯格维里（Bougainville）之间的岛屿上。对岩画的忽视究其原因是缺少对岩画的认识，也就是说，对岩画是美拉尼西亚史前艺术的重要资料的认知不足。

有的学者试图将岩画作为地区史前史的一个部分，考察岩画与地形学和语言群体之间的关系。他们发现讲南岛语族的居民的岩画点，大都处在可以看得见的高处，而且是难以到达的地方，诸如海边的悬崖。以新几内亚和伊里安为一方面，澳大利亚的北部为另一方面，虽然它们之间意味深长的关系尚未建立起来，但它们之间的相似点，新几内亚的岩画艺术的主题和技术，在澳大利亚北部阿纳姆地和金伯利也可以找到。相似之处在澳大利亚南部的洞窟艺术中也可以得到印证。在巴布亚新几内亚的高地省南部的汤（Tan）地区附近，有两个岩画点发现用手指刻划的凹槽，贝纳里克（Bednarik）认为，它们与在南澳大利亚柯纳达（Koonalda）洞窟发现的指槽应该同属于最早的指槽风格，距今约20000年。

我们有确实的证据说明，在更新世后期人类已在这里活动。就在汤（Tan）地区附近一个指槽岩画点的岩壁下面，地面上的堆积层也间接证明了这一点[①]。

新几内亚最有影响的有关岩画的报告，发表在1995年。报告研究的地区，是新几内亚的麦克尔湾（Maccluer Golf），并附有许多插图，包括人物、海龟、蜥蜴、几何纹样、手印、鸟类、太阳图盘、鱼类，以及站在独木舟上的棒状人物、小圆穴组成的图案、女阴形和变化的生物。伯劳特（Ballard）在1992年设计出一个模型，划分岩画地形和语言群的关系，以确定岩画点

---

① Natalie Frankin, *Rock Art in Australia and New Guinea 1990~1994: Research, Management and Conservation* （《澳大利亚和新几内亚岩画 1990~1994：研究、管理、保护》）. P. Bahn & A. Fossatied, *Rock Art Studies: News of the World I* （《世界岩画研究信息 I 》）, 1996, pp. 155~156.

304 《巫术》 美拉尼西亚特罗布里恩群岛伊那克布洞窟崖壁画

　　进入洞窟，地势斜向下倾，最深处达 90 米，宽约 30 米，为钟乳石构造。窟内岩壁用彩色描绘许多被叉住的鱼及阴型手形。这些
内容与巫术理念有关。

的分类，其中有些是与说澳大利亚语的族群有关。他提出"岩绘"意味着
手印，传统上往往是用颜色绘成图样和在岩刻的内部涂上颜色。他排除了
那些位于新几内亚中央高地的岩画点。虽然他的说法不一定正确，但无论
如何他列出了一百八十四个美拉尼西亚西海岸的岩画点[①]。

　　特罗布里安德（Trobriand）岛上的岩画，则以鱼类为最主要的表现对象，
有旗鱼、鲨鱼、锯鱼、龟等（图304）。大部分的鱼都被渔叉刺中，这样的
岩画明显具有渔猎巫术的意义。

　　新几内亚的岩画与其他太平洋诸岛的岩画有共同的特点，抽象符号和
几何纹样都非常突出，经常看到的有十字纹、三叉纹、圆形纹（包括圆涡纹、
重圆纹、重圆结合纹），也有外弧的重圆或圆涡纹，以及未封闭的圆形曲线
等。封闭式的几何纹样则外围有用线条所围绕的图纹。放射状纹样通常在
中间有凹点或重圆，而在外围有辐射状线条的。

① Georgia Lee, *Oceania*（《大
洋洲》）. David S. Whitley,
*Handbook of Rock Art
Research*（《岩画研究手
册》），Altamira Press，
2001, p. 595.

2. 新喀里多尼亚岩画

美拉尼西亚（Melanesia）岩画的题材主要是拟人化形象和几何形纹样。从新几内亚到斐济（Fiji）岛的广大区域中还分布着大量的手形图像，但在以刻绘岩画为主的新喀里多尼亚（New Caledonia）则绝不见这样的手形。圆形和曲线是从美拉尼西亚到澳大利亚地域内岩画的基本母题。新喀里多尼亚的岩画内容丰富多彩，在这里可以看到放射线圆纹、涡卷纹、环状曲线纹、环状曲线几何纹、之字形纹、简化人面像等图案，这都是从圆形和曲线母题升华展开和变化出来的。

在新喀里多尼亚有一群值得注意的岩刻点，主题包括神人同形像、人面像、海龟、蜥蜴、螺旋形、圆形、曲线形和成排的小圆穴。双重轮廓线经常出现，但在风格上与复活节岛出现的双重轮廓线是不同的。新喀里多尼亚雕刻类似迷宫那样杂乱无章的图样，围绕着十字形的细长的雷纹之类的回纹图案。人面像在新喀里多尼亚并不常见，但却在造型上别具特点，即有着小眼睛，以及强调眉弓和又长又大的鼻子。

至于断代，还没有相关的研究，岩画存在的时间，到底有多长还不得而知。澳大利亚人移居到这个地区约在5000年前。这个地区的岩画大量的问题都还需要进一步深入的研究。对美拉尼西亚来说，对岩画作出正式合理的结论现在还不可能，因为许多调查过的岩画都记录得非常糟糕，在一百八十七个岩画点中只有四个作过记录、描图、出版，有较为充分的细节可供分析[①]。

3. 斐济群岛岩画

斐济群岛分布着少数岩画点，往往发现在悬崖的表面。图样大多数是岩绘，使用红色和黑色，描绘有人面像（或面具）、神人同形像、几何图形（诸如螺旋形和圆形）等。另外，还有一些岩刻的报告。这些报告在20世纪后半叶逐渐多了起来[②]。

在太平洋诸岛上，许多这种遗迹大都存在于与大岛分离的小岛上，或在大岛人迹难至的山崖间，所以这种遗迹能够显出小岛文化特有的性质。由于大岛的地理位置交通便利，长期以来人们去得很多，古代的文化就保留得很少，而在小岛的一些地方则古代的遗存就较多。在美拉尼西亚情况也是一样，特别是在斐济群岛的温兹雷雷岛上，其岩阴彩画与复活节岛的马克马克神的形象相似。

斐济群岛达库尼巴的岩刻是刻在一块3.3×2×1.6米的巨石上，大部分

---

① Georgia Lee , *Oceaina*（《大洋洲》）. David S. Whitley, *Handbook of Rock Art Research*（《岩画研究手册》）, Altamira Press, 2001，p. 596.

② Palmer, B. , and E Clunie, 1970, *Rock Paintings and Engravings in Fiji*（《斐济的岩绘与岩刻》）. Fiji Museum Educational Series1 .

305 《人与鸟》 美拉尼西亚新赫布里底群岛崖壁画

人物与孔雀、鱼等绘制在一起，标志着人与动物和谐相处，生活富足，自得其乐。

为直线，以及若干的曲线和小的几何形。在它的附近与之相类似的刻石很
多。这些岩刻与牙瓦萨岛的类似线刻联系起来分析，可能有某种宗教的含
义。

与新喀里多尼亚和菲雷斯等地岩画的曲线表现不同，达库尼巴
（Dakuniba）的岩刻就全是以直线为主的几何形。线条的深度在0.5~5厘米
之间，线条最宽处可达7厘米。这些岩刻不是用金属工具，而是用石器凿
刻出来的。

4.新赫布里底群岛岩画

瓦努阿图（Vanuatu）是西南太平洋的岛国，位于美拉尼西亚群岛南部。
西方殖民者到来之前，美拉尼西亚人就生活在岛上。从1606年起，西班牙人、
法国人、英国人相继来到这里，他们认为这些岛屿同苏格兰西海岸外的赫
布里底群岛相似，遂将其命名为新赫布里底（New Hebrides）群岛[①]。

新赫布里底群岛有许多岩刻，表现鱼类、同心圆、脚印和各种生物，
有人认为它们可能是信仰的图腾（图305~309）。

莱莱帕岛（Lelepa）是新赫布里底（New Hebrides）群岛的主岛，莱
莱帕岛位于美拉尼西亚艾菲特（Efate）岛的东北海岸，菲雷斯（Feles）洞

① 《中国大百科全书·世界地
理》，中国大百科全书出版
社，第623页。

306　《太阳、船只和图案》　美拉尼西亚所罗门群岛库达卡纳岩画（图片来源：David Roe）
　　对于所罗门群岛库达卡纳（Guadal canal）西北部的最新研究，记录了十五个岩画点。岩画点遗址的发掘证明岩画至少有 3000 年的历史。这种艺术的传统与史前其他艺术的比较，特别是与陶器装饰的比较，有力地证明这种传统与说澳大利亚语族之间有着明显的联系。

307　《太阳、船只和图案》　美拉尼西亚所罗门群岛库达卡纳岩画（图片来源：David Roe）
　　岩画位于帕哈（Poha）河的西岸的一大块平滑有巨石的坡面上，面向着河水。图形有着很好的设计，制作也很认真，经过精致的琢磨。这块巨石位于一面狭窄的台地边上，背后是陡立的河岸。画面的内容与上图相似，也是太阳、船只和一些抽象的图案，还有工具模样的不知名的物件。

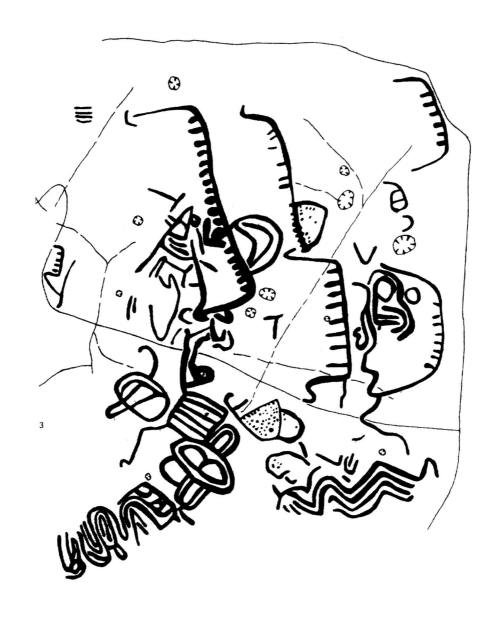

308　《船只和图案》　美拉尼西亚所罗门群岛库达卡纳岩画（图片来源：David Roe）

这块巨石位于帕哈（Poha）河的东岸，上有七个岩面，其中五个被利用来刻制复杂的图案，有的刻得很深。一个很有意思的现象是，画面是直立的，这与岸边的其他的岩刻都不一样。画面除了船只之外，其他图形难以辨认。

穴就位于这个小岛上。在这个洞穴中发现了数以百计的岩绘和岩刻，在绘与刻重叠的场合，都是岩刻在下、岩绘在上。而在岩绘中，红色又往往被黑色所覆盖。这告诉我们，从时代的早晚看，最早的是岩刻，其次是红色岩绘，最晚的是黑色岩绘。岩画的题材是多样的，有人物、鱼、鸟、几何图形、棒状线、点列和圆坑等，具象的形象和抽象的纹样同时并存；手法有线描，也有单色平涂。人物都为正面的形象，头戴羽饰，手持木棒。最大的人物高约1米，最小的不到20厘米。男子的性器官也被夸张地表露

309　《巨石上的图案》　美拉尼西亚所罗门群岛库达卡纳岩画（图片来源：David Roe）
对这个岩画点的调查不仅提供了与美拉尼西亚其他岩画点的比较材料，而且对研究美拉尼西亚群岛岩画点的分布和延续关系都很重要。许多岩画点并没有与之相关的传说或其他的口头资料。

在外。在这里的岩画中，最引人注目的还是由圆点和棒状线组成的长列，最长的可达数米。用黑色线描的人物像高达1米，经测定是公元910年制作完成的，作品表现的内容主题，以及与此画有关的是什么，目前尚在研究之中。

根据对各种报告的研究和考古学的证据，显然大多数岩画点是举行典礼仪式的地方，其中许多是圣坛，岩刻直接就凿刻在圣坛的石头上。岩画是为了特定的目的而制作的，联系着有关神灵的事，诸如供奉上帝、首领庆典，有的则有纪念死者的意义。

整个太平洋地区的岩画都有待科学的研究工作，包括对整个地区的分析和断代。首要的是从选择有意义的岛屿或群岛开始。虽然有些岛屿以前也曾做过一些工作，但其方法不符合今天的标准，缺少科学的价值。美拉尼西亚的一些早期访问者随手在岩绘上涂抹，或直接在岩刻上作画，再加上自然的侵蚀，岩画的破坏是严重的。

（三）大自然和社会活动不可分割的一部分

为什么当我们观赏那些古代神秘岩画的时候心灵会受到震撼？它们对我们现代的文化究竟还有什么价值？为什么现代人还会激发起冲动，还会经过长途跋涉，不畏艰险到世界各地的岩画点去参观去"朝圣"呢？

岩画至今仍然具有某种神秘的力量在吸引着人们，能够点燃起人们心灵之火，能够促使人们去探索人类的生存发展的奥秘。它既能发人深省，又会令人产生困惑。当人们阅读岩画的图形或解析岩画内容的过程中，不由自主地会产生追思遐想，发思古之悠情，也会在解析岩画的内涵时，提出许多问题。

依据我们亲身的体会，当我们置身于岩画点观赏岩画时，恍如跨越了时空隧道，进入到岩画的世界里，仿佛是在与远古的灵魂对话，这种体验与参观博物馆的感受截然不同。因为岩画与大自然浑然一体，是大自然的一部分，存在于洞窟、山崖、巨石、岩坡之上。岩画本身从属于景区，紧密与山川风貌相融合。无论是非洲浩瀚的撒哈拉沙漠，或是广袤无垠的蒙古大草原，或是墨西哥的巴雅·加利福尼亚洞窟，或是挪威北冰洋海湾边缘的石坡，或是法兰克—坎塔布利亚的系列洞窟，岩画不管出现在哪里都成为大自然的一部分。

这些岩画点又都是社会活动的一部分。它们都无一例外曾是古代人类的圣地，一如今天的教堂、寺庙。生活在遥远时代的古人类，在衣不蔽体、食不果腹、生存环境险恶的条件下，一定要积年累月在洞窟中岩壁上绘制岩画，这都不是个人的活动，若是没有社会的要求和信仰的支持是不可能实现的。岩画是人类自己创作出的偶像，并赋予其神力。他们是想借助岩画中那些人兽结合的巫师做媒介，找到通天的道路，与无力为之抗衡的自然力沟通，免受伤害，并求得保护。

无数的例证说明岩画点散布于世界五大洲，历经数万年的岁月，除了经受过无数次的天灾人祸已经被腐蚀破坏掉的岩画外，现存的岩画仅仅是它们之中的一小部分。这些在石头上刻划的史实的重要价值，就是在于它的时间跨度长，就在于它形象地反映了人类普遍的生存发展的轨迹，再现了人类的物质生活与精神生活的情景。岩画是认识和研究人类发展史的重要资料。

岩画是大自然的一部分，也是史前社会的不可分割的一部分。岩画是世界性的，又是全人类宝贵而又不可再生的文化遗产。它比文字的年代更久远，又是平民化多角度地反映人类的生活。但是遗憾的是，它却常常被人们所轻视与忽略。从地理角度来说，它分散在整个世界范围内，幸存下来的这一部分岩画，继续受到人类生存地域的扩张、挤压，开采矿山与建设用地的破坏等等。当今的岩画点多残存于边远地区，往往是人迹罕至的地方，给参观与保护都带来困难。

对岩画的认识之路并非平坦。以欧洲洞窟艺术的发现史为例，曾经历过从否定到肯定，走过数十年的曲折道路。再以非洲岩画的发现史为例，非洲岩画内容丰富，形式多样，现已享誉世界，但自18世纪被发现，也历经相当长的历史过程才被认可。非洲各国独立之前，非洲岩画的发现者大都是欧洲人，一方面因民族歧视，导致对其艺术的不屑一顾；另一方面因为意识形态上的差异过大，对于艺术的理解与追求更是南辕北辙。譬如，非洲岩画艺术中的精品，那些写实主义的佳作，往往被认为是出自欧洲旅行者之手。至于那些非写实的抽象图形，它们是侧重于梦幻、意念、传达精神层面的作品，殖民者又往往认为是低俗、原始、拙劣之作。以这种态度对待非洲岩画，既是非洲艺术的不幸，也是世界美术史的缺憾。历史事实证明，著名的埃及艺术、北非雕刻、南非布须曼人的岩画风格都曾强烈地影响了欧洲。我们从毕加索、马蒂斯等画家的作品中，都能看到非洲艺术的影子。

（四）大洋洲岩画引发的思考

岩画发现在五大洲，包括在浩瀚的太平洋上的诸岛。但是，岩画在世界不同的地区，能够推算到怎样遥远的年代？如果它的功能是不同的，那真正的功能又是什么呢？从现有的资料看，最初出现在非洲、亚洲和欧洲的时候，它的传统跨越的时代有30000多年。公元前20000年，它出现在澳大利亚南部，大约在这个时候也出现于太平洋的岛屿上。公元前17000年，岩画出现在巴西。公元前10000年，到达南美大陆的最南端。

在奥瑞纳时期的欧洲，有着两个主要的岩画艺术地区，一个是法兰克—坎塔布利亚，有着诸如拉斯科和阿尔塔米拉这样的岩画点，在中欧则有维林多夫、沃格尔里特（Vagelhard）和多尼·维斯托尼斯（Dalni Vestonice）。而后一个地区则包括早期可移动的小型艺术品。许多学者考虑，这两个地区有着一种共同文化的模式，但另一些学者则持怀疑的态度。

但是，值得注意的是这些史前艺术地点，是以相似的艺术风格和题材内容，以及大致相同的年代，散布在各个大陆，包括在浩瀚的太平洋上的诸岛。著名的旧石器时代的艺术群，也发现在乌拉尔的卡帕瓦洞穴，位于西伯利亚中部的贝加尔湖畔。在坦桑尼亚高地，那里宏伟的岩画，同样有着旧石器时代的特点，也可能和欧洲洞穴艺术一样古老。在纳米比亚，画着彩色动物形象的石块，在阿波罗Ⅱ号洞穴发现。据碳放射方法测定，距今为28000年至26000年。在同一地区，相似的描绘，发现在岩石遮蔽处的岩面上。旧石器时代特点的岩画，在阿根廷巴塔哥尼亚高原的宾图拉斯河（Rio Pinturas）断代为更新世时期。最后，在澳大利亚南部的康达拉洞穴所保存的图像，经碳放射方法测定，要超过20000年，与某些欧洲奥瑞纳时期的洞穴一样古老。太平洋诸岛上的岩画现在还没有充分的发现与研究，我们认为将来肯定会发现不晚于澳大利亚岩画的作品。

于是问题出来了，是否可以假定这些岩画会有一个共同的起源？如果如此，这共同的起源是在何处，又在何时产生？或许，所有这些图像艺术是各自独立地发展着的，并以一种平行的形式出现于古代许多不同的地方？这样就出现两种意见的热烈争论，一种称"散布论"，即从共同的起源散布出来；另一种称"同时发生论"，即在许多地方同时发生。对此，现在还没有一个定论，而太平洋诸岛上的岩画则给我们留下了人类迁徙活动的线索。另外，关于这些早期艺术活动的功能问题，以及在社会生活中的地位问题，现在也都还没有定论。

但是，至少有些问题看起来似乎是毋庸置疑的，旧石器时代之后的岩画有着不同的社会目的，反映着不同的社会、心理、观念的需要。这个情况如果拿当地原始部落的艺术来说，可以列举出很多。例如南非的布须曼人①、加拿大北部的因纽特人②、近东的贝都英人③、澳大利亚中部的阿兰达人④。他们的直接证据对我们是有用的。此种民族学的研究，把现代的原始部落和古代的完全相似的人或物联系起来。即使不是完全令人置信的，却的确可以帮助学者"阅读"这些岩画，并进行推类。由于这些古代的岩画群，表现出一种体系，近于我们称为"图画文字"的东西。在某些地点，如意大利阿尔卑斯山的梵尔卡莫尼卡，解析这种"图画文字"的工作已取得很好的成果。

不管是自觉地或不自觉地、直接地或间接地，岩画艺术是人类为生存而斗争的图解。它揭示了劳动样式、经济活动、社会实践、美学倾向、哲学思想和自然与"超自然"环境的关系。所有这一切，很像从艺术产生以

① 布须曼人（Bushman）纳米比亚（旧名西南非洲）和博茨瓦纳等地的居民，约61000万人（1959年）。据说，布须曼人原住东非，南迁后受到殖民者排挤。17世纪以来，在反抗殖民者的长期斗争中，惨遭屠杀，许多部落几乎被灭绝。现在德拉肯山区的石壁上还保留着其古代雕刻和彩画。

② 因纽特（Inuit），爱斯基摩人（Eshimos），自称为"因纽特"，就是"人"的意思，主要分布在北美沿北极圈一带地区。近海主要从事捕猎海兽、海鱼，内陆主要以狩猎为生。多用石、骨制工具，喜爱雕刻艺术。住帐篷，冬季大部分地区住雪屋。他们的生活方式基本上是人类第四纪初（更新世）可能过的生活。

③ 贝都英人（Bedouins），指在阿拉伯半岛和北非沙漠地区从事游牧的阿拉伯人。贝都英，阿拉伯语意为"住帐幕的游牧民"，以区别于定居务农的和住在城市的阿拉伯人。目前，在阿拉伯广大沙漠或半沙漠地区，仍有许多他们的游牧部落。

④ 阿兰达人（Aranda），澳大利亚中部埃尔湖（Lake Eyre）和芬基河（Finke River）一带的居民，从事采集和狩猎，保留氏族公社，崇拜图腾。原为澳大利亚人数最多的部落之一，殖民者入侵后，现仅存约1000人。

来的不同类型的艺术形式，成为人类说明世界、反映世界的一种手段。

再者，正如通常的艺术一样，岩画艺术既有具体表达的内容，并又联系到其创造者——在某种特定时间和地点的人群，这些人群是有着一种明确的文化发展类型的。所以并不奇怪，今天岩画为什么重又引起人们极大的兴趣，引起观众和学者们的热情。如在梵尔卡莫尼卡，三十多万人在1981年参观了岩画，而在1964年还不到一万个参观者。的确，全世界成千上万的群众，长途跋涉，正像朝圣似的到岩画点去欣赏岩画。

我们可以有把握地说，同样的热情和动机，继续支配着我们去研究千万年前的古代岩画艺术的创造。研究的目的是使现代人了解人类认识那些属于古代因素，而这种因素在现代人生活里已大大地被压抑了。通过历史的重建，我们能够知道，某个特定的时刻，在世界不同的地区发生了什么事情，并说明人类的行为、社会活动和文化形态，是如何由岩画艺术反映出来的。这个过程向我们揭示了自己的和社会的根源，使我们能够更彻底地了解我们自身的过去。建立一种世界观点是必需的，或许这会使我们今天或多或少地对人类各种族间的一致性，有更深的认识。

当前，尽管现在方法学上已经得到了提高，但作为一个研究领域，岩画仍然处于其幼年时代。今天的研究者必须着重依靠前人的研究成果，同时面临着一个世界性的、系统化的研究工作。建立一种为当代和后代都能利用的系统化研究的基础，这种可能性是存在的。什么才是决定建立这种基础呢？就是岩画这种艺术的全球性的宽度和历史性的深度。文字只在世界上一小部分地区，记录下了人类最多四五千年的历史。在此之前，我们只有从考古发掘中得来的人类活动的少数间接的资料。而人类的漫长的生存史，他们创作岩画的动机是什么，他们的智力、宗教、精神的生活又是怎样？这些只能从岩画中寻求答案。当我们要探索这个范围广阔的文化上的衔接点，岩画是唯一能够把我们目光拉回到数万年前，展示古代人类生活多方面情景的艺术形式，而文字的记载，在世界的某些地区才只有几百年的历史。

结语：世界岩画在消失

在晚期智人和艺术来到之前，人类已有数百万年的历史。因此，当人类产生了抒发情感的要求时，便试图用艺术形式表达出来，按时间计算，艺术的出现只有人类历史的百分之一。有关人类早期的成就，艺术的出现是一场革命。各种类型的测试试图证明，猿和直立人同样都有创造艺术的能力，但直至晚期智人的出现，才具有与现代人类相似的看、听等感官一整套的能力，也就是说具有明确的人类的智能。

岩画是典型的文字前社会的产物，始于晚期智人的出现。有关发生在遥远过去的岩画，若与现代人联系起来，这些早期猎人的视觉语言是一种全世界共同的语言。从五大洲的岩画看，除了某些表达方式与风格之外，全世界都是极其相似的。它们表现的形象与符号的组合，具有相同的逻辑性，说明人们具有相似的思想方法和自我表现手法。这并不是无缘无故的，考虑到人类的语言也是基于这种相同的普遍的原理。

从智力的条件看，晚期智人创造艺术的能力是有天赋的。在晚期智人时期，人类拥有的智商足以令人自负了。但一幅岩画所要表达的东西是有限的，要想通过它来了解每一件事情是非常不充分的。例如，在文艺复兴的绘画中，鸽子是作为一种特殊的鸟，所以解释一只鸽子在画面上的全部意义，仅仅把它作为一只鸟是远远不够的。同样，毕加索的和平鸽也远远超出一只鸽子的意义。艺术家已经赋予图画以一种观念，地中海的橄榄枝也是如此。

对史前的图画型作品，常常要超出具象的图画与表意结合在一起，才能领悟出一个完整的观念。但是，由于种种原因，尤其是因年代久远，这种象形与表意的结合的真正意义，我们现在已经不清楚了，只有通过学者们收集更多的材料，进行更多的观察、更多的研究，才有可能揭开这个谜底。

在许多岩画点，岩画具有某种最早的文字形式。表意型岩画是使用符号传达思想，从作者到读者，从描绘真实的或想象的事物的画家到接受这些信息的当时的普通群众是能够沟通的。对本书数百幅岩画的研究揭示出，在岩画中有一些经常出现的内容，不管在哪个大陆，都有这些东西。诸如使用简单的技术和色彩，一定范围经常出现的主题，用相同的方法去组织不同的因素、相同的逻辑性、反复出现的符号性的表意文字。特别是那些组合的方式，不管是图画型、表意型、感情型的，在全世界范围内都是如此。更有甚者，它们的创作可能有着相同的结构基础，相同的概念上的动力。所以说，岩画是一种全世界的语言。

岩画是一种世界性的语言，岩画点组成了世界上最神奇的博物馆，岩画无疑是具有普遍意义的人类遗产。但不幸的是，除了少数地方外，它没有得到很好的保护。就在人们承认其重要性的同时，对它的破坏却从来没有像今天这般如此迅速和广泛。岩画遗址数以千万计，但保护工作做得却很少，或者几乎什么都没有做。或在山洞，或在露天，岩画经受各种各样的侵害，当然有大自然的侵害，因为在阳光、冰冻、水流的作用下，这种艺术形式迅速损坏。另外，还有人为的侵害。破坏文物的事到处都有发生，有些遗址竟遭灭顶之灾。在某些国家里，有些岩画被切割下来后拿去贩卖。当然，在各个大陆城市建设和工业化也在破坏岩画，人们为了修建畜栏或堤坝，毁坏一些非同寻常的岩壁画。当前岩画的处境亟待有一种国际共识，以便能在每一个国家里清点岩画艺术作品，对它们进行研究，并编目造册。所以，岩画发现之后，跟着而来最为重要的是保护问题。

（1）在非洲

早期的岩画很古老，有些却已经消失得无影无踪了。阳光的照射、风沙的侵蚀和雨水的浸润都在毁坏着岩画，特别是人类的活动更加速了岩画的消失。非洲的岩画存在的时间可能早到距今12000年，甚至更早。这些岩画记录了人类在非洲的活动，它们所承载的历史文化的深度，要比文字记载更加深远，内涵也更加丰富多彩。

一支美国的考察队在非洲探寻岩画。在考察尼日尔的时候，正碰上当时1995年的内战。他们有一支由"自由之光"派组成的护送队，护送队用步枪和火箭筒武装起来，带领他们进入沙漠。在乍得也是如此，曾绕过很长的路，仍遇到埋设的地雷、未爆炸的火箭和炮弹，有时还可以看到燃烧过的坦克和装甲车的残骸。在埃及，他们必须参加武装运输队，才能在鲁克索尔（Luxor）和阿斯瓦（Aswan）之间旅行。在尼日尔的一座山脊顶部发现几幅大约150厘米高的大型岩刻，岩刻表现的是舞蹈着的妇女，躯干部分被打磨得光滑平整，后又涂上黑白两种颜色。不过，至今我们在岩刻和岩刻周围的石壁上还可以看到，留有多处弹孔，那就是20世纪90年代内战时造成的[①]。

考古发掘出来的实物，为我们提供研究人类既往的生活方式的证据。

① David Coulemand Atec Camphell, *Aguicam Rock Art*《非洲岩画》, New York, 2001.

诸如他们曾经做过些什么，使用的工具样式，食用野生动物的种类，以及后期驯化动物与饲养牲畜的过程和人们跟随牲畜择水草而居过着迁徙流动的生活等等，甚至从挖掘中得知丧葬的形式。但我们还不能满足于此，还想了解得更多，譬如他们的社会活动，文化系统，神秘和抽象的思维，知觉与美德，对现实的思考与对未来的憧憬，他们与现代人有什么区别，他们对于自然界的观念等等。考古学能够告诉我们的应该说还是有限，岩画所表现的内容比考古发掘内容宽广、连续性强，可以起到弥补作用，二者可以相辅相成。概括地说，岩画形象具体地展示出远古人类生存状态的图像，是与自然融为一个整体的。

但是，时间在飞逝，岩画也逐渐地在消失。此外，旅游业的发展、访问者的增加威胁着岩画的生存。为了看得清楚一点，人们用手去抚摩画面，用水去泼洒画面。我们希望要有更多的投入来维护岩画遗址，不要让它们明天就永远地消失了①。

（2）在亚洲

岩画的破坏大体上有三种情况，一种是自然的破坏，一种是动植物的破坏，一种是人为的破坏。三者之中以人为的破坏最为严重。

造成岩画自然损坏的原因是多方面的，这里有来自地理学的、物理学的、化学的和生物化学等等方面原因。

1985年，广西左江流域崖壁画考察团在对广西左江流域宁明花山崖壁画进行考察时，曾发现在一场雷雨过后，坠落下了一块长约50厘米、宽约30厘米、厚约8厘米的石片。这块石片正是崖壁画上两个高大的正身人像的头和手臂部分，剥落之后就造成该画面的破坏。经仔细的观察，发现剥落的石片的背面及大部分的边缘，早已风化溶蚀形成粉末状结晶，只在上端有一小部分横断面是新的裂口。现场分析表明，这石块原在崖壁上的时候，两侧及下部已有裂隙，在潮湿水汽的化学效应和热胀冷缩的物理现象的长期作用下，裂隙不断扩大，只剩下顶部的一小段仍与崖壁相连。当受到雷声的震动或强风的摇撼时，石块就会掉落下来了。观察花山崖壁画和其他地区的崖壁画也都有着类似的情况，剥落的原因都与风化裂隙的不断扩展有关。考察人员估计这种崩落现象还会不断地发生。

这种岩石剥蚀的情况在中国北方的岩画点，也是经常可以见到的。在宁夏贺兰山贺兰口岩刻点，笔者看到那些人面像岩刻，脸面一半的石块剥落了，在剥落处又凿刻了别的图像。这里我们可以看到风霜雨雪对岩石的侵蚀是显而易见的。岁月磨平了岩刻的图形，也使岩石表层剥落。地震灾害造成山崖崩塌，顷刻之间可以使岩画点毁于一旦。动物的侵扰、植物根须的生长可以使岩石崩裂，地衣的漫延也可以覆盖岩画的表面。但是，所

① Clottes, J. , 1997, *Rock Art: Auniversal Cultural Message* 《岩画：一种世界的文化信息》. Paris: UNESCO , pp. 15~24.

有这一切都不如人为的破坏那样严重。

在内蒙古阴山各山口，如乌拉特后旗的大巴口，笔者就亲眼看到过当地的村民在那里开山炸石，一辆辆拖拉机把炸开的石块往外运送。这样原先发现过的岩画，后来又找不到了。类似的情况我们在别的一些山口也看到过。

但是，笔者在新疆尉犁库鲁克山岩画点却看到另一种景象。库鲁克山岩刻曾被贝格曼写进他的《新疆考古研究》一书中，书中附有十数幅插图，那是贝格曼花了几天时间，将岩刻涂上白粉后拍摄的照片。当笔者来到岩画点时，发现一些岩刻已被人们信手涂鸦得面目全非了①。

随着中国岩画的大量发现，保护工作也就显得越来越迫切。岩画的保护工作主要是两个方面：一个是行政管理方面，包括要把岩画点列入文物保护单位；一个是保护技术方面，要有多学科的合作，培养出岩画保护工作的人才。与岩画保护工作相平行的还有岩画研究工作。要加强对岩画点的研究，在不损坏岩画的前提下，采取一切手段及时记录所发现的岩画点。这些手段包括摄影、录像、临摹、拓本、制作模型等等。这些工作做得越早越好，因为岩画的自然损坏是不以人们的意志为转移的。目前，全世界尚无有效的办法，解决所有的岩画的保护问题，所以必须在它们未损坏之前，全面而准确地掌握原始资料，特别是形象资料。从某种意义上说，这是对岩画最好的保护。美国的马勒里在19世纪出版的《美洲印第安人的图画文字》一书的重要价值，就在于该书中记录了现已不存在的岩画点。

（3）在欧洲

现代旅游业的发展，不断地增加了对岩画点的威胁，也对岩画的保护工作提出了新的任务。

西班牙坎塔布利亚地区的旧石器时代洞窟，不管是公家的还是私人所有的，都锁着洞门，参观者必须要有一个向导带领。这种向导可能是公务人员、洞窟的所有者，或是一个志愿人员。

例如，西班牙阿尔塔米拉洞窟崖壁画，每天参观的人数只限于二十五人，而且必须事先办好预约手续。严格限制参观人数，某些其他洞窟也是如此，有的只有得到特殊的允许才能进入。1987年春，笔者作为一个得到特殊允许的参观者，单独由一位工作人员带领着，进入阿尔塔米拉洞窟参观崖壁画，进去后在洞里只能呆上五分钟。

法国拉斯科洞窟附近修建了一个复制的洞窟，大小、规模都和原来的一样。那是专为旅游业的发展而修建的，不仅保护了洞窟，而且几年之后就早已经收回原先建造的投资了。

笔者也是得到特殊的允许去参观拉斯科原洞窟的。进入洞门之后，发

---

① 陈兆复《中国岩画发现史》，上海人民出版社，1991年，第436页。

现洞口修建了一座机房，里面的机器正在轰鸣着，这是为了洞窟的通风和处理地下水而采取的措施。后来，笔者又被带去参观拉斯科洞窟的复制品，进去之后，先是几间展览室，陈列着有关洞窟的历史资料，然后才是复制的洞窟，洞窟的形状和岩石的起伏，都和原来的一模一样，就连崖壁画也临摹得可以乱真。有些出版物上的插图，就注明是拉斯科洞窟壁画的复制品，虽然可以乱真，但韵味已大不一样。

西班牙黎凡特崖壁画位于岩石的遮蔽处，都集中在地中海沿岸。崖画沿着石灰石峡谷的崖壁分布，是用红色涂绘的。20世纪初，游人们为了使画面看得清晰，就不断地往上面泼水，水分加速了画面的氧化，使崖画变色而脱落。1987年，笔者到那里参观的时候，只能见到斑斑驳驳的痕迹。每处岩画点都已用铁丝网围起来了，还上了锁。现在崖画只能在外面观看，或由向导带领进去，但这样的保护工作显然是做得太晚了。

（4）在澳大利亚

为保护帕洛儿（Paroong）岩画曾进行过长期的工作。对石灰石洞窟的一次详尽的研究，弄清了其水文学、气象学、土壤学和其他相关引起毁坏的因素。1988年初，一个综合性的详尽的保护方法和长期的工作计划开始执行。

许多年来，在澳大利亚的维克利亚地区著名的被称为"雷电兄弟"的岩画点遭到破坏，引起了各方面人士的关注。由于崖壁逐渐积聚了盐分，在沙石内部形成了颗粒状结合物，覆盖了崖画表层，并导致崖壁表面的隆起。为了解决这个难题，多种学科的综合试验工作正在进行。

岩画的毁坏是全世界范围的现象，但当前却缺少有效的保护措施，即使只有少许经验的修复工作者也是极其匮乏的。除了办理短期的学习班之外，目前国际上还没有创办正规的岩画修复培训机构。1989年，澳大利亚堪培拉进修学院和美国结托修复学院，联合举办过一个为期一年的学习班。虽然该学习班是以澳大利亚的土著崖壁画的保护和修复工作为基础的，但同时也涉及全世界的岩画修复问题，鼓励已具备一定条件的修复工作者去扩充岩画方面的专门知识，因此吸引了全世界许多学者参加。

抢救世界的岩画，这已经是当今全球性的任务。我们是创造这些岩画的艺术家们的后世子孙，祖先创造出来的岩画，即我们文化的根基。但是，摆在我们这一代人面前的却有一个亟待解决的问题，那就是岩画发现之后，接踵而至的保护问题。至于岩画本身，因为被刻凿或描绘于自然界中的山崖与岩厦之上，生存状态原本就很脆弱，除历经大自然风霜雨雪的侵蚀外，还面临着人类自身的摧残。岩画在人类的"文明"进程中，已经或将继续付出惨重的代价。诸如岩画在资源掠夺中被炸毁，在扩大农耕住房中被挤占，在交通建设中被迫"让路",在水电设施的拓展中被铲平,在旅游业兴起中被污损等等。当今一个严酷的事实是,世界岩画的数量在急剧减少,岩画任人污损破坏,若再任其继续发展,岩画会在世界上消失,这一古老的文化遗存将要在现代人的手上毁灭,我们将无颜面对历史,也无法面对后代子孙。

附　录

世界遗产名录中的岩画点

岩石上的绘画和图形，即人们通常所说的"岩石艺术"，在中国通称为岩画。它们产生在人类还不知道如何读和写之前，开始于智人出现之时，提供了人类在文字发明之前极其重要的历史资料。

全世界数量巨大的岩画点是独特的、弥足珍贵的人类文化遗产，它们包含着数千年的艺术创造。从最初的狩猎—采集者开始，岩画描绘出日常生活、信仰和不同发展阶段人类的重大社会问题，透露出流行的观念和交流的动机。通过这种艺术，我们可以看出人类特性的本质，诸如知识、文化、艺术、想象和宗教等等。岩画分散在五大洲，七十万个岩画点，估计约包括两千万个或更多的形象和符号。到现在为止，我们所知的史前艺术品99%是岩画，但其总数可能远远超过上面所估计的。

迄今二十二个文化和自然特色的岩画点被联合国教科文组织世界文化与自然遗产委员会列入世界遗产名录，现根据教科文组织官方网站（http://whc.unesco.org）公布的，以所在国家英文名称的顺序排列如下：

（1）阿尔及利亚（Algeria）

塔西里·阿杰尔

岩画点位于一个有着重要地质学意义的奇特的月亮景观区，这里有着世界上极其重要的洞窟艺术群。超过一万五千个图形和岩刻，记录了自公元前6000年至公元1世纪以来，撒哈拉沙漠及边缘地区的气候变化，动物的迁徙和人类生活的演变。受侵蚀的砂岩所形成的"石林"，其地质学的构成有着突出的科学意义。

阿杰尔的塔西里位于阿尔及利亚的东南部，通常被认为是北撒哈拉沙漠的一部分。它是一系列由沙石侵蚀形成的高地的总称。另有众多狭长、陡峭的峡谷散布其间。因为沙漠中岩石的氧化程度及沉积在岩石表面的金属氧化物的含量不同，岩石的颜色在暗红和黑色之间变化。放眼西望是一片沙的海洋，那些三角形沙丘可以尽收眼底。据统计，这个区域的年降雨量不足4英寸。风暴经常席卷这片干旱的土地，形成了流动的沙丘，波及东边更辽阔的地区。

阿杰尔的塔西里是一片幅员辽阔的高原，向北可以延伸到霍加尔山脉。它是阿尔及利亚著名的风景区之一。在阿尔及利亚，很少有比阿杰尔的塔西里更壮观的风景，尤以深邃的峡谷和鬼斧神工般的绝壁而举世闻名。

阿杰尔的塔西里景区内最著名的是那些拥有8000年之久历史的岩画，其中大部分的作品发现于阿杰尔的塔西里地区的中心处。从绘画上描绘的该地区风土人情可以看出，它与现今的撒哈拉地区的民俗存在着很大的差异。这些岩石绘画的价值很高，现在由塔西利国家公园加以严格的保护。

1982年，塔西里·阿杰尔（Tassili n'Ajjer）被列入世界遗产名录。

（2）阿根廷（Argentina）

洛斯·玛诺斯

洛斯·玛诺斯洞窟包含一个杰出的史前岩画群，是南美最早人类社会的文化证据。洛斯·玛诺斯洞窟制作于距今13000年至9500年之间。它被称为"手洞"，因为洞窟中有许多阴型的手印，同时也有许多动物的描绘，诸如产于南美洲的骆马之类（Lama guanicoe）现在仍生存在这个地区。此外，洞窟中还描绘了狩猎的场景。这些岩画的作者可能是巴塔哥尼亚地区的狩猎—采集者的先民。

洛斯·玛诺斯是由一系列的峡谷山洞组成，洞内的墙壁上是岩画，出自现今已消失的智慧民族的伟大杰作。岩洞是私有土地，因此，岩洞的开放时间完全根据主人的雅兴来决定的。由于出自于对远古先人神圣的景仰，来此游览的游客都具有一种特殊的义务，严格遵守洞穴的开放政策。

在17世纪欧洲人来此定居之前，岩画一直受到在此居住的巴塔哥尼亚这个遥远地区的泰韦尔切猎人群体保护着。洛斯·马诺斯是泰韦尔切人居住的神圣不可侵犯的领土，洞穴的特征是刻绘在洞壁上的多种多样的手，看上去仿佛是一个多枝权上的许多树叶。洞壁上还刻划着当地的动物和神祇的形象。如今泰韦尔切人已经从这里消失，但是他们的精神将在此永驻。

1999年，洛斯·玛诺斯洞窟（Cueva de las Manos，Rio Pinturas）被列入世界遗产名录。

（3）澳大利亚（Australia）

卡卡杜国家公园

乌鲁鲁—卡塔国家公园

卡卡杜国家公园位于澳大利亚的北部，离"北部地方"首府达尔文市东部200公里处，以前是一个土著自治区，1979年被划为国家公园，占地面积为20000平方公里。此处以郁郁苍苍的原始森林，各种珍奇的野生动物，以及保存有20000年前的山崖洞穴间的原始壁画而闻名于世，是一处为现代人保存的丰厚文化遗产和旅游资源的游览区。

公园内植物类型丰富，超过一千六百种，是澳大利亚北部季风气候区植物多样性最高的地区。这里的动物种类丰富多样，是澳大利亚北部地区的典型代表。公园中有六十四种土生土长的哺乳动物，占澳大利亚已知的全部陆生哺乳动物的四分之一还多。澳大利亚三分之一的鸟类在这里聚居繁衍，品种在二百八十种以上。

公园内的许多洞穴里有着不同风格的大量岩画等艺术形式。在阿纳姆高原地带此种洞穴最多。有些历经18000年之久，一千多个考古遗址的存在、土著居民的文化和七千多个艺术遗址使这里闻名遐迩。通过发掘遗址，还找到了澳大利亚最早生活的人类的证据，为澳大利亚的考古学、艺术史学以及人类史学提供了珍贵的研究资料。

1981年，卡卡图国家公园（Kakadu National Park）被列入世界遗产名录。

1987年，乌鲁鲁—卡塔国家公园（Uluru-Kata Tjuta National Park），澳大利亚的另一处名胜，被列入世界遗产名录。

（4）博茨瓦纳（Botswana）

措迪洛

措迪洛山位于荒芜的卡拉哈里沙漠，其裸露的岩石层几千年来一直有人类停留和居住的痕迹，留下了丰富的杰出的岩画艺术。岩画对于了解在如此恶劣的自然环境下生存的人类社会，具有重要的象征意义和宗教意义。

措迪洛山是当地的圣地，所有到过措迪洛山脉的游客都能感觉到一股强烈的力量存在。这个被神秘和复杂氛围包围的不寻常的地方，被认为是布希人定居的第一个地方。他们在这个山脉中的裸露岩面上描绘有数千幅岩画，其中的一部分可以追溯到公元800年至1300年间。措迪洛山被称为"沙漠的卢浮宫"，是世界上最集中的岩画艺术地之一。事实上，措迪洛山与非洲南部的所有其他岩画点都没有关联，这更增加了其神秘性和不可思议性。措迪洛山的图像，在宗教风格和崇拜的偶像方面和非洲南部不同。它们大多是孤立的图案，半数以上描绘的是野生动物或家畜，尤其爱描绘大羚羊。除了一部分景区外，很少有描绘一个完整故事的，大部分是示意性的轮廓和几何图形。可以肯定的是其中大部分是由布希人画的。

2001年，措迪罗（Tsodilo）被列入世界遗产名录。

（5）巴西（Brazil）

卡皮拉瓦山国家公园

众多的岩厦保护着巴西的卡皮瓦拉山国家公园的岩画，其中有的洞窟壁画的历史超过25000年。它们是南美洲最为古老的人类活动的证据之一。

自然和人类的因素已经导致了史前石器时代岩画的恶化，有的已经到了毁灭的边缘。这些岩画列于卡皮瓦拉山国家公园三百六十处考古遗址中，已经有越来越多的昆虫在墙上构建巢穴。由于气候因素而生成的一层石灰已经盖住了这些岩画。保护这些考古遗址的是公园中少量的工作人员。人类已经在这片地区上连续居住了55000年。这些叙述性的岩画极具保存价值，它们描述了当时人们的日常生活场景和古代开始的典礼的场景。

1996年，人们从好几个方面开始着手，对卡皮瓦拉山国家公园内石器时代的岩画实施保护。美国国内发展银行援助了公园内部公路的建设，这将促进对遗址的管理。国际博物馆委员会岩画保存方面的专家建议加强对公园岩画的保护，并通过使用专门的计算机技术，采用音像设备，将这些岩石壁画录制下来。同时，还为当地居民提供了文化保护和生态学保存两方面的教育，使当地居民也加入到保护国家公园内的岩画遗址的行动中来。

1991年，卡皮瓦拉山国家公园（Serra da Capivara National Park）被列入世界遗产名录。

（6）智利（Chile）

拉拍·奴国家公园

拉拍·奴（Rapa Nui），是复活节岛本地的名字，那里有着全世界唯一的文化现象。一群早期的玻利尼西亚人定居在那里。约在公元300年，排除任何外部的影响，他们建立起一种有力的、富有想象力和独特的纪念碑式的雕刻和建筑的传统。从公元10世纪至16世纪，他们建造圣坛，竖立巨大的石像，当地人称作"摩阿仪"，创造出一种举世无双的文化景观。

1995年，拉拍·奴国家公园（Rapa Nui National Park）被列入世界遗产名录。

（7）哥伦比亚（Colombia）

圣·奥格斯特考古公园

圣奥格斯特考古公园有南美洲最多数量的宗教纪念碑和巨石制作的雕刻，形成一种广阔、壮观的风景。神人同形像和神话的动物都表现得非常巧妙，风格从抽象到写实。这些艺术作品显现出北部安第斯人文化的创造力和想象力。它的繁荣期是在公元1世纪至8世纪。

1995年，圣·奥格斯特考古公园（San Agust Archeological Park）被列入世界遗产名录。

（8）法国（France）

韦泽尔山谷洞窟崖壁画

法国西南部的韦泽尔峡谷，包括一百四十七个史前遗址和二十五个洞窟崖壁画，可追溯到旧石器时代，引起民族学、人类文化学界的特别兴趣。同时，就美学而言，其洞窟崖壁画，描绘细致，色彩丰富，栩栩如生。这一年成为史前艺术史研究的重要年代。

韦泽尔峡谷洞窟群大多分布在韦泽尔河两岸。洞窟的历史可以追溯到大约10000年之前，这些历史悠久、有人类居住的洞窟群无疑是研究古代文化艺术、人造用具、古化石的最佳场所。同时，韦泽尔峡谷洞窟群也是发现克鲁马农人（旧石器时代时期在欧洲的高加索人种）的地点。当这些宝贵的财富被发掘出来后，韦泽尔峡谷洞窟群被公认为迄今为止发现的最重要的史前人类文化遗址之一。其中拉斯科洞窟，位于法国西南部佩里戈尔地区的蒙蒂尼亚克城，在该城区周围有很多的史前遗址。拉斯科洞窟中白色方解石质墙壁上绘有精美的彩色壁画，令人叹为观止。这些壁画很好地反映了旧石器时代的古代人类文明。当时的人们已经懂得了巧妙利用岩壁天然的起伏，来绘制各种动物及人物像。

为了保护拉斯科洞窟内的崖壁画，当局于1985年在洞内安装了空调，以排除灰尘，使洞内温度保持在摄氏14度左右，并且维持一定的湿度。此外，当地的科学家在经过几年的考察研究以后，收集了大量关于拉斯科洞窟保护的资料，并采取了一系列的措施，尽可能保存拉斯科洞窟的原始风貌。这些保护方法主要是通过保持拉斯科洞窟内温度、湿度及二氧化碳含量的稳定，来防止洞内壁画发生化学反应而遭到侵蚀。

1979年，韦泽尔山谷洞窟崖壁画（Decorated Grottoes of the Vézère Valley）被列入世界遗产名录。

（9）危地马拉（Guatemala）

考古公园和丘里瓜遗址

自公元2世纪这里就有人居住，丘里瓜当时是一个自治和繁荣的国家的首府。丘里瓜遗址包括一些杰出的公元8世纪的纪念碑，以及一系列感人的雕刻石柱和雕刻历法。这些组成研究玛雅文化的基本资料。

1981年，考古公园和丘里瓜遗址（Archaeological Park and Ruins of Quirigua）被列入世界遗产名录。

（10）印度（India）

皮摩波特卡岩画点

皮摩波特卡位于中央印度高原南部边缘的温迪亚山脉的丘陵地带。巨大的外露岩架沉积岩，特别是灰褐色砂岩，沿着河谷往前延伸。这些岩石被水严重地腐蚀，形成了许多的洞穴、石室和石屋顶，众多的岩壁画都是保存在这些天然的石窟中。1953年发现的皮摩波特卡岩厦遗址最引人注目。

它被命名为"皮摩波特卡",这是源自于印度著名的《摩诃婆罗多》史诗中一个名叫"比马"的英雄。印度的考古学家们认为皮摩波特卡岩画是历史久远的文物,有的甚至是旧石器时代的产物,但这些报告一直没有有力的依据。根据岩画中的艺术描述推断,它们很可能是中石器时代的作品。每一幅岩画记录了不同区域文化的不均衡发展。印度的中石器时代可能比东欧和中亚要早两三千年。岩画的历史从中石器时代一直延续到近代。

皮摩波特卡的一百三十个岩厦是印度史前艺术最大的宝藏。这里从旧石器时代早期就有人类居住,是人类最早的居住地之一。"古老的皮摩波特卡岩画画廊"保存了一些迷人的图画。石器时代的艺术家们在这些石洞中描画他们的希望和恐惧,其魅力至今让我们不禁沉迷其中。这些岩画展现了伟大的生命力和非凡的表现力,使我们得以窥见当时的犀牛、大象、马和家畜等,看到当时家庭生活的场景——女人带孩子或者做家务,了解狩猎和战争情况。

2003年,皮摩波特卡岩画点(Rock Shelters of Bhimbetka)被列入世界遗产名录。

(11)意大利(Italy)

梵尔卡莫尼卡岩画

在意大利北部伦巴第的梵尔卡莫尼卡谷地,发现一批最壮观的史前岩石雕刻群。超过140000幅的岩画,刻在岩石上已有8000年之久,这些岩画描绘了当时的农业、航海、战争和魔法等,前后持续了数千年,是关于人类祖先活动的宝贵记录。

在最初的2000年间,即早期的卡莫尼人时代,岩画的内容只是一些大型野兽,可以看出作者是些猎人。到新石器时代,人类的活动成为岩画的主题,表现最多的是祭祀和一些典礼仪式场面。

约公元前3300年,三个新的因素使卡莫尼人的社会发生了深刻的变化。第一是车轮的出现提供了新的运输能力,增加了卡莫尼人进一步商业活动和与其他部落接触的机会;第二是冶炼术的出现,制造出了更好的工具,使物质财富大为增加,但由此也引出了对物质财富的保护问题;第三是糙石巨柱的出现,表现了一种新宗教的诞生,这种宗教后来在东起高加索、西至大西洋海岸的广大地区传播开来。由于上述三种因素,卡莫尼人的社会呈现出一种新的面貌,一方面是与外界的接触增多,另一方面是内部的社会与经济结构的变化。从此,表现人物、动物、四轮车、工具和武器的岩画更趋复杂,在构图上也更加细致,体现了人们对次序和空间的新观念。

公元前2000年至公元前1000年,即青铜器时代和铁器时代,随着农业的发展,卡莫尼人的社会组织再次发生变化。除专门从事生产粮食的人外,还出现了工匠和商人,武士和巫师。这时候的岩画里,出现了一些新的形象和人物,如一些典礼场面、祭祀亡灵、舞蹈和其他一些社会活动的场景,尤其是一些经济活动或日常生活的情景。画面丰富生动,反映了远古人类的经济、社会、文化和宗教的演变,为研究史前的人类的习俗、日常生活和思想提供了极宝贵的资料。

1979年,梵尔卡莫尼卡岩画(Rock Drawings in Valcamonica)被列入世界遗产名录。

(12)利比亚(Libyan Arab Jamahiriya)

塔德拉尔特·阿卡斯库岩画点

塔德拉尔特·阿卡斯库位于利比亚西南与阿尔及利亚接壤的边境地区,在加特城东的费赞,现在是荒无人烟的广阔地区。在撒哈拉的中心地带,塔德拉尔特·阿卡库斯的群山中有一处洞窟。这处洞窟的发现，使被世界最大的沙漠和岩石隐藏了上千年的古代无比辉煌的文明，以及令人目眩的优美壁画终于重见天日。

1985 年，塔德拉尔特·阿卡斯库岩画点（Rock-Art Sites of Tadrart Acacus）被列入世界遗产名录。

（13）墨西哥（Mexico）

圣·法朗西斯科崖壁画

大约在公元前 100 年到公元 1300 年间，位于下加利福尼亚半岛中埃尔比斯卡伊诺保护区的圣·法兰西斯科，是一个现今已经消失了的民族的家园，这里留下了世界上最著名的岩画之一。这些岩画能完整地保存，应当归功于当地干燥的气候以及几乎与世相隔绝的自然地理环境。画面上有人物和许多种动物，包括哺乳动物、鱼类、爬行动物和鸟类，这些画运用了非常复杂的颜色和技术。

墨西哥下加利福尼亚的干旱半岛在考古学上是北美洲至今还知之甚少的地区之一。尽管这里是荒凉的地区，但在岩画中却记录了非常之多的动物种类，其中有驼鹿、大角羊、叉角羚、美洲狮和野兔等。另外，还有鸟类和海洋动物，诸如鱼、海龟和黄貂鱼等。颜料来自于当地的矿物资源，主要色彩有红、黑、白、黄（极少）。图案通常有白色画边框，其内或者填满色彩，或是绘有彩色的条纹，许多人或动物的身上都带着箭或者矛。这里发现的岩画都是史前在这个岛上居住的人们的作品。放射性测试年代的研究表明，这些遗址主要繁荣于距今 1500 年至 500 年以前。这些岩画在两个方面给人们留下深刻印象，一方面是浓烈的色彩完好保存下来，另一方面是这些画都绘制在现在游人不能触及的地方。有人推测这些高于地面 9 米处的岩画是利用脚手架完成的。

1993 年，圣·法朗西斯科崖壁画（Rock Paintings of the Sierra de San Francisco）被列入世界遗产名录。

（14）挪威（Norway）

阿尔塔岩画

位于芬玛克郡阿尔塔海湾、临近北极圈的阿尔塔岩画群，分布在 5 公里长的临海斜坡上，于公元前 4200 年至公元前 500 年雕刻的这些挪威宗教岩画散布在七个地区，共四十五处。绝大多数的岩画宽达 20～40 厘米，有的岩石上刻着驯鹿、驼鹿、熊，有的刻着天鹅，有的刻着宗教礼仪、捕渔、狩猎、航海等活动，还有人物及其他各种动物、鸟类、小帆船，甚至是各式各样的几何图形，包括各种曲线和小圆点等。这里总计有三千多幅的岩画，其中有的岩画高达 26 米。人们可以从中了解史前北极边缘地区的古代人类日常生活和宗教活动情况，最古老的岩画大约可以追溯到 6000 年以前。这些岩画同其后的所有岩画一起，为人类对古代岩画艺术的理解提供了极为重要的开启钥匙。此外，对这些遗址相邻地区的史前居民居住村落的挖掘工作中，已经发现了大量的工具和原料，考古学家认为这些用具很有可能就是用来雕刻这些岩画的。

1985 年，阿尔塔岩画（Rock Drawings of Alta）被列入世界遗产名录。

（15）秘鲁（Peru）

恰维考古遗址

纳斯卡和朱马纳大草原在利马以南约 400 公里，位于秘鲁海岸的干旱的草原上，占地约 450 平方公里。这些地画大约刻于公元前 500 年到公元 500 年之间，就其数量、自然状态、大小及连续性来说，它们是考古学中最难解开的谜团之一。这些刻画在地面上的线条图描写既有具象的动物、植物，也有想象的形成长达数公里的抽象几何图形。 这些图形被认为是用于与天文学有关的宗教仪式。

纳斯卡地画位于辽阔的荒漠上，从地面上看，它似乎是在暗红色的沙砾上的一条条弯弯曲曲的小径，只有从高空俯视，这些线条才能呈现各种兽类的巨大图形。例如，一只50米的大蜘蛛，一只巨大的秃鹰展开的羽翼竟宽达120米，一条蜥蜴有180米那么长，而一只猴子则有100米高。

这些迷宫般的图案占地500平方公里，它们是靠移开坚硬的表层石块，让下层黄白色的泥土露出地面而创造出来的。

自1926年人们发现了这些图案后，众说纷纭，然而这些图案想表示的意图，至今仍是个不解之谜。开始有人以为，这些是灌溉用的水渠，后来又认为这些小径与印加帝国的"神圣之路"相似，那些圆锥形石堆是"聚焦"（即这些线条的聚合相交点），也可能是举行礼仪活动的场所。更有的学者解释，这些直线与螺线代表星球的运动，而那些动物图形则代表星座。

1985年，恰维考古遗址（Chavin Archaeological Site）被列入世界遗产名录。

（16）葡萄牙（Portugal）

高阿山谷史前岩画点

葡萄牙高阿山谷的岩刻是公元前22000年到公元前10000年史前人类的卓越艺术创造力的浓缩，这种岩刻与世界其他各地的形式一样，是表明人类艺术创造性的杰出典范。这种岩石艺术以其不同寻常的方式，让人们得以了解人类祖先的社会、经济和精神生活的各种状况。

高阿山谷地区冬季气候寒冷，夏季气候炎热，气温常常在摄氏30度以上。经过高阿山谷溪流的侵蚀，由花岗岩生成的高地往往被切割成圆形的巨砾堆积物，而片岩则被激流切割成陡峭的悬崖。已发现的高阿山谷史前岩石艺术遗址，主要是旧石器时代的岩石动物雕刻画，到了新石器时代和铜器时代以人物为题材的岩石雕刻比较普遍。公元15世纪至17世纪，在高阿峡谷内制作了大量现代感较强的宗教题材的岩石雕刻，这些雕刻均位于高阿河及其支流的沿岸片岩地形区。

1998年，高阿山谷史前岩画点（Prehistoric Rock-Art Sites in the Cao Valley）被列入遗产名录。

（17）南非（South Africa）

卡拉巴/德拉肯斯堡公园

南部非洲的岩画主要是布须曼人岩画。布须曼人并不是一开始就生活在卡拉哈里沙漠中的，以往其遍居于南部非洲的全境。布须曼人最后离开巴苏杜兰即今天的莱索托王国的山地，是在19世纪中叶。

依据考古发现，布须曼人的祖先，在遥远的过去曾生活在非洲的南部和中部偏东地区。民族学家乔治·西贝尔包埃说："我们不敢肯定，在旧石器时代中期和晚期，生活在南非制造石器的人或许就是布须曼人的祖先，但是我们有更多的理由，至少可以把他们看成是生活在2500年前具有现代布须曼人特征的布须曼人的祖先。为此，我们可以肯定桑人（即布须曼人）曾经占据过卡拉哈里的绝大部分地区。后来由于文化比较发达的、使用铁器的其他民族（现代班图人）的侵入，于是把布须曼人驱赶到更加贫瘠和荒芜的沙漠地区。"

布须曼人创作的岩画题材是多方面的，既有关系到人民生死存亡的抗击班图族侵略的战争，也有不同族属之间械斗的重大题材，也有对和平生活的讴歌，男人们集体狩猎，女人们结伴采集。此外，还有反映他们宗教信仰和娱乐生活的内容。无论何种题材，都表现得极为出众，集写实与夸张于一体，将高仅1.6米左右的身材拉长一两倍，又能把动物用深浅不同的颜色渲染出层次，甚至掌握了某种透视法。

2000年，卡拉巴／德拉肯斯堡公园（Khahlamba／Drakensberg Park）被列入世界遗产名录。

（18）西班牙（Spain）

阿尔塔米拉洞窟

伊比利安半岛地中海盆地岩画

伊比利亚半岛东部的地中海盆地有大量史前文化遗迹。自从1879年西班牙桑坦德尔的阿尔塔米拉旧石器时代岩画被发现以来，在阿拉贡、加泰卢尼亚、瓦伦西亚、穆尔西亚、安达卢西亚及卡斯蒂利亚—拉曼却地区都发现了许多史前石器时代的岩画。

伊比利亚半岛地中海盆地的史前岩画艺术遗址，名为黎凡特岩画群。这些岩画一部分画在露天的岩石上，更多的画在岩厦的石壁上。岩画内容丰富，形式富于变化，色彩多样，生动地再现了史前人类从采集、猎食到种植、驯养的生活景象。考古学家经过大量研究，考证年代约为公元前6000年到公元前4000年前，均在并不很深的洞穴内，光线较容易照到。画面多为单个或群体的动物，如鹿科动物、反刍动物等等。人的形象也常出现在画中，还有很多狩猎、舞蹈、争斗、驯养、采蜜、种植等场面。在西班牙的地中海沿岸地区可以看到这些岩画，代表性的有考谷尔、巴尔托塔等岩画点。

1985年，阿尔塔米拉洞窟（Altamira Cave）被列入世界遗产名录。

1998年，伊比利安半岛地中海盆地岩画（Rock-Art of the Mediterranean Basin on the Iberian Peninsula）被列入世界遗产名录。

（19）瑞典（Sweden）

塔努姆岩刻

塔努姆岩刻位于瑞典哥德堡以北，覆盖了瑞典西南部50平方公里的范围，是波罕斯浪的一个主要岩画点。它丰富多彩的图形，展现了独一无二的艺术成就和文化，反映了欧洲青铜器时代人们的生活和信仰。

塔努姆岩刻可以追溯至公元前1800年，当时的岩画所在地的居民主要以农业和渔业为主。这些岩画所描绘的内容包括人类和动物、武器、船只及其他物品，生动刻画了当时生活的一些场景。该遗址与挪威阿尔塔的世界遗产岩画遗址相互补充。这些岩画描述了一个以狩猎为主的社会，丰富突出的作品反映了青铜器时代北欧人类的生活和信仰。

1994年，塔努姆岩刻（Rock Carvings in Tanum）被列入世界遗产名录。

（20）津巴布韦（Zimbabwe）

玛托波山岩画点

马托博山是南部非洲岩画艺术最集中的地方之一。考古学发现和马托博山的岩画等大量证据展示了石器时代游牧社会的生活全景，以及农业社会取代游牧社会的发展历程。

人类社会和自然环境的相互作用，在岩画艺术上得以充分体现，而且当地长期以来传承已久的宗教传统也同马托博山的岩画有着密切联系。马托博山的岩画是人类社会生活对自然环境的积极反映，记录了史前文化及大约距今25000年前非洲的历史。马托博山岩画细致记录了史前人类如何在该地区生活、打猎及有何种动物。同时，使人们对怎样认识周围事物有一个模糊的了解。另外的数据也显示该地区在过去的几千年内曾经发生过巨大的气候变化。

这里是陈列25000年历史的古老艺术陈列室，特殊的椭圆形似乎是粮仓，过去的人们为了延长保存期而用来储存粮食。目前在一些深山的洞穴中，依旧可以发现粮仓的遗址。

2003年，马托波山（Matolo Hills）被列入世界遗产名录。

（本名录截止于2003年）

参 考 书 目

（一） 综 述

1. 陈兆复、邢琏《外国岩画发现史》，上海人民出版社，1993 年。

2. 陈兆复、邢琏《原始艺术史》，上海人民出版社，1998 年。

3. 盖山林《世界岩画的文化阐释》，北京图书馆出版社，2001 年。

4. Anati，E.

1993，*World Rock Art: The Primordial Language*（《世界岩画：原始的语言》）. Cape di Ponte: Centro Camuno di Studi Preistorici，Italy.

1984，*The State of Research in Rock Art，a World Report Presented to UNESCO*（《世界岩画研究概况——一份送交联合国教科文组织的报告》），BCSP，vol.21，pp.13~56. 中译本见陈兆复、邢琏《外国岩画发现史》，上海人民出版社，1993 年，第 391~441 页。

1984，Preservation and Presentation of Rock Art（《岩画的保护与阐释》）. 1981~1983. Paris: UNESCO.

1981，*The Origins of Art*（《艺术的起源》），Museum，vol.33/4，pp.200~210.

5. Bahn，P. G.

1998，*The Cambridge Illustrated History of Prehistoric Art*（《剑桥插图史前艺术史》）. Cambridge: Cambridge University Press.

6. Bahn P. G. and Vertutj

1988，*The Images of the Ice Age*（《冰河时代形象》），Windward，Leicester.

7. Bahn，P. G.，and A. Fossati，eds.

1996，*Rock Art Studies: News of the World* Ⅰ（《岩画研究：世界的信息Ⅰ》）. Oxford: Oxbow Books.

8. Clottes，J.

1997，*Rock Art: A Universal Cultural Message*（《岩画：一种世界的文化信息》）. Paris: UNESCO.

9. Clottes，J.

2002，*World Rock Art*（《世界岩画》）．Los Angeles：The Getty Conservation Institute.

10. David，B.，and J. Flood

1991，*On Form and Meaning in Rock Art Research*（《论岩画研究中的形式与意义》）. Rock Art Research 8，No.2（1991）：130–31.

11. Heiskog，K.，and B. Olsen，eds.

1995，*Perceiving Rock Art: Social and Political Perspectives*（《从社会的和政治的观点认知岩画》）. Oslo：Novus Forlag.

12. Hans-Georg Bandi

1961，*The Art of the Stone Age: Forty Thousand Years of Rock Art*（《石器时代的艺术：岩画四万年》）. Methuen-London.

International Newletter on Rock Art（《国际岩画通讯》），INORA，Ⅱ rue du Fourcat，09000 Foix，France.

Rock Art Research（《岩画研究》），P. O. Box 216，Caulfield South，Vic.3162，Australia.

13. Jean Pierre Mohen

2002，*Prehistoric Art*（《史前艺术》），Paris.

14. Lommel，A.

1970，*Shamanism: The Beginning of Art*（《萨满教：艺术的起源》）. Current Anthropology（《当代人类学》），vol.11/1，pp.39~48.

15. Marshack，A.

1972，*The Roots of Civilization*（《文明之根》），New York（Mc Graw-Hill）.

16. Michel Lorblanchet，ed.

1992，*Rock Art in the Old World*（《旧大陆的岩画》）. Indira Gandhi National Centre for the Arts，India.

17. Morphy，H.，ed.

1989，*Animals into Art*（《艺术中的动物》）. London：Unwin Hyman.

18. Ucko，P. J.

1977，*Form in Indigenous Art*（《土著艺术的形式》）. London：Duckworth.

19. Ulf Bertilsson and Louise McDemaott，eds.

2004，*The Future of Rock Art-a World Review*（《从世界的观点看岩画的未来》），Print Edita Ljunglofs AB，Stockholm，Sweden.

20. Ulf Bertilsson and Louise McDermott，eds.

2004，*The Valcamonica Symposiums 2001~2002*（《梵尔卡莫尼卡研讨会2001~2002》）. Print Edita Ljunglofs AB，Stockholm，Sweden.

21. Van Tillberg J. A.（ed.）

1983，*Ancient Images on Stone*（《在石头上的古代图像》），Los Angeles，CA（UCLA）.

Whitley，David S. ed.

22. 2001，*Handbook of Rock Art Research*（《岩画研究手册》），Altamira Press，New York.

23. Wakank V. S.

1983，*The Oldest Works of Art?*（《最早的艺术作品?》）Science Today，pp.43~48.

（二）欧　洲

1. Anati，E.

1994，*Valcamonica Rock Art: A New History for Europe*（《梵尔卡莫尼卡岩画：欧洲新的历史》）.
Capo di Ponte：Centro Camuno di Studi Preistorici.

1976，*Evolution and Style in Camunian Rock Art*（《卡莫尼岩画的演变和风格》）. Capo di Ponte
（Edizioni del Centro）意大利.

2004，*The Camonica Valley: 45 Years of Archaeological Research*（《梵尔卡莫尼卡：45 年的考古
研究》），Ulf Bertilsson and Louise McDermott，eds.The Future of Rock Art-a World Review（《从世界
的观点看岩画的未来》），Print Edita Ljunglofs AB，Stockholm，Sweden.

2. Angelo Fossati，Ludwig Jaffe，Mila Simoes de Abreu

1990，*Etched in Time，The Petroglyphs of Val Camonica*（《铭刻光阴——梵尔卡莫尼卡岩刻》）. "Ia
Cittadina" Press，Brescia，Italy.

3. Bahn，Paul G.

1992，*Open Air Rock Art in the Palaeolithic*（《旧石器时代的露天岩画》），*Rock Art in the Old
World*（《旧大陆的岩画》），Indira Gandhi National Centre for the Art.

4. Bahn，P. J.，and J. Vertut.

1977，*Journey through the Ice Age*（《冰河时代之旅》）. London：Weidenfeld & Nicolson.

5. Beltran，A.

1982，*Rock Art of the Spanish Levant*（《西班牙黎凡特的岩画》）.Cambridge：Cambridge
University Press.

6. Bertilsson，U.

1987，*The Rock Carvings of Northern Bohuslan—— Spatial Structures and Social Systems*（《北部
波罕斯浪的岩刻——空间结构与社会组织》），Stockholm.

7. Brigitte and Gilles Delluc

1990，*Discovering Lascanx*（《发现拉斯科》），Editions Sud Ouest.

8. Chapa Brunet，T.，and M. Mene'ndez Fernandez，eds.

1994，*Arte palaeolitico*（《旧石器时代艺术》）. Madrid：Ed. Complutense.

9. Chauvet，J. M.，E. Brunel-Deschamps，and C. Hillaire

1995，*La Grotte Chauvet*（《肖威特洞窟》），Seuil .

1996，*Dawn of Art: The Discovery of the Chauvet Cave*（《艺术黎明：肖威特洞窟的发现》）. New York：Harry Abrams.

10. Clottes J.

1995，*Les Cavernes de Niaux*（《尼奥洞窟》），Seuil.

1989，*The Identification of Human and Animal Figures in European Palaeolithic Art*（《欧洲旧石器时代艺术中的人与动物》）. In Animal into Art，edited by H. Morphy，pp.21~56，One World Archaeology.

1993，*Paint Analyses from Several Magdalenian Caves in the Ariege Region of France*（《法国阿里格地区马德林文化期某些洞窟的颜料分析》）. Journal of Archaeological Science 20：223~35.

1996，*Thematic Changes in Upper Paleolithic Art: A View from the Grotte Chauvet*（《从肖威特洞窟看旧石器时代晚期艺术主题的转变》）. Antiquity 70（268）：27~88.

11. Clottes，J.，and J. Courtin

1996，*The Cave Beneath the Sea*（《海底的洞窟》）. Paleolithic Images at Cosquer. Harry N. Abrams，New York.

1996，*The Cave Beneath the Sea: Paleolithic Images at Cosquer*（《海底洞窟：凯斯科旧石器时代的图像》）. New York：Harry Abrams.

12. Clottes，J.，J. Courtin，and H. Valladas

1996，*New Direct Dates for the Cosquer Cave*（《凯斯科洞窟新的直接断代》）. International Newsletter on Rock Art 15：2~4.

13. Clottes，J.，M. Garner，and G. Maury

1994，*Magdalenian Bison in the Caves of the Ariege*（《阿里格洞窟艺术中的马德林文化期的野牛》），Rock Art Research Ⅱ（1）：58~70.

14. Coles J.

1990，*Images of the Past: A Guide to the Rock Carvings and Other Ancient Mounments of Northern Bohuslan*（《过去的图像：北波罕斯浪的岩刻和其他古代遗迹指南》）. Hallristningsmuseet Vitlycke.

15. Greenhill，B.

1976，*Archaeology of the Boat*（《船只考古学》）. Adam and Charles Black，London.

16. Halverson，J.

1987，*Art for Art's Sake in the Palaeolithic*（《旧石器时代的为艺术而艺术》）. Current Anthropology 28：63~89.

17. Igler，W，M. DauvoiS，M. Hyman，M. Menu，M. Rowe，J. Vzian，and P. Walter

1945，*Prehistoric Cave Paintings*（《史前洞窟崖壁画》）. Pantheon Books，New York.

18. J. M. Coles and A. F. Harding

1979，*The Bronze Age in Europe*（《青铜器时代的欧洲》）. London.

19. Johnstone，R.

1980，*The seacraft of prehistory*（《史前航海术》）. Routledge and Kegan Paul，London.

20. Knut Helskog

1985，*Boats and Meaning: A Study of Change and Continuity in the Alta Fjord，Arctic Norway，from 4200 to 500 Years B.C.*（《船只的意义：挪威北极圈内公元前4200年到前500年之研究》）. Journal of Anthropological Arckaeology 4，177~205.

21. Knut Heltskog

1991，*The Rock Carcings in Hjemmeluft/Jiepmaluokta*（《阿尔塔岩刻》）. Alta Museum Bjorkmanns，Alta.

22. Leroi-Gourhan A.

1982，*The Dawn of European Art*（《欧洲艺术的黎明》），Cambridge（CUP）.

23. M. A. G. Guinea

1979，*Altamira and Other Cantabrian Caves*（《阿尔塔米拉和别的坎塔布利亚洞窟》），Silex.

24. Malmer，Mats

1981，*A chorological Study of North European Rock Art*（《北欧艺术的年代学研究》）. Stockholm.

25. Margarita Bru

1992，*The Bull: Myth and Representation*（《公牛：神话和表现》），Rock Art in the Old World（《旧大陆的岩画》），Indira Gandhi National Centre for the Art.

26. Marie-Odile et Jean Plassard

1995，*Visiter La Grotte de Rouffignac*（《参观乌非那克洞窟》），Editions Sud Ouest.

27. Maria Canals，

1984，*La Valltorta Arte Rupestre del Levate Espanol*（《西班牙黎凡特崖壁画》），ediciones Castell.

28. Michel Lorbianchet

1992，*Finger Markings in Pech Merle and their Place in Prehistoric Art*（《皮克美勒的指槽与它们在史前艺术中的地位》）. Rock Art in the Old World（《旧大陆的岩画》），Indira Gandhi National Centre for the Art.

29. Miroslav Ksica

1992，*Rock Art in Soviet Eurasia*（《苏联欧亚大陆岩画》），Rock Art in the Old World（《旧大陆的岩画》），Indira Gandhi National Centre for the Art.

30. Saura Ramos，P. A.，and A. BeltrEn，eds.

1998，*Altamira*（《阿尔塔米拉洞窟》）. Paris：Le Seuil.

31. Ucko，P. and A. Rosenfeld

1967，*Palaeolithic Cave Art*（《旧石器时代洞窟艺术》）. Weidenfeld and Nicholson，London.

32. Ulf Bertilsson

2004，*Rock Art of the Northern Hemisphere-Scandinavia，Finland and Russia-Cultural Contexts，Chronological Implications and Major Traditions*（《北半球岩画：斯堪的纳维亚、芬兰和俄罗斯——

文化的联系、年代的含义和主要的传统》），Ulf Berflsson and Louise McDermott，eds. The Future of Rock Art-a World Review（《从世界的观点看岩画的未来》），Print Edita Ljunglofs AB，Stockholm，Sweden.pp.79~84.

1992，*Visit Alta Museum*——*A UNESCO World Heritage Site*（《参观阿尔塔博物馆——一个教科文组织世界遗产的遗址》），Fagtrykk Alta as Alta.

33．Vouve，J. Brunet，J. Vidal，P. Marsal，J.

1982，*Lascaux en Perigord Noir，Environnement，Art Parietal et Conservation*（《拉斯科——环境、崖壁画和保护》），Pierre Fanlac，Perigueux.

（三） 美 洲

1．Aialou，D.

1990，*The Lines of Nasca*（《纳斯卡的线条》）.Memoir 183 of The American Philosophical Society，Philadelphia.

2．Andre Prous

2004，*Brazili an Rock Art Research*（《巴西岩画研究》），Ulf Bertilsson and Louise McDermott，eds. *The Future of Rock Art-a World Review*（《从世界的观点看岩画的未来》）. Print Edita Uundors AB，Stockholm，Sweden. pp.163~ 167.

3．Berenguer，J.，and J. L. Martinez

1989，*Camelids in the Andes: Rock Art，Environment and Myths*（《安第斯山的驼羊：岩画、环境与神话》）.In Animal into Art，edited by H. Morphy，pp.390~416. Unwin Hyman，London.

4．Brody，I. I.

1990，The Anasazi：Ancient Indian People of the American Southwest（《阿纳萨斯：美洲西南古代印第安人》）. New York：Rizzoli.

5．Campbell Grant

1983，*The Rock Art of the North American Indians*（《北美印第安人之岩画》），Cambridge（CUP）.

6．Cain，H. T.

1950，*Petroglyphs of Central Washington*（《华盛顿州中部的岩刻》）. University of Washington Press，Seattle.

7．Cole，S. J.

1990，*Legacy on Stone: Rock Art of the Colorado Plateau and Four Corners Region*（《石头上的遗产：科罗拉多州高原和十字路口地区》）. Johnson Publishing，Boulder，Colorado.

8．Conway，T.

1998，*Painted Dreams*（《画中之梦》）. North Word Press，Minocqua，Wisconsin.

9．Conway，T.

1993，*Painted Dreams: Native American Rock Art*（《梦境的描绘：美洲土著岩画》）. Minocqua，Wis.：NorthWord.

10. Conway，I.，and J. Conway

1990，*Spirits on Stone: The Agawa Pictographs*（《石上之魂：阿格瓦的古代岩刻》）. Heritage Discoveries Publication Ⅰ，San Luis Obispo，CA.

11. Corner，J.

1968，*Pictographs in the Interior of British Columbia*（《不列颠哥伦比亚州内的岩刻》）. Wayside Press，Ltd.，Vernon，B. C.

12. Coy，F. F.，Jr.，T. C. Fuller，L. G. Meadows，and J. L. Swauger

1997，*Rock Art of Kentucky*（《肯塔基州岩画》）. The University Press of Kentucky，Lexington.

13. Crosby，Harry W.

1997，*The Cave Paintings of Baja Caiifornia: Discovering the Great Murals of an Unknown People*（《巴雅·加利福尼亚洞窟崖壁画：一个未知民族伟大壁画的发现》）. San Diego：Sunbelt Publications.

14. Crosby，H.

1975，*The Cave Paintings of Bala California*（《巴拉·加利福尼亚的洞窟崖壁画》）. The Copley Press，Inc.

1998，*The Cave Paintings of Baja Caiifornia*（《巴雅·加利福尼亚的洞窟崖壁画》）. Sunbelt Publications，Ei Cajon，CA.

15. Day，J. S.，P. D. Friedman，and M. J. Tate（editors）

1989，*Rock Art of the Western Canyons*（《西部峡谷的岩画》）. Denver Museum of NatUral History and Colorado Archaeological Society.

16. Dewdney，S.，and K. F. Kidd

1967，*Indian Rock Paintings of the Great Lakes*（《大湖印第安人岩画》）. Quetico Foundation，University of Toronto Press.

17. Diana Rolandi

2004，*Current Rock Art Research in Argentina*（《当前阿根廷的岩画研究》），Ulf Bertilsson and Louise McDermott，eds. *The Future of Rock Art-a World Review*（《从世界的观点看岩画的未来》），Print Edita Liunglofs AB，Stockholm，Sweden，pp.176~182.

18. Diaz-Granados，C.，and J. Duncan

2000，*The Petroglyphs and Pictographs of Missouri*（《密苏里州的岩刻与岩绘》）. University of Alabama Press，Tuscaloosa.

19. Grant，C.

1965，*The Rock Paintings of the Chumash—— A Study of California Indian Culture*（《柯玛斯崖壁画——加利福尼亚印第安人文化之研究》）. University of California Press，Berkeley and Los Angeles.

1968，*Rock Drawings of the Coso Range，Inyo County，Caiifornia*（《加利福尼亚格索山脉岩画》）.

Maturango Museum，Ridgecrest，CA.

1974，*Rock Art of Bala California*（《巴雅·加利福尼亚岩画》）. Dawson's Book Shop，Los Angeles.

20. Hedden，M.

1996，*3, 500 Years of Shamanism in Maine Rock Art*（《缅因州岩画中3500年的萨满教》）. In Rock Art of the Eastern Woodlands，edited by Charles Faulkner，pp.7~24. American Rock Art Research Association Occasional Paper 2.

21. Heizer，R. E，and M. A. Baumhoff

1962，*Prehistoric Rock Art of Nevada and Eastern California*（《内华达州和东部加利福尼亚的史前岩画》）. University of California Press，Los Angeles.

22. Hill，B. ，and R. Hill

1974，*Indian Petroglyphs of the Pacific Northwest*（《太平洋西北的印第安岩刻》）. University of Washington Press，Seattle.

23. Hyder，W. D. ，G. Lee，and M. Oliver

1986，*Culture，Style and Chronology：The Rock Art of the Carrizo Plain*（《文化、风格、年代：卡里乍平原的岩画》）. American Indian Rock Art Ⅱ：43~58.

24. Keyser，J. D.

1992，*Indian Rock Art of the Columbia Plateau*（《哥伦比亚高原的印第安人岩画》）. Seattle：University of Washington Press.

25. Nufiez Jime'nez，A.

1986，*Petroglifos del Peru*（《秘鲁岩刻》）. Havana：Editorial Cientifico Tecoico.

26. Prous，A.

1999，*Dating Rock Art in Brazil*（《巴西岩画的年代》）. In Dating and the Earliest Known Rock Art，edited by M. Strecker and P Bahn，pp.29~34. Oxbow Books，Oxford.

27. Rajnovich，C.

1994，*Reading Rock Art: Interpreting the Indian Rock Paintings of the Canadian Shield*（《阅读岩画：解释加拿大印第安人崖壁画》）. Toronto：Natural Heritage / Natural History.

28. Roy Querejazu Lewis

2004，*The State of Rock Art Research and Conservation in Bolivia*（《玻利维亚的岩画研究和保护》）. Ulf Bertilsson and Louise McDermott，eds. *The Future of Rock Art，a World Review*（《从世界的观点看岩画的未来》），Print Edita Ljunglofs AB，Stockholm，Sweden，pp.170~174.

29. Schaafsma，P.

1992，*Rock Art in New Mexico*（《美国新墨西哥州岩画》）. Santa Fe：Museum of New Mexico Press.

30. Schobinger J.

1999，*Argentina's Oldest Rock Art*（《阿根廷最古老的岩画》）. In Dating and the Earliest Known Rock Art，edited by M. Strecker and P Bahn，Oxbow Books，Oxford.

31. Silverman，H.，and D. Browne

1991，*New Evidence for the Date of the Nazca Lines*（《纳斯卡线条年代的新证据》）. Antiquity 65（247）：203~20.

32. Spahni，J. C.

1990，*The Rock Paintings of Lajasmayn，Betanzos，Department of Potosi，Bolivia*（《玻利维亚拉加玛崖壁画》）. American lndian Rock Art 16：189-210.

33. Stembring，J.，ed.

1994，*Rock Art Studies in the Americas*（《美洲岩画研究》）. Oxford：Oxbow Books.

34. Schaafsma，P

1971，*The Rock Art of Utah*（《犹他州岩画》）. Peabody Museum of Archaeology and Ethnology，Harvard University.

1975，*Rock Art in New Mexico*（《新墨西哥州岩画》）. University of New Mexico Press，Albuquerque.

1980，*Rock Art of the Southwest*（《美国西南地区岩画》）. School of American Research，Santa Fe，and University of New Mexico Press，Albuquerque.

1997，*Rock Art Sites in Chihuahua，Mexico*（《墨西哥奇瓦瓦岩画点》）. Archaeology Notes 171. Museum of New Mexico Office of Archaeological Studies，Santa Fe.

35. Schobinger，J. & Gradin C. J.

1985，*Arte Rupestire Argentina*（《阿根廷岩画》）. Jaca Book，Milano.

36. Simek，J. E，J. D. Franklin，and S. C. Sherwood

1998，*The Context of Early Southeastern Prehistoric Cave Art：A Report on the Archaeology of 3rd Unnamed Cave*（《早期东南地区史前洞窟艺术：第3未名洞窟的考古学报告》）. American Antiquity63（4）：663~67.

37. Stembring，J.

1986，*The Mud Portage Petroglyph Site in Northwest Ontario*（《安大略湖西北的岩刻点》）. A Summary. Rock Art Papers 4：139~44. San Diego Museum Papers 21.

38. Steward，J. U.

1929，*Petroglyphs of California and Adjoining States*（《加利福尼亚和相邻州的岩刻》）. University of Caiifornia Publications in American Archaeology and Ethnology 24（2）. Berkeley.

39. Sundstrom，L.

Stories on Stone：*The Rock Art of the Black Hills Country*（《岩石上的故事：黑山岩画》）. University of Oklahoma Press，Norman.

40. Swauger，J. L.

1984，*Petroglyphs of Ohio*（《俄亥俄州岩刻》）. Ohio University Press，Athens.

41. Teit，J.

1896，*A Rock Painting of the Thompson River Indians*（《汤普森河印第安人崖壁画》）. American Museum of Natural History Bulletin 8：227~30.

42. True，D. ，and L. Nuflez

1971，*Modeled Anthropomorphic Figurines from Northem Chile*（《智利北部典型的人神同形像》）. Nawpa Pacha 9：65~85，Berkeley.

43. Turpin，S. A. ，ed.

1994，*Shamanism and Rock Art in North America*（《北美的萨满教和岩画》）. San Antonio：Rock Art Foundation.

44. Turner，C. G.

1963，*Petroglyphs of the Glen Canyon Region*（《格林峡谷地区岩刻》）. Museum of Northern Arizona Bulletin 38，Flag Staff.

45. Turpin，S. A. ，and J. Bass

1997，*The Lewis Canyon Petroglyphs*（《刘易斯峡谷岩刻》）. Rock Art Foundation，Inc. Special Publication 2，San Antonio.

46. Wellmann，K. F.

1979，*A Survey of North American Indian Rock Art*（《北美印第安岩画之调查》）. Graz：Akademische Bruck-und Verlagsanstalt.

47. Whitley，D. S.

2000，*The Art of the Shamans：Rock Art of Calrfornia*（《萨满艺术：加利福尼亚的岩画》）. Salt Lake City：University of Utah Press.

（四） 大 洋 洲

1. Arden，H. Dreamkeepers

1994，*A Spirit-Journey into Aboriginal Australia*（《澳大利亚土著民族灵魂之旅》）. New York：Harper Collins.

2. Akerman，Kim

1979，*Koney in the Life of the Aboriginals of the Kimberleys*（《蜂蜜在澳大利亚金伯利地区土著生活中的意义》），Oceania 49（3）：169~178.

3. Almeida，A.de

1967，*A Contribution to the Study of Rock Paintings in Portuguese Timor*（《葡属帝汶岛崖壁画之研究》）. In Archaeology at the Pacific Science Congress，edited by W G.Solheim，pp.69~76. Asian and Pacific Archaeology Series Ⅰ. University of Hawai'i，Honolulu.

4. Angas，George F.

1847，*Savage Life and Scenes in Australia and New Zealand*（《在澳大利亚和新西兰的野蛮的生活和情景》）. London：Smith，Elder & Co.

5. Arndt，W.

1964，*The Australian evolution of the Wandjinas from Rainclouds*（《澳大利亚有关云雨的汪其纳岩画的演变》）. Oceania 34（3）：161~169.

6. Ballard，C.

1992，*Painted Rock Art Sites in Western Melanesia：Locational Evidence for an'Austronesian Tradition*（《美拉尼西亚的西部岩画点：一个南岛传统的证据》）. In State of the Art：Regional Rock Art Studies in Australia and Melanesia.Proceedings of Symposium C and D，Darwin.1988，edited by J.Mc Donald and Ⅰ.Haskovec，pp.94~106.Australian Rock Art Research Association，Occasional AURA Publication 6，Melbourne.

7. Barrow，Ⅰ

1972，*Art and Life in Polynesia*（《波利尼西亚的艺术与生活》）.Charles E.Tuttle，Rutland，Vi Bellwood，p.5.

1978，*The Polynesians：Prehistory of an Island People*（《波利尼西亚人：一个岛屿的史前民族》）. Thames and Hudson，London.

1979.a，*Man's Conquest of the Pacific*（《人类对太平洋的征服》）. Oxford University Press，New York.

1979.b，*The Oceanic Context*（《海洋的背景》）. In The Prehistosy of Polynesia，edited by J.D.Jennings，p.26.Harvard University Press，Cambridge.

1980，*The Peopling of the Pacific*（《栖息于太平洋》）. Scientific American 243（5）：174~85.

8. Barrett，C.and Croll，R. H.

1943，*Antiquity of petroglyphs*（《古代岩刻》）. Art of the Australian Aboriginal.pp.59~75. Melbourne：The Bread and Cheese Club.

9. Basedow，H.

1914，*Aboriginal Rock Carvings of Great Antiquity in South Australia*（《南澳大利亚古代土著岩刻》）. Journal of the Royal Anthropological Institute of Great Britain and Ireland 44：195~21.

1925，*The Australian Aboriginal*（《澳大利亚土著居民》）.Adelaide：F.W.Preece & Sons.

10. Bednarik，R. G.

1986，*Parietal finger markings in Europe and Australia*（《在欧洲和澳大利亚崖壁上的指槽》）. Rock Art Research 3（1）：30~61.

11. Berndt，Ronald M. and Berndt，Catherine H.

1982，*Aboriginal Australian Art，A Visual Perspective*（《澳洲土著艺术，一种视觉的观察》）Sydney：Methuen.

12. Berndt，Ronald M.（ed.）

1964，*Australlan Aboriginal Art*（《澳洲土著艺术》）. Sydney：Ure Smith.

13. Black，Lindsay

1943，*Aboriginal Art Galleries of Western New South Wales*（《新南威尔士西部的土著艺术画廊》）. Melbourne：Stevens.

14. Brandl，E. J.

1973，*The art of the Caves in Arnhem Land*（《澳大利亚的阿纳姆地洞窟艺术》）.The Australian Aboriginal Heritage ed.by R.M.Berndt and E.S.Phillids，pp.92~107.

1973，*Australian Aboriginal Paintings in Western and Central Arnhem Land*（《澳大利亚阿纳姆地西部和中部的土著崖壁画之研究》）. Australlan Aboriginal StudieS，No.52，AlAS Canberra.

1977，*Human Stick Figures in Rock Art*（《岩画中的棒状人物形象》）. Form in lndigenous Art ed.by P.J.Ucko，AlAS，Canberra，pp.220~242.

15. Campbell，David

1975，*Sydney Sandstone（Rock Carvings)*（《悉尼的砂岩岩刻》）. Deaths and Pretty Cousins ANU Press，pp.34~36.

16. Campbell，W. D. and Capell，A.

1972，*Cave Painting Myths：Northern Kimberley*（《金伯利北部洞窟崖壁画神话》）. Oceania and Linguistic Monographs，No.18，University of Sydney，Sydney.

17. Carroll，Peter J.

1977，*Mimi from Western Arnhem Land*（《澳大利亚的阿纳姆地西部的米米风格岩画》）. Form In Indigenous Art ed. by P. J. Ucko，AlAS，Canberra，pp.119~130.

18. Chaloupka，G.

1983，*Kakadu Rock Art:Its Culture，Historic and Prehistoric Signincance*（《卡卡图岩画：它的文化、历史的和史前的意义》）. Rock Art Sites of Kakadu National Park ANPWS Special Publication，No.10，pp.3~35.

1985，*Chronological Sequence of Arnhem Land Plateau Rock Art*（《澳大利亚的阿纳姆高地岩画的时代序列》），Archaeological Research in Kakadu National Park ed. by Rhys-Jones.ANPWS Speciai Publication，No.13，pp.269~280.

19. Clegg，Ⅰ.

1983，*Australian Rock Art and Archaeology*（《澳大利亚岩画与考古学》），BCSP，vol.20，pp.55~80.

20. Clarke，John

1978，*Deterioration Analysis of Rock Art Sites*（《岩画点毁坏分析》）. Conservation of Rock Art ed. by C. Pearson，ICCM，Sydney.

21.1978，*Conservation and Restoration of Painting and Engraving Sites in Western Australia*（《西

澳大利亚岩画点的保护与修复》）. Conservation of Rock Art ed.by C.Pearson，ICCM，Sydney.

22．Cosgrove，Richard

1983，*Tasmanian West Coast Aboriginal Rock Art Survey*（《塔斯玛尼西海岸土著岩画调查》）. T.NPWS Occasional Paper，No.5.

23．Cox，J. H.，and E. Stasack

1970，*Hawaiian Petroglyphs*（《夏威夷岩刻》）. Bishop Museum Press Special Publicafion 60.Honolulu.

24．Crawford，I. M.

1968，*The Art of the Wandjina*（《汪其纳艺术》）. Melbourne：Oxford University Press.

1973，*Wandjina Paintings*（《汪其纳崖壁画》）. The Australlan Aboriginal Heritage ed. by R. M. Berndt & E.S.Phillips，pp.108~117.

25．Emory，K.

1933，*Stone Remains in the Society Islands*（《社会岛的岩石遗址》）. Bishop Museum Bulletin 116，Honolulu.

26．Finne，B.

1977，*Voyaging Canoes and the Settlement of Polynesia*（《独木舟航行与玻利尼西亚移民》）. Science 196：1277~85.

1989，*The Petroglyphs of Puako，Hawaii*（《夏威夷普各的岩刻》）. Rapa Nuijournal（3）：4~6.

27．Flood，Ⅰ.

1997，*Rock Art of the Dreamtime*（《梦幻时代的艺术》）. Sydney：Harper Collins.

28．Jo Mc Donald & Ivan P. Haskovec eds.

1992，*State of the Art-Regional Rock Art Studies in Australia and Melanesia*（《澳大利亚和美拉尼西亚地区岩画研究》），Occasional AURA Publication No.6，Australian Rock Art Research Association，Melbourne（墨尔本）.

29．Lewis Darre

1988，*The Rock Paintings of Arnhem Land，Australia*（《澳大利亚阿纳姆地的崖壁画》），Oxford（BAR）.

30．Lee，G.

1992，*The Rock Art of Easter Island: Symbols of Power，Prayers to the Gods*（《复活节岛岩石艺术：力量的象征和上帝的祈祷者》）. Los Angeles：UCLA Institute of Archaeology.

31.Lee，G. ，and E. Stasack.

1999，*Spirit of Place: The Petroglyphs of Hawaii*（《灵魂之地：夏威夷的岩刻》）. Los Osos：Bearsville and Cloud Mountain Presses.

32．Linton，R.

1925，*Archaeology of the Marquesan Islands*（《马克萨斯群岛的考古学》）. Bishop Museum

Bulletin 23，Honolulu.

33．Millerstrom，S.

1985，*Rock Art Project in the Marquesas Islands*（《1985 年马克萨斯群岛岩画规划》）．Report，Departement Arch-ologie，Centre Polynesien des Scieaces Humaines TeAnavaharau，Tahiti.

1994，*Carved Rock Images： A Source for Studying Long-Distance and Inter-Island Voyaging*（《岩刻形象：长距离与岛屿之间航行研究的原始资料》）．Paper presented at The Chacmool Conference，University of Calgary.

34．Paine，R. W

1929，*Some Rock Paintings in Fiji*（《斐济的一些崖壁画》）．Man 109：149~51.

35．Palmer，B.，and E. Clunie

1970，*Rock Paintings and Engravings in Fiji*（《斐济的岩绘与岩刻》）．Fiji Museum Educational Series 1.

36．Philipps，W . J.

1951，*Rock Spirals of Fiji*（《斐济岩石上的螺旋形》）．Journal of the Polynesian Society 60（1）：51~2.

37．Rider，Josef

1955，*Rock Paintings of the MacCluer Bay（Western New Guinea）*（《新几内亚西部玛克劳海湾的崖壁画》）．Antiquity and Survival 1（5）：387~100.

38．Robin James & Sue Wagner（ed）

1984，*Australian Dreaming： 40,000 Years of Aboriginal History*（《澳大利亚之梦：四万年澳洲土著的历史》）．Lansdowne Press，Sydney.

39．Routledge，K

1917，*The Bird Cult of Easter Island*（《复活节岛的鸟崇拜》）．Folklore 28（4）：338~55.

40．Snow，P. A.

1953，*Rock Carvings in Fiji*（《斐济岩刻》）．Transacdons of the Egi Society 4（194-50）：71~80.

41．Spriggs，M. J.，and A. J. Anderson

1993，*Late Colonisation of East Polynesia*（《东波里尼西亚的后期殖民化》）．Antiquity 67：200~17.

42．Suggs，R. C.

1960，*Historical Traditions and Archaeology in Polynesia*（《玻利尼西亚的历史传统与考古学》）．American Anthropologist62：7~73.

43．Taylor，A. P

1926，*Under Hawaiian Skies*（《夏威夷的天空》），Advcrtiser Publications，Honolulu.

44．Trotter，M.，and B. Mc Culloch

1971，*Prehistoric Rock Art of New Zealand*（《新西兰的史前岩画》）．A. H. and A. W. Reed，

Wellington.

45. Walsh，G. L.

1988，*Australia's Greatest Rock Art*（《澳大利亚岩画大系》）. Bathurst: E. J. Brill-Robert Brown & Assoc.

1994，*Bradshaws:Ancient Rock Paintings of North-West Australia*（《勃兰特肖：澳大利亚西北部的古代岩壁画》）.Geneva:Bradshaw Foundation.

1974，*Aboriginal Rock Paintings：Consideration for their Future*（《澳大利亚土著岩画：对它们的思考》）. Australian Natural History 18 (3)：88~109.

Summary

Rock art is widespread in every continent. Its globosity extent and historical depth become a cosmopolitan pop study.

Recent discoveries show that the early man chose to depict and engrave on rock surfaces. Although exploration has by no means been exhaustive, rock art is reported from thousands of sites. Scientific evidence such as Carbon-14 dating, paleoclimatic data and archaeological analysis indicates that the oldest rock art known today was executed ca. 40,000 years ago.

Research reveals a number of constants in rock art, on whatever continent it may have been produced, such as the use of similar techniques and colors, a narrow and repetitive range of subjects, the same ways of combining different elements, the same type of logic, the recurrence of a range of symbolic ideographs and, especially, the combination of pictographs, ineographs and psychographs. This raises further questions and suggests that the same structural basis and the same conceptual dynamics may underlie all creative art.

This book perhaps is only a small fraction of the world's heritage of rock art. But they reflect this art reveals the human capacities of abstraction, synthesis and idealization; it describes economic and social activities, ideas, beliefs and practices, and provides unique insight into the intellectual life and cultural patterns of man. Rock art contains the most ancient testimony of human imaginative and artistic creativity, long before the invention of writing, and constitutes one of the most significant aspects of the common heritage of humanity.